财政金融文库
金融学精品系列

GLOBAL FINANCIAL GOVERNANCE REFORM
AND CHINA'S STRATEGIC CHOICE

全球金融治理变革与中国的策略选择

——基于国际公共产品的视角

路 杨◎著

中国经济出版社
CHINA ECONOMIC PUBLISHING HOUSE
·北 京·

图书在版编目（CIP）数据

全球金融治理变革与中国的策略选择：基于国际公共产品的视角/路杨著. --北京：中国经济出版社，2021.9

ISBN 978-7-5136-6548-3

Ⅰ.①全… Ⅱ.①路… Ⅲ.①国际金融管理-研究 Ⅳ.①F831.2

中国版本图书馆 CIP 数据核字（2021）第 143261 号

责任编辑 牛慧珍
责任印制 马小宾
封面设计 任燕飞

出版发行 中国经济出版社
印 刷 者 北京建宏印刷有限公司
经 销 者 各地新华书店
开　　本 710mm×1000mm 1/16
印　　张 15.5
字　　数 230 千字
版　　次 2021 年 9 月第 1 版
印　　次 2021 年 9 月第 1 次
定　　价 88.00 元
广告经营许可证 京西工商广字第 8179 号

中国经济出版社 **网址** www.economyph.com **社址** 北京市东城区安定门外大街 58 号 **邮编** 100011
本版图书如存在印装质量问题，请与本社销售中心联系调换（联系电话：010-57512564）

前 言

当前的全球金融治理体系仍然是“二战”后美国主导的供给体系，由于主导权衰退和对主导地位的维护，美国主导的全球金融治理下国际公共产品面临供给严重不足的困境，在当前世界经济格局发生根本改变的背景下，越来越难以满足经济实力日益壮大的新兴经济体和发展中国家对国际公共产品日益多样化的需求。新兴经济体和发展中国家参与国际公共产品供给的愿望和能力日益增强，推动当前全球金融治理体系的变革则是它们的必然选择，在这一过程中，中国必定会参与到全球金融治理的国际公共产品供给中。我们需要以全球金融治理变革的历史视角来看现在与未来，同时利用国际公共产品理论来解读全球金融治理变革，这是一个新的视角。

本书从国际公共产品的角度完善了全球金融治理理论的分析框架，将全球金融治理下国际公共产品的供给历程分为 2008 年金融危机之前和之后的两个阶段，从供给主体、供给客体的角度分别考察全球金融治理下国际公共产品供给的特点、困境及突破，并对其未来发展趋势进行了展望。本书认为国际公共产品的供给困境及突破是全球金融治理变革的主要推动力，美国实力的相对衰退及其对主导权的维护是形成当前全球金融治理诸多困境的重要原因，而中国广泛而深入地参与全球金融治理的实践，是解决全球金融治理的困境、推动其变革完善的重要途径。本书的主旨包括三个方面：第一，思考全球金融治理下国际公共产品得到有效供给的条件；第二，探索当前全球金融治理下国际公共产品供给困境的原因及解决途径；第三，思考中国该如何在全球金融治理下的国际公共产品供给中发挥积极的作用。

本书的主要内容与结论包括以下五个方面：

第一，从两个角度对全球金融治理理论进行了梳理，一是探寻金融治理理论的理论渊源——全球治理及全球经济治理，并深入辨析两者与全球金融治理的关系，据此概括出全球金融治理理论的特点与基本内容；二是阐释解读全球金融治理理论的新视角——国际公共产品理论。

第二，在已有研究成果的基础上，运用国际公共产品理论与博弈论分析方法，构建了一个以国际公共产品为视角的全球金融治理的理论分析框架，主要内容包括全球金融治理的国际公共产品属性、基本假设与关键概念、逻辑内涵与核心问题。该框架的逻辑主线是：全球金融治理的实质是国际公共产品的供给，国际公共产品的公共特性决定了其供给存在不足或失衡的困境，而全球金融治理的关键是克服国际公共产品的供给困境，从而实现有效供给，而国际公共产品的供给主体与供给客体的特征与属性是实现这一目标的关键内容。运用博弈论分析方法，在不完全公共性、国家异质性、收益外部性等条件下构建模型，探索国际公共产品实现有效供给的途径。通过分析得出结论：在国际公共产品的供给主体方面，霸权单边供给是不可持续的，国家联合供给的方式有利于有效供给的实现；在供给客体方面，推动区域国际公共产品发展等“增量”改革有利于有效供给的实现。

第三，将国际公共产品理论应用于全球金融治理变革的历史演变过程，验证了这一理论分析框架的适用性，分析 2008 年金融危机前全球金融治理国际公共产品供给的特点、供给困境及突破途径。通过分析得出结论：国际公共产品的供给困境及突破是推动全球金融治理变革的重要原因与动力。

第四，分析当前以美国为主导的全球金融治理下国际公共产品供给的特点及供给困境，运用博弈论方法分析造成供给困境的原因及解决的途径，并据此对全球金融治理的未来发展趋势做出展望。

第五，在阐述中国参与国际货币体系类、国际金融机构类及国际金融监管类国际公共产品供给的实践与面临的挑战的基础上，指出中国参与供给的实践是解决全球金融治理供给困境的重要途径。中国在未来参与全球金融治理变革要有清晰合理的战略定位，在“一带一路”倡议的框架下，选择在具有优势的某些领域发挥“大国先行”的作用，率先提供国际公共产品，以推动区域国际公共产品供给的“增量”改革等为重点，推动全球金融治理变革的完善。

目 录

第一章 导 论

第一节 研究背景与意义

一、研究背景

2008 年的金融危机对世界经济的影响深刻而长远，随着全球金融危机、经济衰退、环境恶化等负面影响的加剧，全球治理问题成为学术界越来越关注的焦点。近年来，中国国家领导人对中国参与全球治理极为重视，如在 2015 年的中共中央政治局集体学习会议上，习近平主席提出了“共商共建共享”的全球治理理念，强调要推动全球治理向着“更加公正合理”的方向发展；在 2016 年 G20 杭州峰会上，习近平主席强调 G20 成员要共同完善全球治理，对全球治理相向而行、共同担当、承担主责，标志着中国引领、新旧大国共同治理的全球治理新时代已被开启；2016 年习近平主席在中共中央第二次政治局集体学习会上，进一步明晰了推进全球治理体系变革的基本原则；在 2018 年 APEC 会议上，习近平主席提出“完善全球治理要坚持规则导向，规则应该由国际社会共同制定”。“全球治理”不仅是学术概念，更转换成了国家的战略，其相关研究得到了进一步的推动和发展。全球金融治理是全球治理在金融领域的应用和拓展，全球治理理论是全球金融治理的理论来源与基础，而金融全球化和金融创新是全球金融治理研究的现实基础和需求动力。对于全球治理的金融领域，习近平主席在 G20 领导人第九次峰会中首次提出了要建立包容性国际金融体系，强调“为使新兴市场国家和发展中国家的代表性和发言权得到提高，要建立公平公正、包容有序的国际金融体系”。在2016年G20杭州峰会上，习近平主席再次强调“国际金融体系要不断完善，国际金融机构治理要不断优化”，“完善全球金融安全网”，国际金融架构工作组在这次峰会上被重启。由此看出，推动全球金融治理的变革完善是中国当前重要的国家战略。

学术界对全球治理问题的分析大都从国际政治学的角度出发，但全球金融治理的对象从本质上说是经济问题，因此需要经济学的分析方法。从经济学的意义上说，全球金融治理的本质是一种国际公共产品，而国际公共产品拥有非竞争性和非排他性的显著特性，这一特性使得一国的使用不会造成其他国的损失，容易出现“搭便车”现象，任何一国都想让别国付出成本，而本国不付出任何成本，这会造成国际公共产品的供应不足。由于不存在世界政府，提供国际公共产品需要付出巨大成本，所以只能由某个或某几个提供者来供给国际公共产品。全球金融体系中这一供给不足的问题，类似于市场体制中的“市场失灵”和“集体行动困境”，而全球金融治理即是为了弥补市场失灵，最终达成集体行动的目的，使整体社会的福利得以提升①。全球金融治理实质就是在促成集体行动后，为社会提供一种国际公共产品。需要看到，每个主权国家都无法独自解决全球金融问题，它们都希望通过全球金融治理这个国际公共产品来提高自己国家的福利水平，但全球金融治理的国际公共产品特性进一步产生了更多的全球金融问题。

2008年的金融危机暴露了全球金融治理体系的内在缺陷，很多经济学学者把这次全球金融危机爆发的原因归结为全球金融治理体系的不完善。这一体系越来越无法满足实力不断增强的新兴经济体和发展中国家日益增长的对国际公共产品多样化的需求。一方面，当前以美国为核心的全球金融治理体系面临诸多困境，如不能反映世界经济格局的变化，使得新兴经济体对世界经济日益增长的贡献与它们在全球金融治理中偏低的话语权不

① 裴长洪．全球经济治理、公共品与中国扩大开放［J］．经济研究，2014（3）：4-19.

相匹配；全球金融资源配置效率低下；对于主要发达国家尤其是美国较强的货币政策外溢效应的负外部性，全球金融治理缺乏管理的有效措施；对跨境资本流动缺乏有效管理，对金融危机的识别和预警机制不完善，对金融危机的救助机制不完善；等等①。与此同时，美国对全球金融治理的热情“消退”，自特朗普当选总统以来，一直奉行孤立主义和本土主义，减少对全球金融治理的投资，减少资本捐助，削弱了全球金融治理机制的向心力。另一方面，以中国为代表的新兴市场国家改革和参与全球金融治理的意愿和能力进一步提升，为推动全球经济的自由开放发展，积极推动全球金融治理的改革和完善，在全球金融治理中发挥着越来越重要的作用。

虽然在中国等新兴经济体国家的努力下，全球金融治理体系的变革完善取得了一定进展，全球经济已逐步走向复苏轨道，但风险和不确定性依然存在，全球金融治理中存在的诸多问题仍然没有得到根本的解决。尤其当前贸易保护主义等“逆全球化”的风潮成为全球经济持续稳定发展的绊脚石，给全球金融治理的完善带来了新的挑战。在以美国为代表的主导供给全球金融治理国际公共产品的体系出现诸多缺陷、面临诸多挑战的背景下，如何深刻变革当前全球金融治理体系？如何提高全球金融治理的有效性，使其更好地促进全球经济的持续发展？以中国为代表的新兴经济体国家作为后起者，如何参与到已有的全球金融治理之中？如何实现全球金融治理公共产品的有效供给？从国际公共产品视角来分析这个问题是一个新的思路。哪些原因造成了全球金融治理下国际公共产品的供给困境？如何走出供给困境？中国作为经济快速崛起的最大的发展中国家，在全球金融治理供给国际公共产品中，应该担负怎样的责任？应该如何选择合理的定位与参与策略？这些都是摆在中国与其他各国面前的重大课题，也是本书的选题背景，亦是本书尝试回答的核心问题。

---

① 陈四清．完善全球金融治理［J］．中国金融，2018（15）：10-12.

二、研究意义

（一）理论意义

本书从国际公共产品供给的角度完善了全球金融治理理论。通过对当前的全球金融治理的研究文献的整理，发现大部分文献都针对特定领域和特定议题，而鲜见对其基本理论、基本概念及内在逻辑分析框架进行深入研究的文献。本书在借鉴已有研究成果的基础上，通过深入辨析全球金融治理与全球治理、全球经济治理的关系，概括出全球金融治理理论的特点与基本内容框架；以国际公共产品理论的研究视角，构建一个包括全球金融治理的国际公共产品特性、基本假定与关键概念、逻辑内涵、核心问题在内的理论分析框架，将全球金融治理分为2008年金融危机之前与之后两个阶段，对供给主体、供给客体在两个阶段的国际公共产品供给的特点进行了深入分析，以验证该理论分析框架的适用性。本书重点分析了全球金融治理国际公共产品供给困境的原因及如何有效解决的问题，进一步丰富与完善了全球金融治理理论。本书在分析中国参与全球治理的实践与面临的挑战的基础上，提出指导实践的参与全球金融治理的策略与具体措施，为中国参与全球金融治理的实践提供了理论借鉴。

（二）现实意义

第一，由于全球金融治理体系存在缺陷，为了实现全球经济可持续和稳定增长，需要构建公正、高效的全球金融治理格局。一个完善的全球金融治理体系对全球经济发展有着重要的推动作用，它能够促进金融业发展，服务于经济全球化、贸易以及投资，处理全球金融危机、反恐金融、热钱等问题，维护全球金融市场的稳定，提高全球经济抵抗风险的能力；能够及早识别金融风险、防范金融危机，即使危机爆发也能快速有效地处置危机，防止危机扩散；能够提高治理效率，对全球金融资源进行优化配置；能够更有效地支持实体经济，促进全球经济的复苏和新一轮的增长。

第二，有助于中国在参与全球金融治理变革的实践中找到合理的战略定位。由于缺乏统一的世界政府，全球金融治理这一国际公共产品的供给往往由少数主导国承担，而以中国为代表的后起国加入全球金融治理体系中，面对不符合自身利益的全球金融治理环境，必然要推动其完善和变革。大多数新兴国家对全球金融治理都有兴趣，但处于发展起步阶段的不同国家拥有不同的外交策略，为团结这些不同的国家进而形成处理国际事务过程中可以合作的联盟，需要代表其他发展中国家利益的引领者，主动改善与发达国家的关系并争取自身的利益。作为最大的发展中国家和新兴经济体，中国应当起到这种引领的作用。中国应当通过某些方法和平台，团结这些新兴经济体和发展中国家并形成联盟，通过与发达国家的不断谈判，提升处理国际金融事务的话语权。在参与全球金融治理的实践中，作为一个负责任的大国，中国通过倡议并实施“一带一路”、人民币国际化、成立亚洲基础设施投资银行等实际措施，通过 G20 治理平台，提出有利于全球经济金融发展的有效措施，在不断提高处理国际事务话语权的同时，积极参与推动全球金融治理向着更加公平合理的方向变革发展。

第三，有助于实施和推进中国金融业进一步扩大对外开放和深化金融改革的战略。习近平主席在 2017 年全国金融工作会议上指出，要扩大金融对外开放。金融业的对外开放要遵循积极稳妥、顺序合理的原则，加快建立有利于防范金融风险的体制。2018 年的政府工作报告中，建议推动形成全面开放的新模式。2018 年 4 月的博鳌亚洲论坛上，习近平主席指出改革开放是中国的第二次革命，要大幅度放宽金融市场准入。同年 4 月 11 日，央行行长易纲更是在该论坛上宣布了取消银行和金融资产管理公司的外资持股比例限制等超十项金融开放的重大措施。这充分表明了党中央、国务院对金融业扩大开放的高度重视。中国的金融体系虽然规模庞大，但大而不强，要实现由大转强并非易事，需要经历持续不断的努力。对全球金融治理问题进行深入系统的研究，有利于更好地指导中国参与全球金融治理的实践，在推动全球金融治理体制的变革中完善国内的金融体制，为国内金融业深化改革提供借鉴及创造有利的国际环境，有助于中国更好地推进扩大金融业开放与深化金融改革的战略。

第二节 文献综述

一、全球金融治理研究的文献综述

全球治理的概念与理论起源于20世纪90年代，詹姆斯·罗西瑙首次系统地提出了全球治理的概念，其自此成为学术界研究国际事务的核心议题之一。全球金融治理是全球治理在金融领域的应用与发展，它在1997年亚洲金融危机以后开始被广泛关注和研究。目前关于全球金融治理相关文献的综述并不多见，洪小芝（2012）曾对全球金融治理的有关文献进行了整理，对全球金融治理改革的内容、原因、可行性以及治理模式等相关研究进行了归类辨析。本书通过收集与整理关于全球金融治理研究的大量学术文献，发现在这一研究领域，对全球金融治理的概念及基本理论的研究较少，大部分研究都是议题导向，集中于全球金融治理的某些领域和某些议题，而且大部分的文献将全球金融治理等同于全球经济治理进行分析，并未突出其金融领域的特性，从而使得全球金融治理理论缺乏系统性和完整性。

（一）关于全球金融治理的定义与结构体系方面的研究

1. 关于定义方面的研究

1997年亚洲金融危机之后，全球金融治理的问题与缺陷凸显，全球金融治理问题开始受到广泛关注与讨论，然而学者们对全球金融治理并没有形成统一的定义，且并未使用“全球金融治理”一词，而是将研究的焦点放在了国际金融机构的改革方面。很多学者从不同角度对“国际金融结构”做了定义，这是全球金融治理定义的初步来源。这些定义的一个共同点，就是集中强调机构或全球金融治理机构。如Charles Calomiris（1998）认为全球金融治理是“决定金融风险强弱和风险收益分配承担的一系列组织、协议与激励方法"[①]。Kelleher 和 David（1999）认为，全球金融治理是"预测、防范和分散金融风险的组织、结构和策略"[②]。亚洲发展银行（1999）的定义较为简单，认为其是"国际金融的基本管理规则和组织"[③]。Morris Goldstein（2000）将其定义为"为解决银行业、货币和债务危机等而形成的组织、策略和实践，尤其是发生在新兴经济体的危机"[④]。还有一些更简单的定义是"一系列的标准和组织的总和"[⑤]，或"一个由国际金融组织所组成的结构"[⑥]。这些定义强调的是治理机构与结构，即强调由参与全球金融治理的主体、机构及其之间的结构所组成的治理体系。

Andrew Baker（2000）（在《全球治理》上发表）首次提出了"全球金融治理"一词，但并未对其概念和内涵进行解释。Gerald K. Helleiner 在 2000 年联合国贸易和发展会议举办的"保罗·普雷维什"讲座上指出全球金融治理是全球治理中的一个经验事实，但也未给出其定义。Randall Germain（2001）将"全球金融治理"正式地概括为一个既有内涵又有外延的概念[⑦]。此后，一些学者如 Paul Langley、Injoo Sohn、Tony Porter 等广泛参与到全球金融治理的研究中[⑧]，"全球金融治理"作为全球治理的一个相对独立领域，其研究得到了进一步的发展。

国内学者对全球金融治理的研究相对来说较晚，对全球金融治理的定

① Charles Calomiris. Blueprints for a new global financial architecture [R]. American Enterprise Institute for Public Policy Research, 1998-10-07.

② Kelleher, David S. Toward a new international financial architecture: A practical post-Asia agenda [J]. International Review of Public Administration, 1999, 4 (1): 89-91.

③ Bank A D. Strengthening the international financial architecture [Z]. 1999.

④ Morris Goldstein. Strengthening the international financial architecture: Where do we stand? [R]. Paper presented at KIEP/NEAEF Conference on "Regional Financial Arrangements in East Asia: Issues and Prospects" Honolulu, 10-11 August, 2000.

⑤⑥ Stijn Claessens, Geoffrey R D Underhill, Xiaoke Zhang. The political economy of basle Ⅱ: The costs for poor countries [J]. World Economy, 2008, 31 (3): 313-344.

⑦ Germain R D. Global financial governance and the problem of inclusion [J]. Global Governance, 2001, 7 (4): 411-426.

⑧ Langley P. (Re) politicizing global financial governance: What's "new" about the "new international financial architecture"? [J]. Global Networks, 2010, 4 (1): 69-87; Sohn I. Asian financial cooperation: The problem of legitimacy in global financial governance [J]. Global Governance, 2005, 11 (4): 487-504; Porter T. Beyond the international monetary fund: The broader institutional arrangements in global financial governance [R]. CIGI Working Paper No. 19, 2007.

义至今并没有统一的说法。王浩[①]（2013）认为全球金融治理一般意义上的定义为，在国际金融体系中，多元化的治理主体通过平等对话、协商、合作，一起应对全球金融变革和全球经济问题的一系列的制度、规则、平台和活动。一般认为，全球金融治理的核心要素包括主体、客体、目标和效果等。上海发展研究基金会全球金融治理课题组（2016）认为全球金融治理是指在世界无统一政府的背景下，各有关方通过各种国际金融机构，设定和实行有关全球金融稳定、开发性金融和金融风险监管等事务的标准与规则[②]。张礼卿、谭小芬（2016）将全球金融治理的目标定义为通过建立规则、制度和机制来有效管理全球金融活动和货币事务，协调各种层面的利益关系，维持全球金融的稳定和公平，进而推动全球经济、贸易和投资等各个领域的发展[③]。张发林（2018）将全球金融治理与广义的全球经济治理区分开来，从历史性、政治性、全球性和金融性四个方面考察全球金融治理的定义，把全球金融治理定义为在金融全球化发展的某一阶段，在世界无统一政府状态下处理全球金融问题的机制和体制的总称[④]。

2. 关于全球金融治理结构体系方面的研究

专门在独立的金融领域中分析全球金融治理的结构体系的文献并不多，主要涉及全球金融治理模式、治理主体及特征等内容。

洪小芝（2013）通过分析霸权治理和多边主义治理模式对全球金融体系的成本和收益影响及其随全球化发展的动态演化过程，认为霸权治理在初级阶段会给全球金融体系带来较高收益，但全球金融治理的发展趋势是多边主义治理模式[⑤]。洪小芝、黎杰生（2014）从现实角度出发分析全球金融治理的治理模式，通过对治理主体参与全球金融治理的成本收益进行

① 王浩．中国参与全球金融治理的文献研究［J］．金融纵横，2013（7）：38-45.

② 上海发展研究基金会全球金融治理课题组．全球金融治理：挑战、目标和改革——关于2016年G20峰会议题研究［J］．科学发展，2016（89）：60-65.

③ 张礼卿，谭小芬．全球金融治理报告（2015—2016）［M］．人民出版社，2016.

④ 张发林．全球金融治理体系的演进：美国霸权与中国方案［J］．国际政治研究，2018，39（4）：9-36.

⑤ 洪小芝．全球金融治理结构模式的选择：成本收益视角——霸权治理与多边主义治理的比较分析［J］．上海金融，2013（3）：11-22.

分析，证明了参与治理的主权国家合作能够达成，多边主义的全球金融治理模式具有现实可操作性①。洪小芝、张文兴（2014）对全球金融治理的治理主体进行了深入的分析，认为全球治理模式中的多元多层合作模式是适合全球金融领域的治理主体模式，通过对全球金融治理的治理主体的供需均衡进行分析，构建了一个新的“全球金融治理的以国际机构为重点的多元多层合作的治理主体模式”②。张发林（2016）从政治经济学的角度，运用国际体制和国际制度的已有研究成果，分析了全球金融治理体系的七类不同行为主体、三种不同关系组成的网状治理结构，以及多元多层次性、小规模多变主义属性和半正式性等新特征，认为全球金融治理体系仍然存在有效性和合法性等困境，对当前全球金融治理体系的改革是必要且紧迫的③。

（二）关于全球金融治理改革的相关研究

一系列的全球金融问题随着金融全球化的发展不断涌现，而现有的全球金融治理由于内在缺陷而难以对全球金融问题进行有效解决。因此，对全球金融治理如何改革的研究成为这一领域的核心问题，这方面的研究文献比较多，从不同的角度出发，偏重于技术性地对特定领域或特定议题进行分析考察，如从国际货币体系、国际金融组织、国际金融监管、中国参与全球金融治理的策略等领域来研究全球金融治理的变革。

1. 国际货币体系领域

主要集中于从不同的视角讨论美元主导的国际储备货币体系的缺陷，讨论建立超主权的国际货币和国际货币多元化的可行性和趋势。

Obstfeld（2005）、Rogoff（2007）认为美元储备资产并不稳定，美元会剧烈贬值直至调整到均衡水平。美元、欧元在现有国际货币体系中占比过高导致其不稳定。周小川（2009）认为国际货币体系改革的理想目标是，创造一种币值能够保持长期稳定且脱钩于主权国家的国际储备货币，

---

① 洪小芝，黎杰生．金融全球化背景下多边主义金融治理模式的现实可行性分析［J］．上海金融，2014（4）：22-34.

② 洪小芝，张文兴．论新型全球金融治理模式的构建［J］．上海金融，2014（12）：33-38.

③ 张发林．全球金融治理体系的政治经济学分析［J］．国际政治研究，2016（4）：63-88.

能够避免使用主权信用货币带来的“特里芬”难题。Ocampo（2009）认为建立以超主权的特别提款权（SDR）为储备货币的国际货币体系是一个可行的趋势，但是这是一个漫长的过程。

更多的学者支持建立多元多极化的国际货币体系。如 Mundell（1997）、Frankel（2009）、Dailami（2009）、Masson（2009）、Chinn（2008）、Eichengreen（2009）及黄益平（2009）等。Farhi（2011）认为对应于多极化的世界，国际货币体系的多极化也是一种必然趋势。Talor（2013）认为人民币国际化有助于防止金融危机的爆发，有利于保持国际金融体系的稳定。庄太量、许愫珊（2011）经过实证分析认为，由美元、欧元和人民币组成的三元国际货币体系将更加稳定，推动人民币国际化将有利于全球经济的健康发展。张礼卿（2009）认为在美元主导的国际货币体系下，金融危机不可避免，美国货币政策难以受到实质性约束。

陈伟光、钟华明（2015）从新制度经济学的角度，分析了国际货币体系不均衡的原因，通过梳理国际货币体系的历史变迁，认为以美元为核心的国际货币体系是诱致性和强制性制度变迁的结果，提出为解决集体行动困境，需要建立由美元、欧元和亚元（或某个亚洲经济体货币）组成的两两固定汇率的三元的国际货币体系①。白钦先、禹钟华（2011）从国际政治的视角，分析国际货币体系的历史演进和国际政治与国际货币体系之间的关系，认为全球公权力的形成是国际货币体系改革的关键，建议构建超主权货币的多极均衡策略，同时中国应根据自身的实力积极推进构建全球金融新秩序②。

李晓、冯永琦（2012）从国际公共产品供给的角度分析国际货币体系改革，认为国际货币体系是一种典型的国际公共产品，历史上其改革的集体行动有“霸权空位型”“霸权主导型”以及“霸权参与型”三类，影响集体行动的因素在于霸权状态、集体行动的约束力、共同利益诉求以及对

---

① 陈伟光，钟华明．制度变迁、国际货币改革与中国的选择［J］．金融教育研究，2015（1）：3-8.

② 白钦先，禹钟华．国际货币体系改革的国际政治视角分析［J］．区域金融研究，2011（6）.

国际货币体系的判断等五个方面。国际货币体系改革的短期目标是“控制失衡”和“抑制美元风险”，中国应该利用G20体制平台来增强自身在国际货币体系改革中的影响力①。

黄剑、黄卫平（2018）从中国的视角阐述国际货币多元化发展对全球经济的影响，认为在美欧发达国家主导的全球经济金融格局中，新兴经济体需要进一步提高未来的国际地位和影响力②。黄海洲、张广斌（2017）从全球经济增长动力变化的角度分析国际货币体系变革，认为国际货币体系的变革取决于全球经济增长动力的变化，如果全球经济增长动力发生较大改变，国际货币体系就应当相应调整，否则会出现紊乱，甚至引发危机。为避免全球经济金融危机和经济增长放缓，尤其是对于一些对世界经济总量提高贡献极大的、重要的发展中国家，如中国，国际货币体系应当按照其对世界经济增长贡献率来不断调整和完善③。

2. 国际金融组织领域

这一领域的研究主要集中在对二十国集团（G20）、国际货币基金组织（IMF）等全球金融治理机构和组织的改革，研究如何使这些机构更好地发挥作用，解决其代表性、有效性不足和组织结构存在缺陷的问题，提升发展中国家话语权。

（1）关于G20的研究

大部分学者认为应该将G20发展成具有广泛性和战略性的全球治理机制，实现其由短期救助机制转向长期治理机制，同时，为保持主权具有机动性，在事务议程设置、贯彻协议等制度建设方面要具备更多标准和制度保障。韦宗友（2011）认为G20集团需要精简，以避免随着全球经济的复苏而被边缘化。盛斌、宗伟（2016）认为G20作为全球经济治理中心需要进行机制创新，包括建立常态化的治理机制和落实承诺设立执行机构，增

① 李晓，冯永琦．国际货币体系改革的集体行动与二十国集团的作用［J］．世界经济与政治，2012（2）：119-145+160.

② 黄剑，黄卫平．国际货币多元化趋势及对世界经济的影响——基于中国的视角［J］．江淮论坛，2018（2）：35-42.

③ 黄海洲，张广斌．全球经济增长动力变化与全球货币体系调整［J］．国际经济评论，2017（4）：31-41.

强与其他治理机制的协调，推动各成员国的机制创新等，并提出在 G20 的机制创新中以中国为代表的新兴经济体应发挥更加积极的作用。项南月、刘宏松（2017）通过对 G20 在不同议题领域治理有效性差异的原因进行分析，得出结论：与 G20 合作的国际机制的治理能力越强和 G20 对该机制的影响力越大，那么 G20 在该领域的治理有效性越强，反之亦然。他们认为这是两个影响 G20 治理有效性的关键因素，并通过反避税、能源治理两个案例证实了这一结论①。陈宇（2018）认为 G20 存在议题单一、机制供给不足、治理效果不足等缺陷，而中国等新兴经济体的广泛参与能够推动 G20 机制的完善，促进多元治理格局的形成②。

（2）关于 IMF 改革的研究

对于 IMF 的改革在 2008 年以后主要集中于两个方面，首先是提高 IMF 的地位与作用以及能力建设方面。周宇（2009）建议应当改革 IMF，赋予其新的职能，由其承担起全球金融治理的核心管理机构的责任，但如此一来，必须要解决因 IMF 受制于发达国家而带来的种种潜在的问题。李本（2010）指出 IMF 应在融资、监督和国际合作方面改革技术援助职能。谢世清（2011）认为提高 IMF 治理能力的方向是加强其与各方的协调。关孔文、徐莹（2016）认为 IMF 的评估框架要进一步完善，同时通过构建健全的监督机制来增强 IMF 的治理能力。谢世清、刘晓璇（2018）对 IMF 能力建设的组成、运行模式、作用效果以及改革进行了研究③。其次是份额和投票权改革方面。大部分学者都是围绕着如何提高中国以及其他新兴经济体在 IMF 的份额及投票权而展开研究。谢世清（2010）认为 IMF 的改革是艰辛而长期的过程，短期内难以做出根本性改革。岳华、赵明（2012）从公司治理的角度出发，通过分析 IMF 的治理缺陷，为 IMF 设计了新的治理

① 项南月，刘宏松．二十国集团合作治理模式的有效性分析［J］．世界经济与政治，2017（6）：122-147.

② 陈宇．新兴经济体、二十国集团与全球治理多元化的未来［J］．当代世界与社会主义，2018（3）：166-171.

③ 谢世清，刘晓璇．国际货币基金组织（IMF）的能力建设及其改革［J］．国际贸易，2018（8）：35-39.

策略，并建议中国及时把握住 IMF 改革中的机遇。① 张瑾（2013）从 G20 框架下的 IMF 改革视角分析 G20 对 IMF 改革起到的关键作用，G20 形成的机制设计为 IMF 改革新规则体系的形成提供了基础和重要动力，提升了 IMF 的合法性和公信力②。黄薇（2015）以 IMF 份额与投票权改革前后的分配方案为基础数据，根据 Banzhaf 指数和 Coleman 指数测算主要国家的权力大小及变化，得出了投票权与实际决策权并不存在完全一致的变动关系的测算结果，证实 IMF 的改革有助于其向着民主化的治理方向变化，发现 70%多数票规则对于中国等新兴经济体的决策权力提升更加有利，建议中国更多关注对投票决策体系以及实际决策权力的测算研究③。高海红（2016）认为份额改革是 IMF 改革的难点，虽然 2016 年 1 月新份额方案开始生效，但是并没有实质性改变美国的一票否决权，中国的地位仍然被低估④。张嘉明（2017）指出通过提高新兴市场和发展中国家（EMDCs）的份额比重来改革 IMF 的份额公式，并建议中国努力提高自己的以及 EMDCs 的份额权重⑤。

3. 国际金融监管领域

多数学者认为全球金融监管体系存在缺陷及监管体系严重滞后是 2008 年爆发全球金融危机的一个重要原因。周宇（2009）认为“全球化”与“监管体制非全球化”之间的不匹配是引发 2008 年全球金融危机的一个主要原因。苑德军（2009）认为国际金融监管出现了问题导致金融危机的爆发，应该思考在未来如何强化国际金融监管的协调与合作。Vinals（2010）认为金融体系和金融交易在多个方面发生扭曲，造成了监管的缺陷，如金融系统的高度复杂和不透明、金融系统的过度杠杆化、低估的流动性风

---

① 岳华，赵明．国际货币基金组织治理机制改革的新设计［J］．经济问题探索，2012（7）：179-184.

② 张瑾．G20 框架下的国际货币基金组织改革［J］．国际观察，2013（5）：22-29.

③ 黄薇．国际货币基金组织份额与投票权改革及其决策权力分析［C］．2015 新兴经济体论坛文集，2015：23-35.

④ 高海红．透视国际货币基金组织份额改革［J］．清华金融评论，2016（3）：101-104.

⑤ 张嘉明．国际货币基金组织份额公式改革的进展与对策［J］．学习与探索，2017（3）：107-112.

险、大型金融机构的道德风险以及发展为影子银行的金融中介。苗永旺（2010）认为国际金融监管存在一系列问题，如监管空白、重叠、错位和监管力量失衡等，这使得改革成为必然，但这种改革并不能一蹴而就。在改革的方式上，只能在不推倒原有框架的基础上进行可行性调整。王达、项卫星（2013）探讨了美国构建金融市场全球法人机构识别编码（LEI）系统的新进展，认为由美国主导的 LEI 系统的构建不仅代表了国际金融监管的发展方向，还将对新兴市场和发展中国家产生深远影响。这一系统的构建非常复杂，且存在一系列问题，建议中国积极参与 LEI 体系构建并在国际金融监管中发挥更大作用。

方芳、辛向媛（2014）分析了国际金融监管合作在后危机时代发展的新动向，认为新兴经济体的崛起、世界政治经济格局的变化和全球金融监管组织的改革等因素对国际金融监管合作产生巨大影响，为了提高未来监管的效率，应该尊重各种形式的监管模式①。郑联盛、钟震（2015）分析了 2008 年全球金融危机爆发后美国、英国、欧盟将监管模式改革为以预防系统性金融风险为主要目标的宏观审慎监管模式，提出中国应向它们借鉴经验，以便更好地防范全球金融风险。綦相（2015）通过分析国际金融监管的主要趋势，指出为提升金融监管的效率，需要动态地跟踪风险的变化，做好监管制度设计，要从宏观视角出发，对内协调配合金融监管与其他宏观政策，对外加强协调跨境监管。不仅要做好规则的制定，而且要重视传统监管手段②。王胜邦（2018）分析了国际金融监管的扩大边界、提高站位、拉长周期的基本逻辑，指出国际金融监管的核心内容有强化银行体系的稳健性、解决大而不倒的问题、完善影子银行监管框架等，提出未来监管改革的方向是推进新监管标准的实施、评估监管的效果以及监测金融体系的新生风险③。钟震（2018）从金融监管权冲突的视角，重构基本理论框架，提出基于“通道理论”构建矩阵评价体系，认为需要通过程序

① 方芳，辛向媛．后危机时代金融监管国际合作的新动向和思考［J］．教学与研究，2014（6）：31-37.

② 綦相．国际金融监管改革启示［J］．金融研究，2015（2）：36-45.

③ 王胜邦．后危机时期国际金融监管改革［J］．中国金融，2018（9）：51-55.

化路径规范金融监管协调，借以引导各参与方金融监管协调活动，最终有序实现统筹协调与传播①。

4. 中国参与全球金融治理的相关研究

中国如何参与全球金融治理逐渐成为学者热议的问题，相关研究主要包括三个方面：一是探讨中国参与全球金融治理角色和地位的变化、国际背景与环境；二是探讨中国通过各种战略和平台的参与对全球金融治理的贡献与智慧；三是探讨中国如何更好地参与全球金融治理的策略建议。

第一，关于角色、地位的变化以及参与的背景。李巍（2013）分析了未来 10~15 年中国金融崛起所面临的全球金融环境：全球金融治理机制从 G8 向 G20 转变；全球资本流动的监管将会加强；国际货币体系由“美元单极霸权”向“一超多元”转变；变革的过程会伴随着各种利益集团的竞争，带来国际金融体系的不稳定。他指出中国在金融崛起过程中要抓住各种有利时机，采取积极金融外交手段来提升自身的地位②。许志平（2016）认为中国已经成为全球金融治理的重要改革者、重要参与者、重要协调者和重要引领者③。李巍（2017）指出中国正越来越积极地参与全球治理，作为推动世界经济发展的重要引擎，中国提出了“共商共建共享”的全球治理新理念，逐渐使中国在全球治理中的角色发生了从“追随者”到“引领者”的重大转变④。

第二，中国通过各种战略和平台的参与对全球金融治理的贡献与智慧。主要是探讨“一带一路”、亚投行、丝路基金等对全球金融治理改革的促进作用。白力（2016）认为中国的“一带一路”倡议对于推动全球金融治理的改革有着重大的意义，有助于构建一个包容性强的次区域治理机制，有助于全球金融治理走出“集体行动困境”，推动其“标本兼治”的改革。但他同时指出，这一战略仍面临对外的不确定性和内部的经济结构

---

① 钟震．金融监管协调：通道理论的提出及应用［J］．财贸经济，2018（39）：57-73.

② 李巍．中国金融崛起的国际环境与战略应对［J］．国际安全研究，2013（4）：44-63.

③ 许志平．全球经济金融治理的中国角色［N］．金融时报，2016-08-29（002）.

④ 李巍．从“追随者”到“引领者”，中国在全球治理中华丽转身［N］．华夏时报，2017-11-13（029）.

性改革的挑战[①]。乔依德（2017）指出“一带一路”是中国对外开放、推进经济全球化的重要平台，这一战略有利于全球金融治理改革，“一带一路”所推动的基础设施投资、产能合作融资的巨大需求既是全球金融治理改革的动因，又为全球金融治理改革提供了新机会，而“一带一路”会推动人民币进一步国际化，提高沿线国家的经济金融实力，有助于稳定全球金融体系[②]。张建平（2017）指出为了在世界经济金融发展中起到更大的作用，中国要增强“一带一路”金融治理话语权，为此要围绕“一带一路”倡议和人民币国际化建立一套新的金融体系，这要求中国在全球金融组织结构、制度建设、储备货币支持和金融合作等方面积极努力[③]。

李巍（2015）指出创建亚投行是中国降低外汇储备风险，争取全球金融治理话语权的重要手段，但并不能根本性地撼动美国主导的全球金融治理体系。张茉楠（2016）从三个维度指出了亚投行对全球金融治理的重大意义：推进全球金融治理的“增量改革”；促进“一带一路”和亚欧经贸大循环；有利于区域化货币互换网络的形成，推进国际货币体系的深化改革。王达、项卫星（2015）认为亚投行对全球金融治理的影响是观念上的，而不是实际意义上的，对全球金融治理的意义在于对其贡献以及增量上的改革。中国应坚持以“利益交换、互惠共赢”“由东至西、以海带陆”“舍短求长、后发制人”为核心原则的“细处着手、务实稳健”的亚投行战略[④]。张伟（2016）探讨了亚投行在创新价值理念、广泛的代表性、构建有效的开发金融新模式、推动国际货币体系改革四方面对全球金融治理的贡献，分析了亚投行面临的治理决策、运营管理、运营效率的内部挑战，以及美日两国的反应、“亚投行”威胁论的外部挑战，并提出了亚投

---

① 白力．“一带一路”的全球金融治理意义及挑战［J］．商业经济研究，2016（18）：170-171.

② 乔依德．“一带一路”和全球金融治理［N］．第一财经日报，2017-04-19（A11）.

③ 张建平．“一带一路”金融治理话语权［N］．经济观察报，2017-05-16（5）.

④ 王达，项卫星．亚投行的全球金融治理意义、挑战与中国的应对［J］．国际观察，2015（5）：71-81.

行推动全球金融治理变革的政策建议①。

第三，中国如何参与全球金融治理的策略建议。黎杰生、洪小芝（2013）提出在当前多元多层次的新型全球金融治理模式下，中国应积极参与改革，提高自身地位与作用，如积极利用 G20 平台、推动人民币国际化、建立多元化国际货币体系、推动国际金融机构改革、加强区域金融合作等②。王冠群（2014）认为中国在全球金融治理中已从跟随者转变为决策的重要参与者和引领者。中国应努力在加快经济发展、推进金融改革、加强区域金融合作、推进人民币国际化等方面提高参与全球金融治理的能力③。王红缨（2016）认为中国作为净债权国，虽然通过推进人民币国际化、人民币加入 SDR 一篮子货币、成立亚投行等方面主动参与到全球金融治理中，在全球金融体系中的地位快速提升，但由于受制于美国的结构性权力，中国的金融影响力并未显著增加，并未实质性地改变原有的全球金融治理体系④。高杰英、王婉婷（2016）在总结"中心—外围"模式下美国、英国治理机制的基础上，指出当前全球金融治理机制面临权力失衡、秩序混乱、调节失效的困境，提出中国参与全球金融治理"互利共赢"的战略选择，并提出了构建新型大国关系、推动 G20 向长效机制发展和人民币国际化、积极发展新型国际金融组织等参与全球金融治理的具体策略建议⑤。熊爱宗、张斌（2016）从国际国内两个角度，提出了中国参与全球金融治理的对策。在国内要稳步发展经济，创造良好的国内外政治经济环境；国际上通过 G20 等平台，联合各种国际力量，推动全球金融治理的变革，并注意降低守成大国对改革的阻力⑥。胡海峰、王爱萍（2017）认为中国需从"存量"和"增量"两个层面来参与全球金融治理，一方面积极

① 张伟．亚投行对国际金融治理的贡献、挑战与发展建议［J］．国外理论动态，2016（11）：98-108.

② 黎杰生，洪小芝．新型全球金融治理模式下的中国选择［J］．南方金融，2013（10）：36-42.

③ 王冠群．加强我国参与全球金融治理能力建设［J］．全球化，2014（5）：33-41.

④ 王红缨．中国在国际金融体系中的崛起：进展与局限性［J］．中国国际战略评论，2016（9）：41-53.

⑤ 高杰英，王婉婷．国际金融治理机制变革及中国的选择［J］．经济学家，2016（8）：65-71.

⑥ 熊爱宗，张斌．中国参与全球金融治理策略［J］．开放导报，2016（5）：27-31.

参与推进国际货币体系、国际金融组织和国际金融监管的改革，另一方面积极推动建立多边区域金融机构组织，坚持金融进一步改革开放，提高中国的制度性话语权和影响力，为推动新型的符合全球社会总体利益的全球金融治理体系的建立贡献力量①。

二、基于国际公共产品视角的全球金融治理研究的文献综述

奥尔森将公共产品的概念运用到国际关系理论中，解释了“二战”后美国主动承担成本建立国际新秩序的原因②，并于 1971 年正式提出了国际公共产品的概念③。金德尔伯格、吉尔平等学者将公共产品的概念运用到国际政治理论中，提出了所谓的霸权稳定论。霸权稳定论一直把稳定的国际货币金融体系视为公共产品。金德尔伯格认为需要有领导国来维持国际货币体系的稳定④。吉尔平也认为稳定的国际货币体系是一种国际公共产品，而且有利于大家可以得益的商业活动⑤。史黛芬妮·格里菲斯—琼斯认为不仅稳定的国际金融体系是国际公共产品，国际金融效率也是一种国际金融产品，尤其对于发展中国家来说，这些公共产品非常重要，较高的国际金融效率有利于以较低成本配置稀缺的国际金融资源，使发展中国家更好地享有发展经济所需要的资金，来促进经济增长和福利增加，并且指出了得到稳定高效的国际金融体系这一公共产品必须要进行国际金融体系的改革⑥。

国内外学术界直接从国际公共产品视角分析全球金融治理问题的研究较少，周帅（2018）直接以《全球金融治理变革研究——基于国际金融公共产品的视角》为题，从国际金融公共产品的视角分析全球金融治理变革

① 胡海峰，王爱萍．中国参与全球金融治理体系改革的思路和策略——基于存量改革和增量改革的视角［J］. 天津社会科学，2017（3）：94-100.

② Olson M，Zeckhauser R. An economic theory of alliances［J］. Review of Economics & Statistics，1966，48（3）：266-279.

③ Olson，Mancur. Increasing the incentives for international cooperation［J］. International Organization，1971，25（4）：866.

④［美］查尔斯·金德尔伯格．1929—1939 年世界经济萧条［M］. 上海译文出版社，1986.

⑤［美］吉尔平．国际关系政治经济学［M］. 上海人民出版社，2006.

⑥［美］英吉·考尔．全球化之道：全球公共产品的提供与管理［M］. 人民出版社，2006.

问题，探索国际金融公共产品的基本概念、类别、供求等基本理论，从全球和区域两个层次探讨全球金融治理变革的缺陷和改革的必然性，国际层面通过构建国际金融权力指数，来量化分析变革美国金融霸权治理的结构路径，在区域层面以东亚实践为案例考察了全球金融治理中的区域金融合作，最后提出中国等新兴市场国家有效参与全球金融治理变革的策略建议[①]。除了周帅直接以国际公共产品为视角研究全球金融治理体系改革之外，大部分文献是在国际公共产品研究中针对国际金融体系的某一具体领域展开论述，或在对国际金融体系的某一具体领域进行研究时从国际公共产品的角度进行分析。

杜朝运、叶芳（2010）基于全球公共产品的视角研究国际货币体系，认为国际货币体系实质是提供一种国际公共产品，由于危机后的负外部性影响和不同利益集团之间的冲突，当前国际货币体系面临的集体行动困境短期内无法得到根本解决，只能局部调整完善，这就需要各国加强合作，尤其需要发展中国家的积极参与[②]。

庆幸（2011）提出了国际金融公共产品的概念并探讨了其特征，认为国际金融公共产品存在霸权国供给和供给不足的供给现状，指出从东亚以及国际层面看中国已经从国际金融公共产品的需求消费方转变为供给方，并提出了为更好地发挥中国供给国际金融公共产品的作用，努力推进人民币国际化、推进供给主体多元化等方面的策略建议[③]。

章玉贵（2015）分析了全球金融公共产品供给不足的问题，认为金砖银行成为指标性全球金融公共产品是可行的，但是面对挑战与阻力，金砖银行必须同时做好制度安排与能力建设，这一过程实现的关键要素是人民币的国际化，而中国要抓住这一机遇锻造“金融资本力”，以增强竞争力，

① 周帅．全球金融治理变革研究——基于国际金融公共产品的视角［M］．社会科学文献出版社，2018.

② 杜朝运，叶芳．集体行动困境下的国际货币体系变革——基于全球公共产品的视角［J］．国际金融研究，2010（10）：21-26.

③ 庆幸．国际金融危机后中国在国际金融公共产品供给中的角色变化［J］．国际关系学院学报，2011（1）：87-91.

维护自身在全球金融体系中的核心利益①。

杨伊、苏凯荣（2015）以金砖国家开发银行作为小集团联盟范例，研究国际公共产品的集体行动博弈路径。该文以奥尔森集体行动理论的集团理论为基础，运用博弈论的分析方法，论证金砖银行作为小集团联盟供给国际公共产品的必然性，通过金砖各国之间的博弈分析，提出有利于中国的博弈策略②。

李娟娟、樊丽明（2015a）从国际公共产品的视角分析金砖银行的经济学逻辑，认为从经济学的意义上说，金砖银行是金砖各国集体行动的产物，本质是一种国际公共产品。由于其“非排他”的特性和激励不足，金砖五国因存在“搭便车”和机会主义而陷入集体行动困境。研究分析了金砖国家开发银行成立的机制和路径的经济学逻辑：通过建立金砖银行，在“讨价还价”博弈过程中建立“成本分担、收益共享”的制度，调整了其成本—收益结构，增强了合作激励，使非合作博弈转向合作博弈，从而克服集体行动困境③。李娟娟、樊丽明（2015b）以亚投行的成立为范例，研究国际公共产品供给的必然性。该研究运用博弈论的方法，认为国家异质性使得各国在参与集体行动的过程中形成不同的策略集合，确立各自在集体行动中的地位，使国际公共产品供给得以实现。他们运用这一理论探讨亚投行成立的原因，并建议中国不仅要谋求本国利益，而且要积极建立与他国的多边合作，共同促进国际公共产品供给④。

钱亚平（2016）认为在美国霸权治理的全球金融公共产品供给中，各层次国际公共产品面临供给不足、供不应求和供给竞争。金砖银行所代表的金砖合作，为金融治理提供了平等、公正的新治理理念，打破了全球金融治理“中心—外围”的传统模式，推动了全球金融治理格局向平等合作

① 章玉贵．全球金融公共产品供给与中国金融资本力锻造［J］．国际观察，2015（2）：30-42.

② 杨伊，苏凯荣．国际公共品供给的集体行动博弈路径——对金砖国家开发银行的思考［J］．江西社会科学，2015（10）：70-76.

③ 李娟娟，樊丽明．金砖国家开发银行成立的经济学逻辑——基于国际公共品的视角［J］．中央财经大学学报，2015（5）：12.

④ 李娟娟，樊丽明．国际公共品供给何以成为可能——基于亚洲基础设施投资银行的分析［J］．经济学家，2015（3）：5-14.

的模式转变，改善了全球金融公共产品供给[①]。

袁健、王家艺（2016）从全球金融公共产品供给的角度研究了中国资本项目的开放，认为导致中国资本项目开放进展速度慢的根本原因是全球金融公共产品并不具有“公共”的基本特性以及供给的严重不足。因此，应当积极构建面向周边乃至全球的金融公共产品供给体系，加快双边资本流动，为中国资本项目开放提供有利的国际金融环境[②]。

王飞（2017）从全球公共产品的视角分析金砖国家的金融合作。他认为金砖国家金融合作这一新型国际金融合作组织，实质是一种制度化的全球公共产品，而这一全球性公共产品的供给面临利益不一致、增长放缓、制度化不足等困境，并提出了走出这一困境的政策建议[③]。

刘洪钟、周帅（2017）从国际金融公共产品的视角研究金砖国家金融合作的定位与包容性提升，认为金砖国际金融合作实质是国际金融公共产品的供给，运用其供给激励方法和“包容性三角结构”来分析金砖国家金融合作的定位和提升包容性的措施[④]。

叶芳（2018）从区域国际公共产品的视角分析金砖国家的金融合作。探讨了金砖国际金融合作的区域公共产品特性，并运用基于国家异质性的博弈模型论证了金砖国家之间的金融合作是小集团走出集体行动困境的关键，认为金砖合作会广泛代表发展中国家利益，推动国际货币体系的更合理更公平的改革[⑤]。

李俊久（2018）从国际公共产品的角度分析人民币及其国际化。他认为货币本身就是一种公共产品，具有非排他性、非竞争性、非分割性等特性。人民币作为后起的国际货币，还具有国际公共产品的三种特性。他提

---

① 钱亚平．金砖银行与全球金融治理体系改革——国际公共产品的视角［J］．复旦国际关系评论，2016（1）：16-34.

② 袁健，王家艺．全球金融公共产品供给视角下的中国资本项目开放研究［J］．河北企业，2016（8）：71-72.

③ 王飞．金砖国家金融合作：全球性公共产品的视角［J］．新金融，2017（1）：25-29.

④ 刘洪钟，周帅．金砖国家金融合作的定位与包容性的提升——基于国际金融公共产品的视角［J］．亚太经济，2017（3）：156-161.

⑤ 叶芳．集体行动逻辑下的金砖国家金融合作机制——基于区域间国际公共产品视角［J］．财政研究，2018（4）：98-107.

出要推进人民币在货币金融治理、最终产品市场、开放资本账户、官方发展援助、基础设施建设等五个方面的有效供给，并提出推动人民币国际化的政策建议①。

三、文献综述评析

通过对以上文献综述的整理可以看出，当前关于全球金融治理的研究取得了一定的成果，但仍然存在一些不足，有进一步研究的必要。

第一，对全球金融治理概念的内涵和外延没有明确的定义。概念之间的内涵和扩展是完全不同的，但它们通常被混合使用在不同的研究背景或场合。理论界仍然没有给出统一的科学定义、明确的解释。这使得学者们在研究全球金融治理的相关问题时，容易在学术上、理论上和政策制定方面出现对定义的滥用和混淆。把全球金融治理等同于全球经济治理，混淆了全球治理不同领域的界限，特别是在经济和金融领域。经济学和金融学虽然密不可分，但全球经济治理侧重于经济增长的直接目标，而全球金融治理侧重于维持全球金融体系的稳定的目标。因此，对全球金融治理的研究需要侧重其金融属性，要和全球经济治理区分开来。

第二，对全球金融治理理论缺乏统一系统的深入研究。当前的相关文献，主要是对策性定性研究，很少有人对全球金融治理进行全面、系统深入的研究，还没有形成统一完整的理论体系。大部分研究是针对某些具体领域或议题开展的，对其基础理论、概念内涵等的深刻研究很少，特别是没有一个完整的理论分析框架和一套浓缩理论和方便对话交流的概念体系②。全球金融治理包括国际货币体系、国际金融机构、国际金融监管及宏观经济政策协调等诸多全球性金融问题，这些问题的治理本身并非易事，更何况它们之间还具有错综复杂的相互联系及影响。而现有的理论研究或决策制定主要是基于经验的定性分析，缺少系统的理论指引，缺少对一个系统的理论应具有的基本假设前提、关键概念、内在约束、运行机

① 李俊久．论人民币的国际公共产品属性［J］．经济学家，2018（6）：48-56.
② 张宇燕，任琳．全球治理：一个理论分析框架［J］．国际政治科学，2015（3）：1-29.

理、核心问题等的深入研究。

第三，针对全球金融治理问题，更多的是定性和策略方面的研究，从国际关系、国际政治等视角来分析问题，但缺少标准化的理论研究模型或分析框架，研究全球金融治理及中国如何参与的相关文献更少有理论模型或实证分析。例如，当前全球经济不平衡的背景下，对全球主要大国的增长与衰退和全球金融治理能力的关系问题缺乏深入的实证研究，在分析全球金融治理中涉及的具体问题时缺乏逻辑、不连贯和较为肤浅。运用博弈论及其分析框架，对深入研究中国在全球金融治理中面临的成本与收益、理性选择参与策略是非常有帮助的，这是一个非常有效的分析工具，但当前该领域的研究成果在国内外学术界很少见到。

第四，国际公共产品理论为全球金融治理问题提供了新的分析视角，虽然从国际公共产品视角出发对在全球金融治理相关领域的研究不多，但已经有了一定的研究成果，很多学者在此方面也做出了大量的努力和贡献。今后仍有进一步研究的必要性，因为这些成果主要是从国际公共产品供给的角度研究全球金融治理的某一领域，如国际货币体系、新型国际金融机构（亚投行、金砖银行）、人民币国际化等，从整体上对全球金融治理体系的研究并不多见，因而使得这一领域的研究缺乏连贯性、完整性和系统性。

第三节 研究框架与内容

本书共有七章，其基本内容如下：

第一章为导论，首先介绍了本书的选题背景、理论与现实意义，其次梳理了全球金融治理国内外的相关研究文献，并对文献综述进行评析。最后介绍本书的研究方法、创新与不足之处。

第二章主要阐述了全球金融治理的基本理论，通过深入辨析全球金融治理与全球治理、全球经济治理的关系，概括出全球金融治理理论的特点与基本内容框架，然后介绍了研究全球金融治理理论的新视角——国际公共产品的相关理论内容。

第三章尝试构建了一个以国际公共产品为视角的全球金融治理的理论分析框架，该框架包括全球金融治理的国际公共产品属性、逻辑内涵、关键概念、基本假设和核心问题。全球金融治理的实质是国际公共产品的供给，其核心问题是国际公共产品的供给困境如何解决。本章运用博弈论方法，对全球金融治理的核心问题即国际公共产品的供给困境的解决途径进行了分析并提出政策建议。

第四章将国际公共产品理论应用于全球金融治理变革的历史演变过程，验证了第三章理论分析框架的适用性，主要分析了 2008 年金融危机前全球金融治理国际公共产品供给的特点，并对其面临的供给困境及突破途径进行了分析。

第五章主要分析了 2008 年金融危机后美国主导的全球金融治理下国际公共产品供给的特点、供给的困境，分析美国主导供给与全球金融治理国际公共产品供给困境的关系，并据此对当前全球金融治理变革的未来方向做出了趋势展望。

第六章主要分析了在全球金融治理变革中，中国在国际货币体系、国际金融机构及国际金融监管类国际公共产品中参与供给的实践与面临的挑战。

第七章主要阐述了未来中国参与全球金融治理变革的战略定位、策略选择以及相关的具体措施。

第四节　研究方法、创新与不足

一、研究方法

1. 文献分析法

本书收集了大量的相关文献并进行了整理与概括，在此基础上，厘清了全球金融理论的内涵与国际公共产品理论的发展，分析了两者之间的关联和研究上的不足，从国际公共产品视角来分析全球金融治理变革问题。

2. 历史分析法

全球金融治理变革是一个历史演变的过程，本书从国际公共产品供给的视角对全球金融治理变革的历史演变进行了梳理，力求更好地分析全球金融治理变革与国际公共产品供求的关系。

3. 跨学科分析法

全球金融治理不单要解决经济方面的问题，也要解决政治方面的问题，不仅与各参与主体的利益息息相关，而且关系到全球的金融秩序的建立，它的研究具有综合性、复杂性的特点。从单一学科难以全面理解与解决这一系列复杂的问题。因而本书结合国际经济学、国际政治学、国际政治经济学等多门学科，从国际公共产品的角度对全球金融治理问题进行系统分析与论述。

4. 博弈分析法

在全球金融治理体系供给国际公共产品的过程中，各参与主体之间存在相互依赖的关系，每个主体做出的决策和采取的行动都会影响其他主体，因而需要了解其他主体对自身所采取行动的反应，基于此来制定有利于自己的决策和行动。博弈论是一种研究具有理性的个体在相互依赖的情况下如何决定决策行为的方法，这种方法有助于集体行动策略的分析。同时博弈论为如何打破各方博弈时所处的冲突状态，如何为实现合作提出制度设计和如何克服集体行动困境提供了有利的参考和适当的分析工具。因此，本书运用博弈论模型深入分析全球金融治理的核心问题的解决即克服供给困境的途径。此外，还运用博弈论模型分析当前美国主导的全球金融治理体系供给困境的成因与突破。

二、创新之处

1. 研究视角的创新

从国际公共产品供给的角度分析全球金融治理变革问题。现有文献中关于全球金融治理的研究虽然很多，但大都是以特定议题或国别为方向进行研究，少量文献以国际公共产品为研究视角。而从经济学的意义上说，全球金融治理本质是国际公共产品，由此角度出发，更有利于深入探究全球金融治理的本质，系统完整地考察全球金融治理的理论内涵，本书正是基于此从国际公共产品视角出发，研究全球金融治理变革问题。

2. 理论的创新

鉴于目前对全球金融治理理论的研究缺乏一个完整系统的理论体系，本书深入辨析了全球金融治理与全球治理、全球经济治理的关系，概括出全球金融治理理论的特点及基本内容框架，并以国际公共产品理论为研究视角，构建了一个全球金融治理理论分析框架。该理论框架由全球金融治理的国际公共产品属性、基本假设与关键概念、逻辑内涵、核心问题等部分组成，运用博弈论的分析方法，深入分析全球金融治理的核心问题即国际公共产品供给困境的解决途径，并用这一理论框架分析 2008 年金融危机之前与之后的全球金融治理下国际公共产品供给的特点、困境及解决困境的途径，尽可能地补充完善全球金融治理理论。

三、不足之处

本书的不足之处在于，首先，没有对全球金融治理公共产品供给的成效进行总体评估，也没有对中国供给国际公共产品的成效进行实证检验，计量方法运用不足，偏重于理论分析，这是本书需要进一步努力改进和提高的地方。其次，本书虽尝试构建了一个理论分析框架，但对各变量之间的相关性或因果关系的存在性与稳定性尚须进行经验检验和逻辑论证，有些概念也有待进一步推敲，这些还需要进一步的努力研究。此外，全球金融治理变革是个动态过程，本书结合其过去和当前发展状况得出的一些结论，可能会随着其今后的发展出现偏差，因此需要不断跟进研究。

第二章
全球金融治理的基本理论

第一节　全球金融治理的理论渊源

一、全球治理理论

（一）全球化与全球治理

全球化一词最早是在1985年由美国学者 Theodore Levitt 提出的，指全球政治经济贸易上的联系不断加深，资源实现全球配置，全球意识逐渐兴起和人类在全球规模基础上持续发展。全球化弱化了传统统治的边界，使全球成为政治经济紧密联系的“地球村”。全球化的内涵比国际化更加广泛、更加复杂和丰富，它是全球经济资源通过一定方式的整合，在科技创新和社会生产力的快速发展下，推动全球贸易、投资发展，推动全球经济一体化，推动人类社会文明发展。但全球化在促进和平发展的同时，也带来了诸多全球问题甚至危机，使人类社会面临挑战。全球化和全球问题的存在使得全球治理成为必要，全球治理与全球化之间存在紧密的逻辑关系：

1. 全球治理起源于协商、解决全球问题的需要

全球问题主要由全球化产生，在缺乏世界统一政府的前提下，国际社会为解决全球问题的负面影响和维护国际秩序而进行全球治理。全球治理的“治理”是与一般意义上的政府统治不同的“治理”，它是改善社会秩序的过程，不是政府单方面统治，而是多方协调；它以各类国际组织的全

球治理机制为基础，既涉及国家与公共部门，也涉及私人部门，是各方利益交织的复杂结构体。

2. 全球化与全球治理存在因果关系

前者是因，后者为果。全球化侧重于经济发展的逻辑趋势，全球治理侧重于政治的管理方向。两者的因果关系表明，只有当一个全球治理体系合理有效时，才能促进全球化的进一步发展，因而全球治理要不断适应全球化的发展进程，否则会阻碍全球化的深入发展。比如，“二战”后美国建立了以布雷顿森林体系为基础的国际金融体系，稳定了国际金融和贸易的发展环境，推动了全球化的新一轮扩张。2008 年金融危机带来的全球经济低迷又表明了全球治理与新的世界政治经济格局的变化和全球化的发展不相匹配。

3. 全球治理虽源于全球化，但却超越全球化

全球治理的目标是主动管理和推动全球化的发展，并不是被动地适应全球化。全球治理所面对的全球性问题也不是全部由全球化产生的，比如减少全球温室气体排放并不是全球化直接导致的结果。只要是关系到全球人类命运和前途的以及世界各国现实需要的问题都是全球治理在全球领域共同管理的问题。

（二）全球治理理论的起源与概念

随着科学技术的进步和信息革命的推进，人类社会解决全球性问题的能力也不断提升。全球治理的产生来自协商、解决全球性问题的需要。全球化在推动全球经济不断增长的同时，全球性金融、货币、能源危机等方面的全球性问题也不断出现，这些全球性问题的发展与解决迫切需要全球治理的理论和实践。

全球治理的理论来自解决、处理全球性问题的实践。从 19 世纪中期开始，在全球卫生、环境、通信、救助等方面，一些西方国家就已开始国际合作的实践。第一次世界大战时期美国总统威尔逊提出了“十四点”和平计划，提出以“公开外交、公海航行自由、贸易自由、全面裁军、公正处

理殖民地争议”等方式构建新的国际秩序，这被看作全球治理的最早实践①。第二次世界大战之后，具有充分代表性和广泛性的联合国的成立，被视为全球治理实践的正式开始，联合国在维护世界和平、调解国际冲突与矛盾、调和世界经济关系和交流等方面取得了一系列的成果，但是它在面临一些全球性的重大问题时，很难发挥一个世界政府的权威与作用。

西方发达国家的单一治理能力面临复杂全球问题的严峻挑战，全球治理的概念产生于20世纪70年代中期的全球治理的早期实践，但这些概念通常是解释性的或规范性的②。而学术界在冷战之后才逐步把全球治理的实践上升到理论层次的研究。1992年罗西瑙首次从学术上概括提出全球治理的定义与理论框架，他认为基于共同的目标而形成的行动就是治理，对这些行动进行管理的主体既有政府也有非政府、非正式的组织。联合国于1992年宣布建立全球治理委员会，并在1995年发表的《我们的全球之家》中提出了全球治理的概念：“治理是公共或私人的各种个人和机构管理共同事务的所有方式的总和。治理是一个协调不同利益并采取共同行动的持续的过程。它包括各种正式的制度、规则和各种非正式的通过协商、契约等形式达成的制度安排。”自此之后，全球治理引起西方学术界尤其是国际关系学领域的高度关注，也意味着其开始从实践阶段进入理论建立发展的阶段。新自由主义者奥兰·杨（1994）定义全球治理是政府间和非政府间组织参与的各种国际机制的总和③。约瑟夫·奈等（2003）定义全球治理为正式和非正式的主导各国进行集体行动的机制的总和，且集体行动受到该机制的制约④。张宇燕等（2015）认为全球治理是在缺乏世界统一政府的背景下，以国家为主的多元主体为解决全球问题和国际政治中的市场失灵，通过集体行动建立起来的各种制度、机制和规则的总和⑤。

---

① 陈绍峰，李永辉．全球治理及其限度［J］．当代世界与社会主义，2001（6）：57-61.

② ［美］亨克·奥弗比克，来辉．作为一个学术概念的全球治理：走向成熟还是衰落？［J］．国外理论动态，2013（1）：22-23.

③ Oran R Young. International governance：Protecting the environment in a stateless society［M］. Cornell University Press，1994：1-22.

④ ［美］约瑟夫·S. 奈，约翰·D. 唐纳胡．全球化世界的治理［M］．世界知识出版社，2003：17.

⑤ 张宇燕，任琳．全球治理：一个理论分析框架［J］．国际政治科学，2015（3）：1-29.

（三）全球治理理论的基本内容

全球治理理论的基本内容主要包括治理的目标、主体、对象、方式及成效等，即解决为什么治理、由谁来治理、治理什么、如何治理和治理的结果如何等问题。

1. 治理目标的问题

确定治理目标即是解决"为什么治理"问题。从公共产品的角度来说，国际公共产品具有稀缺性、公共性的特性，理性的个人消费者通常不愿为消费公共产品而付出代价，而是愿意"搭便车"，从而导致出现"公地悲剧"等市场失灵现象。在一国内，可以通过一国政府的监管来治理这种失灵现象，比如通过交税、强制收费等。但在世界范围内，世界统一的政府监管是不存在的，国际公共产品的生产消费无法避免"治理失灵"，国际公共产品往往被过度使用。从这个角度来说，全球治理的目标就是治理"公地悲剧"等带来的"治理失灵"现象①。从全球化与全球治理的关系的角度看，全球治理根源于全球化的发展，既是全球化的结果，又是全球化可持续发展的原因与动力。全球治理的目标就是解决全球化带来的一系列全球性问题，不断适应全球化发展的进程，进而促进全球化的发展。而治理失败会阻碍全球化进程。如 20 世纪 30 年代的经济大萧条之后，对出现的贸易保护主义缺乏有效的全球治理，导致全球化进程中断。全球治理要推动全球化的发展，就要构建和完善一系列维护全人类和平与发展、安全与福利、公平与权利的新国际秩序②，这一新秩序要符合世界政治经济格局的变化趋势。

2. 治理主体的问题

明确治理主体主要是回答"由谁来治理"问题，全球治理的治理主体与国家、公司的治理主体的共同特点是都是由多元化的利益相关者进行共同治理。全球治理的主体很广泛，包括主权国家与国家集团、国际组织、

---

① 张宇燕，任琳．全球治理：一个理论分析框架［J］．国际政治科学，2015（3）：1-29.

② Cox R W. Multilateralism and world order［J］. Review of International Studies，1992，18（2）：161-180.

全球公民社会（非政府组织、全球公民网络和公民运动）与跨国公司等。“二战”后，随着世界政治经济格局的变化，全球治理的利益、权力分配格局也在各治理主体的博弈中不断发展变化①。现实主义学派代表如Cochrane（2003）、Duffield（2014）认为国家是全球治理的主要治理主体，强调国家在全球治理中的重要作用。Kagan（2003）甚至认为只有美国才能在全球治理中发挥最关键的作用。从国家的角度看，全球治理的主体经历了由以美国为中心的单边主体，到以美国为主导的西方发达国家为主体，再到新兴市场和发展中国家与发达国家共同参与的多边主体的过程。许多西方学者如罗伯特·基欧汉（2004）认为全球治理中的治理主体并不只有国家，全球治理因为全球化的发展而拥有复杂的结构，国家间组织、非国家组织等也在全球治理中发挥重要的治理主体作用②。除了主权国家及国家间组织如联合国、IMF等，全球公民社会与跨国公司等也随着全球化的发展逐渐成为全球治理的治理主体。但是，国家主体和非国家主体之间在全球治理上并不是对称的关系，不管是权力分配还是管理的能力，国家主体都远高于非国家主体，国家主体与非国家主体间存在主要与补充的关系，这形成了当前非对称的全球治理的现实格局。未来随着全球化的更深入发展，国家主体治理全球性问题的能力和影响会相对减弱，而非国家主体的治理意愿和能力反而会逐渐提高，全球治理主体间的关系会发生必然的转变③。

3. 治理对象的问题

全球治理产生于全球化的发展，全球化带来的全球性问题及其负面效应即是全球治理所要治理的对象。全球性问题影响到全球所有的国家，其问题也非一个或几个国家所能全部解决的。如环境污染、贫困与疾病、战争与恐怖主义、经济金融危机、能源危机等全球性问题，均为全球治理的治理对象。全球治理的治理对象还包括全球化进程中出现的新问题，如当

① 陈伟光．全球治理与全球经济治理：若干问题的思考［J］．教学与研究，2014（2）：53-61.

② ［美］罗伯特·基欧汉．局部全球化世界中的自由主义、权力与治理［M］．北京大学出版社，2004：89.

③ ［日］星野昭吉．全球治理的结构与向度［J］．南开学报，2011（3）：4-5.

前出现的“逆全球化”“去全球化”浪潮，全球贸易投资下滑，英国脱欧使得欧洲一体化受到挫折，贸易保护主义横行，主要发达国家的贸易投资、移民、监管政策均出现“逆全球化”趋势，全球治理与全球化的不匹配带来的一系列问题如收入分配问题、就业问题、难民问题等都需要全球治理的改革完善，也都是全球治理的治理对象。

4. 治理方式的问题

随着全球化的深度发展，产生于“二战”之后的美国主导的全球治理体系，在治理主体和治理对象上都没有反映出冷战后世界格局的相对变化，全球治理在治理全球事务中的低效率使得治理能力滞后于国际体系变化的格局，甚至产生全球治理的危机。全球治理理论当务之急是选择更加有效的全球治理方式。在这一领域的研究中，大多数学者认为多元多层的治理方式能够提高全球治理的有效性，促进其公平合理、均衡发展。

Keohane、Nye 认为全球治理可以分为超国家、国家和次国家三个垂直层次。Reinicke（1998）将全球治理划分为侧重于高低层次的垂直层次治理和侧重于多元主体治理的水平层次治理①。Kacowicz（2012）又将全球治理层次继续细分为自上而下、网络、从下而上、并行、市场类型和万维网治理等六个，概括了全球治理包括垂直、水平及混合的复杂结构②。吕晓莉（2005）认为在国家中心、有限区域和网络三种治理方式中，最有效的治理方式是多元多层的合作治理方式③。姚璐、刘雪莲（2013）指出国家在全球治理中是最重要的推动者，以跨国公司为代表的市场类型是第二重要的力量，最后是全球公民社会，全球治理中只有协调好三者之间的关系才能实现有效的治理④。Goldin（2013）指出全球治理的有效性变革中的关键是建立国家政府间的关系，有意愿和能力的国家要在未来的全球挑战

① Wolfgang H. Reinicke. Global public policy：Governing without government？［J］. International Journal，1998，53（3）：597.

② Kacowicz A M. Global governance［J］. International Order and World Order，2012（2）：455.

③ 吕晓莉．全球治理：模式比较与现实选择［J］．现代国际关系，2005（3）：8-13.

④ 姚璐，刘雪莲．后危机时代全球治理发展的新动向［J］．国外理论动态，2013（8）：12-18.

面前与潜在的跨国组织及公司建立一定的联系①。随着美国主导权的衰落与新兴市场国家的崛起，全球治理面临有效性与合法性的质疑。学者们认为美国主导的全球治理体系已经不适应时代发展的新要求，应当向平等互利的、有充分代表性的共同治理的全球治理体系方向发展②。从国际制度变革的角度看，完善的国际制度关系到全球治理的成果及有效性。全球治理本质是一种制度安排，制度设计在其推动全球治理发展中起到关键作用，由于制度非中性的特点和选择性激励的存在，会促进全球治理激发制度的活力③。但制度的改革并非易事，全球治理的复杂性，比如大量纷繁复杂相互联系的国际协议会给国际合作带来阻碍，使得改革国际制度来推动全球治理的发展成为一项复杂的工程。关于如何实现对现有制度的改革，学者指出要发挥联合国的重要作用，使联合国成为全球治理的主导者，未来也可以广泛增加更多的治理参与者，如增加全球公民社会的参与、加深与其密切合作的关系，深化全球与区域层面的联系等④。同时，改革全球治理的平台 G20 机制的缺陷，使其保持活力，推动全球治理的改革完善⑤。

5. 治理成效的问题

全球治理的治理成效解决的是“治理的结果如何”问题。主要是用定性和定量的方法评估全球治理的绩效，通常体现为对现有全球治理的国际体制进行有效性评估，包括评估各种国际体系制度的合法性、广泛性、完善性、政府能力、透明性、知识基础和相互联系等。

---

① Goldin I. Divided nations why global governance is failing, and what we can do about it [J]. Oup Catalogue, 2013, 31 (6): 780-784.

② 卢静．当前全球治理的制度困境及其改革［J］．外交评论（外交学院学报），2014（1）：107-121.

③ 张宇燕，任琳．全球治理：一个理论分析框架［J］．国际政治科学，2015（3）：1-29.

④ Rasche A, Gilbert D U. Institutionalizing global governance: The role of the United Nations Global Compact [J]. Social Science Electronic Publishing, 2011 (1): 100-114.

⑤ Cooper A F, Pouliot V. How much is global governance changing? The G20 as international practice [J]. Cooperation & Conflict, 2015 (9): 10045-10053.

二、全球经济治理理论

（一）全球经济治理的起源与概念

全球经济治理在理论上的出现要晚于全球治理，全球经济治理在进入21世纪后开始从全球治理理论体系中脱离出来，逐渐成为学术理论界研究的焦点。但全球经济治理的实践却要早于理论，20世纪初，全球经济治理的早期实践就已经出现，第二次世界大战之后建立的布雷顿森林体系，标志着全球经济治理实践的开始，但“二战”后的全球经济治理的治理主体主要是发达国家如七国集团（G7），“二战”后新独立的国家并不包括在内，治理范围也局限于发达国家间的治理。冷战结束后，随着经济实力的增强，发展中国家明显增强了参与全球经济治理的意愿和能力。包括发展中国家在内的G20机制在1999年亚洲金融危机后成立，标志着全球经济治理进入真正的起步阶段①，但一直到2008年前，G20都未发挥积极有效的治理功能，一直作为G7的补充者而存在。直到2008年金融危机产生后，G20为了应对危机而召开首脑峰会，并把G20确定为全球经济治理的主要机制平台，这被看作是在真正意义上开始了全球经济治理，全球经济治理的概念也在此之后被广泛提及和使用。

由于全球经济治理根源于全球治理理论，许多学者使用全球治理的既有理论成果来研究全球经济治理理论。关于全球经济治理的概念，至今并没有一个明确的统一的说法。斯蒂格利茨（2004）认为全球经济治理是经济理论在全球治理中的重要应用，以IMF和世界银行为代表的国际组织是全球经济治理的主要工具。联合国秘书长潘基文（2013）指出全球经济治理的定义是“多边机构和进程在影响全球经济政策、规则和法规方面发挥的作用”。这一概念既突出了全球经济治理的作用与成效，又强调了多边机构和平台在全球经济治理中的重要地位。

（二）全球经济治理与全球治理的关系

全球经济治理是全球治理不可分割的重要组成部分和核心内容，是全

① 周宇．全球经济治理与中国的参与战略［J］．世界经济研究，2011（11）：26-32.

球治理在经济领域的运用与拓展。两者的理论均来自各类主体通过各种机制进行共同治理的实践，全球治理侧重解决全球性的综合问题，全球经济治理侧重解决全球经济领域的具体问题[①]。两者的关系可以从以下几个方面具体来说：从治理目标上看，全球经济治理服从于全球治理推动人类和平发展的总目标，但在总目标下又有维持全球经济持续稳定发展的具体目标，即总目标中关于经济领域的子目标。从治理主体来看，全球经济治理与全球治理的治理主体基本一致，但在全球经济治理中，发挥最重要作用的是国家间尤其是正式的国际组织（如 IMF）和非正式的经济合作平台（如 G20）。从治理内容上来看，全球经济治理的内容是全球治理的一部分，且是最为重要的部分，关系到人类社会的可持续发展，是全球治理的关于经济金融领域的重要核心内容。从治理方式上看，全球经济治理拥有比全球治理完善成熟的机制。例如“二战”后为稳定国际金融体系建立的以 IMF、世界银行和世界贸易组织（WTO）为基础的布雷顿森林体系，20 世纪 70 年代为解决“美元危机”建立的 G7，以及 2008 年后为应对金融危机的 G20 机制的发展等，均是为解决全球经济金融失衡的问题而建立的较成熟的机制。

（三）全球经济治理理论的基本内容

全球经济治理理论的基本内容也包括治理目标、治理主体、治理对象、治理方式、治理成效等。

1. 治理目标

全球经济治理起源于经济全球化，经济全球化在给全球各国带来机遇和红利的同时也带来了一系列全球经济问题，如经济金融危机、经济失衡、能源危机、收入差距等，全球经济治理的目标即是通过一定的协调管理来解决这些影响全球经济发展的迫切问题。具体来说，全球经济治理的目标包括维护经济体系的稳定和可持续发展、维持收入分配的公平稳定，为此构建适应经济全球化发展的全球经济秩序。全球经济治理通过在全球

---

① 陈伟光，申丽娟．全球治理和全球经济治理的边界：一个比较分析框架［J］．战略决策研究，2014（1）：24-36.

范围内管理全球化市场的经济活动，对全球市场的经济失灵进行调节，对不合理的经济运行结果进行干预，在促进经济全球化不断发展的情况下，促进世界经济的稳定发展，调节全球经济的不平衡和收入差距。全球经济治理的目标即是在经济全球化带来全球经济不均衡、不稳定及缺少治理的情况下，更好地降低这些不稳定和不平等①。

2. 治理主体

全球经济治理的治理主体同全球治理一样，也包括国家、国际组织、全球公民社会及跨国公司等。在缺乏世界统一政府的情况下，国家是全球经济治理主体的最重要的核心和主导，大国是全球经济治理的核心，主导着全球经济治理的制度设计、治理秩序构建。在历史上的较长时期，全球经济治理因不能体现发展中国家的利益和话语权而具有明显的霸权治理的特点。但单凭任何一个国家均无法独自解决全球性经济问题，全球经济治理的治理主体更注重通过国际合作进行共同治理。在全球经济治理中，正式的国际组织（如 IMF、WTO 和世界银行等）和各种非正式的经济合作平台（如 G20 等），发挥着越来越重要的主体作用和影响力。而全球公民社会由于治理策略不具有权威性，主要是在一定程度上影响策略选择的过程，对于全球经济治理能够发挥作用的大多是个别案例，很难发挥全局性的作用，它主要作用于那些如环境、贫困、毒品、艾滋病等主权国家不能完全涉及的领域。跨国公司是微观层面的重要治理主体，它们的生产经营同全球性问题存在密切关系，因此它们承担着全球经济治理的责任和义务，会在一定程度上影响主权国家的政策选择和国际经济秩序的构建。

3. 治理对象

全球经济治理的治理对象包括经济金融等诸多领域，具体来说包括：一是推动全球宏观经济的协调。经济全球化的发展不仅加深了世界各国的相互联系，提升了社会福利水平，同时也增强了各国尤其是大国宏观经济政策的外溢性影响，对与其有紧密经济联系的国家甚至全球经济产生或正

① 蔡拓，刘贞晔．全球市民社会与当代国际关系［J］．现代国际关系，2003（1）：29-37.

或负的外部性影响。全球经济治理就是要通过一定的机制协调沟通各国间的宏观经济政策，减少政策的负外部性影响。二是完善全球金融治理。全球性的货币金融危机会对全球经济产生较大负面影响，因此需要各治理主体加强在国际货币金融领域的协调合作，通过稳定国际货币体系、完善危机救助机制、加强国际金融监管等，以完善的全球金融治理来促进全球经济的稳定发展。三是改善全球贸易投资治理。全球贸易投资格局对全球经济格局有着深刻的影响，建立开放、透明、公平有序的贸易投资体系是适应当前经济发展不均衡、贸易利益分配存在矛盾等全球经济格局变化的必然要求。四是国际能源合作的问题，即包括气候变化在内的资源、能源方面的协调合作问题。五是减少贫困的治理问题。对于全球化带来的全球经济的不平衡，应强化减贫、脱贫的多边合作，缩小南北国家收入差距①。六是完善全球会计治理。构建高质量的、统一的、被普遍认可的国际会计标准和国际财务报告准则，使全球会计制度符合全球经济一体化的发展，各治理主体通过一定机制共同协商解决全球性的会计问题，促使协调国际会计准则趋于一致，提高国际财务报告准则系统的质量及普遍接受性②。

4. 治理方式

全球经济治理通过合理的国际原则、规范、机制安排来实现治理目标。机制安排通常通过各种组织来实现。WTO、IMF、世界银行等正式的国际组织是全球经济治理传统的重要机制，而非正式的 G7 和 G20 机制是发达国家和发展中国家对全球经济进行共同治理的核心平台，会在很大程度上对其他国际经济组织产生重要的影响。另外，全球经济治理还通过区域经济治理的途径来实现。一个成熟的区域经济治理机制可以通过扩大外延、强化与周边国家的多边合作的方式，推动广泛意义上的全球经济治理机制的改革。

5. 治理成效

全球经济治理的治理成效主要是对其有效性和合法性进行评价。评价

① 陈伟光．全球治理与全球经济治理：若干问题的思考［J］．教学与研究，2014（2）：53-61.

② 林钟高．全球会计治理框架下的会计准则国际趋同分析［J］．会计之友，2009（1）：9-13.

全球经济治理的治理成效的标准包括：世界经济是否稳定增长及稳定程度，收入分配是否公平及公平程度，发展是否可持续及可持续程度，贫困是否减少及减少程度，等等。多数学者认为全球经济治理能够有效维护稳定公平的国际秩序，治理的成效也可以通过一定的评估标准来衡量①。

第二节　全球金融治理的基本理论

一、全球金融治理的起源与概念

信息技术与科技革命推动了金融全球化的快速发展，全球各国的金融活动紧密相关，各国的金融体系都是全球金融体系的子系统。金融全球化的发展推动了世界经济增长与社会福利的增加，但同时也带来了货币金融危机等全球性金融问题。全球金融治理是与金融全球化相关的一个概念，产生于金融全球化的发展需求，合理有效率的全球金融治理机制对解决全球性金融问题至关重要。

尽管全球金融治理在 2008 年金融危机之后才成为理论研究的焦点问题，但是全球金融治理实践在很早之前就已经存在了，最早可以追溯到第一次世界大战之前，西方发达国家以英国为主导建立了金本位制的国际货币体系，黄金作为货币可以自由输出输入，加上以自由贸易为基础的全球经济体系，国际金融体系实现了资金的自由流动和自动调节。这一时期是全球金融治理的萌芽时期。黄金退出历史舞台之后，信用货币失去了自动调节的基础，货币危机经常性爆发，而全球金融治理即是在货币金融和经济危机的促进下变革和发展的。20 世纪 30 年代的经济大萧条和第二次世界大战促成了以 IMF 和世界银行为核心的布雷顿森林体系的建立，这一时期金融全球化发展程度较低，银行业在全球金融业中占据重要地位，全球各国的金融体制存在较大差异，可以说全球金融治理还处于初级治理阶段。而 1973 年石油危机和美元危机之后，G7 建立，共同商讨如何应付金

① 俞可平．全球化：全球治理［M］．社会科学文献出版社，2003.

融危机和经济衰退，自此构建了以 G7 和 IMF 为核心的全球金融治理机制。然而，这一代表西方发达国家利益而把逐渐崛起的新兴市场和发展中国家排除在外的机制，在 2008 年的金融危机中暴露了其监管滞后、缺乏国际协调合作、合法性及代表性不足等缺陷。为应对金融危机，吸收了新力量的如 G20 和金融稳定论坛（FSF）等机制开始在全球金融治理体系的新一轮改革中发挥主导作用。

全球金融治理的理论研究的出现要晚于其实践。G7 在 1995 年墨西哥金融危机后开始认识到要对国际金融架构进行改革的必要性，这是全球金融治理理论研究的起源。G7 和 IMF 在亚洲金融危机的救助中的不合理表现引发了人们对国际金融架构改革的高度关注。国际社会学术界、理论界提出了以“架构改革”为核心的不同的改革方案，而且对国际金融架构提出了不同的定义。全球金融治理作为全球治理的金融领域的一个子集开始发展起来，在 2008 年金融危机后成为学术界讨论研究的焦点。对于全球金融治理的概念，至今没有一个统一的界定，关于相关概念的表述前文文献综述中已做解释，此处不再赘述。

二、全球金融治理与全球治理、全球经济治理的关系

（一）全球治理与全球金融治理

全球治理理论是全球金融治理的理论渊源与基础，全球治理理论在金融领域延伸与发展形成了全球金融治理理论，是全球治理非常重要的一部分。两者的理论均来自各类主体通过各种机制共同管理合作的实践，全球治理侧重的是全球性的综合问题，全球金融治理侧重的是全球金融领域的具体问题①。两者的关系可以从以下几个方面具体来看：首先，从治理目标上看，全球金融治理服从于全球治理推动人类和平发展的总目标，但在总目标下又有维持国际金融稳定、提高金融效率的具体目标，即总目标中关于金融领域要实现的子目标。其次，从治理主体上看，两者的治理主体

① 陈伟光，申丽娟．全球治理和全球经济治理的边界：一个比较分析框架［J］．战略决策研究，2014（1）：24-36.

基本一致，但在全球金融治理中，发挥最重要作用的是国家间尤其是正式的国际组织如IMF、金融稳定委员会（FSB）和非正式的金融合作平台G20。再次，从治理内容上来看，全球金融治理的内容是全球治理的重要部分，是全球治理内容的一个子集，是全球治理中关系能否促进世界经济的持续发展和增加人类福祉的重要一环。最后，从治理方式上看，全球金融治理也拥有比全球治理相对完善成熟的机制。例如“二战”后为稳定国际金融体系建立的IMF、世界银行，20世纪70年代为解决“美元危机”建立的G7，以及2008年金融危机后的G20机制及FSB的发展等，均是为解决全球性金融问题而建立的较成熟的机制。

（二）全球经济治理与全球金融治理

大多数学者都认为全球金融治理与全球经济治理有着相似的历史演变进程和治理目标，甚至概念也相同。本书认为，两者既有紧密联系又有各自边界，不能混为一谈。从与全球治理的关系上来说，两者的理论渊源与基础都是全球治理理论，两者的研究内容也都是全球治理理论的重要组成部分，两者的目标都服从于全球治理的大目标，也都拥有与全球治理一致的各类治理主体。从研究内容上说，全球经济治理的领域比全球金融治理要更加广泛和复杂。全球金融治理是隶属于全球经济治理的一个子领域，是全球经济治理在金融领域的应用与拓展。金融是经济的基础，因此全球金融治理是全球经济治理最重要的核心部分。从实践上来说，全球金融治理的早期实践要早于全球经济治理，治理的开端源于货币金融领域，如金本位制的建立。从治理目标上来说，两者都是要实现全球治理的和平发展的总目标，但两者却有着不同的直接目标。全球经济治理的直接目标与促进经济增长相关，而全球金融治理的直接目标与维护金融稳定、提高金融效率有关。全球金融治理有其特有的金融属性与金融实务，其治理必须要建立在全球金融格局的经验基础之上。

三、全球金融治理的特点

从全球金融治理与全球治理、全球经济治理的关系梳理中，可以总结出全球金融治理的如下特点：

首先，非同步性。全球金融治理与全球治理并非同步发展，其要早于全球治理的发展。因此，即便是处于全球秩序混乱的状态，比如两次世界大战和冷战期间，全球治理被全球武力大战所取代，全球金融治理下的全球金融秩序依然在起作用。如在冷战时期，欧洲建立了欧洲美元市场，虽然美国和苏联中断了很多方面的交往，但货币方面仍然可以通过第三方顺畅流通。

其次，独立性。全球治理虽然会影响到全球金融治理，但全球金融治理并不全部依靠全球治理的存在而存在。在全球治理面临困境的情况下，全球金融治理有可能继续发挥自身的作用。这是因为金融是经济活动的基础要素。

再次，标准的一致性。国际货币体系是全球金融治理的核心。在金本位时期，在便利贸易和价值认同的基础上，黄金成为统一的国际货币，而且在短期内不会随各国政府的偏好而改变。即使全球治理处于战争混乱的状态，这种一致的标准也会使全球金融治理下的国际货币体系统一且坚固。

最后，不可逆性。从历史现实看，全球金融治理的发展历史一直是一个单一不可逆转的过程。如国际货币体系中，货币从贝壳等实物货币发展到信用货币纸币的历史过程，不会出现逆转的情况。在当前的信用货币社会，所有尝试重回金本位的努力都不会有实现的可能性。

四、全球金融治理理论的基本内容

全球金融治理理论的基本内容也包括治理目标、治理主体、治理对象、治理方式、治理成效等。

（一）治理目标

全球金融治理的目标是弥补与金融全球化发展和世界政治经济格局不相适应的全球金融治理机制的缺陷，实现全球金融治理合法性、有效性、公平性的提升；建立有效的跨境资本流动的监督、管理机制，构建广泛的、有效的全球金融安全网，增强应对金融危机的能力，最终实现全球金融体系的稳定及金融效率的提高。

（二）治理主体

全球金融治理的治理主体同全球治理一样也包括国家、国际组织、全球公民社会及跨国公司等。在缺乏世界统一政府的情况下，国家是全球金融治理主体的最重要的核心和主导，大国主导了全球金融秩序的构建，在历史上的较长时期，全球金融治理不能体现发展中国家的利益和话语权，具有明显的霸权治理的特点。主权国家治理中采取的政策符合自身国家利益，但往往未考虑全球整体利益，难以满足全球金融治理主体的需要。由超主权主体在解决全球性金融问题中承担重任符合金融全球化的发展趋势，国际组织逐渐成为全球金融治理的核心主体，其满足了金融全球化的现实需求，应当在未来继续发挥重要作用。在全球金融治理中，正式的国际组织（如 IMF、世界银行等）和各种非正式的平台（如 G20、FSB 等），发挥着越来越重要的主体作用和越来越大的影响力。全球公民社会及跨国公司等非政府部门的治理主体主要在微观金融领域发挥作用，这些部门主要包括国际证券协会、国际一级市场协会、国际证券交易所联合会等。随着金融全球化的深入发展，全球形成统一的金融市场，这些非政府部门适应了金融全球化的发展趋势，形成了全球统一的金融标准与规则，对全球金融市场的稳定发展起到了重要的推动作用。未来应继续发挥微观金融领域的治理作用，使其与宏观金融治理领域紧密联系，共同促进全球金融治理的发展。

（三）治理对象

金融全球化的发展带来的全球性金融问题是全球金融治理的治理对象①。全球性的金融问题主要包括：金融自由化与全球资本流动缺乏有效监管的问题，金融泡沫膨胀的问题，金融危机不断爆发的问题，如何提高金融效率的问题，等等。具体来说，在国际货币体系中，治理对象包括有

① 洪小芝．论新型全球金融治理模式的构建［J］．上海金融，2014（12）：33-37.

效管理经济金融政策的负面溢出效应、监管全球流动性、维持汇率及国际收支调节机制的稳定性等。在国际金融机构体系中，治理对象是改革 IMF 等核心金融治理机构以提高其有效性和公允性。在国际金融监管中，治理对象包括以 FSB 为主导构建全球统一的金融监管框架、完善全球金融监管知识体系、加强全球金融监管协调与合作、构建高效的全球金融安全网。

（四）治理方式

全球金融治理通过合理的国际原则、规范、机制安排来实现治理目标。机制安排通常通过各种组织来实现。IMF、世界银行、FSB 等正式的国际组织是全球金融治理传统的重要机制，而非正式的 G20 机制是发达国家和发展中国家共同参与全球金融治理的核心平台，会在很大程度上对其他国际经济组织产生重要的影响。此外，全球金融治理还通过区域金融治理来实现。一个成熟的区域金融治理机制可以通过扩大外延、强化与周边国家的多边合作的方式，推动广泛意义上的全球金融治理机制的改革。在全球层面的治理机制改革难以为继之时，区域治理的改革成为一种新的思路和途径。如国际储备货币体系难以根本性地完全改革，区域间的货币金融合作开始广泛开展，金砖国家的金融合作、亚洲货币合作等都得到了快速发展，这些区域货币金融合作的成果未来会在较大程度上推动全球货币金融体系的改革完善。

（五）治理成效

全球金融治理的成效主要是评估其有效性和合法性。衡量全球金融治理成效的标准包括：全球金融稳定程度，金融资源分配的合理程度，金融效率的高低程度，等等。多数学者认为全球金融治理能够有效维护稳定公平的国际秩序，治理的成效也可以通过一定的评估标准来衡量①。

---

① 俞可平．全球化：全球治理［J］．社会科学文献出版社，2003：18.

第三节　研究全球金融治理理论的新视角
——国际公共产品理论

一、公共产品理论

（一）公共产品理论的简单回顾

公共产品一般是相对私人产品而言的，1776年亚当·斯密把公共产品从私人产品中区分出来，对其性质及其供给问题做出了解释。他认为公共产品不能由个别人或少数人来供给而只能由国家或政府供给[①]。1848年约翰·穆勒更新发展了亚当·斯密的理论，认为提供公共服务是必要的，但是却很少有人愿意主动提供，这都是因为提供服务本身并不能得到相应的报酬[②]。这时的公共产品理论发展处于早期萌芽阶段。19世纪80年代，萨克斯把边际效用价值理论应用于公共金融领域，形成了公共产品理论的经济学基础[③]。维克塞尔认为私人享有政府提供公共产品的边际正效应应该与私人交税的边际负效应相等，由于社会公平性的要求，公共产品的最优供给的关键是适当的政治运作程序。1918年，林达尔修正并发展了维克塞尔的论述，提出"林达尔模型"，确定了公共产品供给数量与消费者均衡税收份额的唯一的、稳定的均衡点——"林达尔均衡点"[④]。1954年，萨缪尔森系统阐述了公共产品的概念，并通过分析序数效应、无差异曲线、一般均衡分析和帕累托效率等理论，构建"萨缪尔森模型"，为公共产品理论奠定了理论分析的基础。他的理论被视为现代经济学研究公共产品理论的起点。

---

① ［英］亚当·斯密．国民财富的性质和原因的研究［M］．商务印书馆，1974：284.

② ［美］约翰·穆勒．政治经济学原理及其在社会哲学上的应用［M］．赵荣潜，译．商务印书馆，1991：126.

③ ［美］英吉·考尔．全球化之道——全球公共产品的提供与管理［M］．张春波，等，译．人民出版社，2006：55.

④ 李慧．公共产品供给过程中的市场机制［D］．南开大学，2010：17-18.

（二）公共产品的定义及特性

1. 公共产品的定义

一是萨缪尔森的定义。他认为公共产品就是在一个集体中的所有成员可同时使用的消费品；该集体中的每个成员对该产品的消费都不会使其他成员减少对该产品的消费①。这一定义经过后来的研究发展，成为现代经济学所广泛接受的定义。

二是奥尔森的定义。他认为在一个集团中，任何一个成员都可以消费一种产品，而且不能合理地排除其他人对这一产品的消费，这种产品就是公共产品，而如果在非公共产品层面，这种排除他人的消费是可以实现的②。

三是布坎南的定义。他指出“任何集团或社团因为任何原因通过集体组织提供的商品或服务，都将被定义为公共产品”③。只要是团体供给的产品都是公共产品④。

2. 公共产品的特性

根据萨缪尔森的定义，公共产品具有两大基本特性：非排他性和非竞争性。根据后来学者对萨缪尔森理论的发展，还可以分析出公共产品具有非中性、代际性等其他特性。

（1）基本特性

第一，非排他性。与排他性相对，是指从合理成本的角度看，任何消费者对一种产品的使用都不能排斥其他任何消费者对该产品的不支付代价的使用。包含三层含义：一是任何消费者都不能排斥他人的使用，即便有人想独自使用，技术上或高成本也会使其认为这种行为不可行；二是任何消费者即使不愿意也都无法拒绝对该产品的使用；三是任何消费者都可以

---

① ［美］保罗 · A. 萨缪尔森，威廉 · D. 诺德豪斯. 经济学［M］. 胡代光，等，译. 北京经济学院出版社，1996：571.

② ［美］奥尔森. 集体行动的逻辑［M］. 陈郁，等，译. 上海人民出版社，1995：13.

③ ［美］布坎南. 民主财政论［M］. 穆怀朋，译. 商务印书馆，1999：20.

④ 梁小民，等. 经济学大词典［M］. 团结出版社，1994：77.

合理使用同样数量的产品①。

第二，非竞争性。与竞争性相反。增加一个消费者对某一公共产品的使用不会使其他任何一个消费者同时减少对该产品的使用；社会成本不会增多，新增加的消费者使用该产品的边际成本是零。

（2）其他特性

第一，不可分割性。不可分割性是指公共产品要么向集体内的所有人提供，要么不向任何人提供。例如国防。

第二，代际性。把时间因素考虑在内，当代人供给的公共产品会对下一代或几代人带来有利的或有害的影响。当代人在制定供给公共产品的决策时，必须要考虑此后未来数代人的利益。

第三，可转换性。公共产品和私人产品之间进行转换主要取决于两个因素：技术和预算约束，如果个人掌握相关技术，并且有足够财力突破预算约束，那么个人也可以提供公共产品。

第四，并非仅由国家提供。科斯认为公共产品并非只能由国家提供，个人也能提供②。

二、国际公共产品理论

公共产品理论随着技术进步和经济全球化的发展逐步延伸到国际领域，形成国际公共产品理论。

（一）国际公共产品的定义、特性与分类

1. 国际公共产品的定义

早在 20 世纪 60 年代，公共产品理论已开始扩展到国际问题领域。1966 年奥尔森以北约为例研究了国家间共同维护安全，即通过国际组织提供公共产品的问题③。1999 年，考尔等首次全面概括了国际公共产品的定

① 刘宇飞．当代财政学［M］．北京大学出版社，2000：94.

② ［美］科斯．论生产的制度结构［M］．上海三联书店，1992：215-239.

③ Olson M，Zeckhauser R. An economic theory of alliances［J］. The Review of Economics and Statistics，1966，48（3）：266-279.

义，从国家角度，国际公共产品不单包括一个国家团体，还包括一组以上国家；从社会群体角度，不但要有利于广泛的国家，还要有利于广泛的全球社会群体；从世代角度，国际公共产品既满足当代的需求，又不会使后代的利益受损，至少在不妨碍未来数代的情况下满足当代的需求①。2003年，考尔等把国际公共产品的概念精确界定为："国际公共产品是其收益可以惠及扩展到全球所有国家、社会群体和世代的产品。"除了考尔的定义，世界银行（2001）认为国际公共产品是一种具有实际的跨国界外部性的物品、资源、服务、规则系统或政策体制，它对发展和减少贫困非常重要。只有通过发达国家和发展中国家合作和集体行动，国际公共产品才有可能被充分地供给。

2. 国际公共产品的特性

国际公共产品除了具有公共产品的所有特性之外，还具有以下特性：

第一，国际性。国际公共产品覆盖特别广泛的领域，不受限于国家、地区和集团，所有人都可以是国际公共产品的受益者。

第二，非中性②。不同的主体从国际公共产品中的获益不同。包含两个方面：一是在对国际公共产品的消费中，可能有一些主体会获益，而另一些主体可能会遭受损失；二是每个主体在消费国际公共产品中获益或遭受损失的程度是不同的，有些主体获益较多，有些主体获益较少甚至遭受损失。那些获益较多的主体有较高的意愿供给国际公共产品和承担成本。

第三，外部性。国际公共产品的生产和消费会对第三方产生影响，即外部性，如果这种影响会使第三方从中得到好处，就称为正外部性，反之，如果第三方从中遭受损失，则称为负外部性。如果产生外部性的一方承担负外部性的损失或从正外部性中分得了收益，那么外部性也就被内部化了。

---

① Kaul I, Grunberg I, Stern M A. Defining global public goods [J]. Global Public Goods International Cooperation in Century, 1999, 30 (3): 2-20.

② 张宇燕．利益集团与制度非中性［J］．改革，1994（2）：97-105.

第四，“搭便车”现象不可避免。国际公共产品的基本特性导致使用国际公共产品的任何个人都不需要支付任何成本，因而对于理性的个人来说，“搭便车”是最好的选择，从而使得公共产品供给不足。在一国国内的公共产品，可以通过政府征税或制定法律来管理“搭便车”现象，但在国际层面，不存在统一的世界政府，“搭便车”现象是不可避免的，国际公共产品一直处于供给不足的状态。

3. 国际公共产品的分类

不同的学者对于国际公共产品的分类有不同的见解。吉尔平认为自由开放的贸易制度、稳定的国际货币体系和国际安全的供给是三类国际公共产品①。联合国秘书长发表的报告中认为国际公共产品包括基本人权、全球公共卫生、全球安全、全球和平等 10 大类。国际公共产品的范围比较宽泛，需要根据不同产品的特性进行系统的分类。

（1）考尔的划分

考尔等把国际公共产品分为全球自然共有物、全球人造共有物和全球条件。全球自然共有物，包括空气、公海等这些可以免费获取的产品。全球人造共有物，如国际制度等，又可以细分为：可免费获取的商业价值小的产品，如非商业性知识；可有限获取的产品，如专利；具有网络特征的产品，如国际制度等。全球条件包括全球人类生存的条件，如和平、金融稳定等。

（2）按基本特性划分

国际公共产品是公共产品在国际领域的拓展，也有非排他性、非竞争性的基本特性。同时具有这两种特性的是纯国际公共产品，一国消费该产品不会减少其他国家的相同数量的消费，也不能把任何国家排除在享有该产品的收益之外，如世界和平、国际金融稳定等。准国际公共产品通常只具备两种基本特性中的一种，其中具有非竞争性但不具有排他性的产品称为国际俱乐部产品，如臭氧层保护、减少温室气体排放等；具有竞争性但非排他或排他困难的产品称为国际公共池塘资源，如公共海洋资源等。桑

① ［美］吉尔平．国际关系政治经济学［M］．杨宇光，译．经济科学出版社，1989：90.

德勒（1998）在纯国际公共产品和准国际公共产品的基础上，提出了联产品的分类，即提供某一公共产品时，同时产生两个或两个以上公共性程度不同的产品。如稳定一国的金融动荡，不仅给本国带来好处，而且防止危机蔓延到其他国家，给其他国家带来好处。

（3）按生产的不同阶段划分

考尔按生产的不同阶段，把国际公共产品分为最终阶段和中间阶段的公共产品。最终阶段的国际公共产品是可以直接用来使用或消费的，如世界的和平、健康的环境等。中间阶段的国际公共产品是为生产最终国际公共产品而投入的公共产品。这些产品带有工具性的特征，如各国为实现健康的生活环境而签订的国际协议等，既可以无形态，也可以是物质形态或知识形态的公共产品①。

（4）按产品的性质划分

按照产品的性质，国际公共产品有物质类和制度类之分，前者是指有形的物质的公共产品，后者是指制度规则等无形的非物质的公共产品。任何公共产品都要具有可使用的物质形态，才能满足现实需求，否则该产品就没必要生产②。但对于公共产品生产与消费的各参与方来说，为确定其“权责利”关系、规范各方行为及保证合作的达成，又需要无形的制度、规则等来进行限制与规范。

（二）国际公共产品的供给困境

国际公共产品的供给问题同公共产品类似，都会面临集体行动难以达成、公共产品难以供给和供给不足的困境，具体来说会面临“公地悲剧”“囚徒困境”“集体行动困境”“公共事务治理”的问题。

1. 公地悲剧

加勒特·哈丁在1968年比较系统地提出了公地悲剧的问题。他假设一

① ［美］英吉·考尔，等．全球化之道——全球公共产品的提供与管理［M］．张春波，高静，译．人民出版社，2006：93.

② 贺平．区域性公共产品与东亚的功能性合作——日本的实践及其启示［J］．世界经济与政治，2012（1）：34-48.

个所有人都可使用的牧场，每个放牧人都是理性的，都从自己的放牧中得到直接利益，但当放牧人增加而导致过度放牧时，由于放牧人信息不对称和缺乏沟通协商，加上他们为了最大化自身的利益，没有选择控制放牧牲畜的数量，同时保护草地的可持续性这一最优策略，而是选择增加自己的放牧数量，最大化自己的收益这一次优策略，导致草地因过度使用而被毁坏①。公地悲剧说明公共产品具有非排他性但具有竞争性时，任何人都可以自由地使用这一产品，因为他不被排除在使用这种产品之外，追求利益最大化的理性个人就会积极地滥用这种不用付出成本或做出相应努力就可以免费使用的公共产品，在自愿选择的规则下就会导致这种公共产品因过度消费而退化，这种过度消费最终导致公共产品的数量小于社会最优供给，减少了个人的消费效用，导致公共产品低效供给。公地悲剧产生的根本原因是产权的不明确，使得人们只看到眼前利益和自身利益，无节制地追求自身利益最大化，造成资源过度使用和浪费。另外，产权不明也会导致人们对能否行使权利漠不关心，从而造成资源利用不足。

2. 囚徒困境

美国兰德公司于 1950 年提出“囚徒困境”的一个博弈论模型，说明囚犯之间无法沟通信息，导致彼此合作不能达成的情况。具体模型简单概括为：两名囚犯被抓以后分别关在两间不同的牢房内审讯，彼此不能沟通协商，如果两人都不认罪，将都会被判一年监禁，这对两人来说是最优选择策略。如果两人都招供，将都会被判八年监禁，如果其中一人招供而另外一人不认罪，则招供的人将获得自由，而不认罪的人将被判十年监禁。两名囚犯面临两种选择：不认罪或招供。对每个囚犯来说，不管对方如何选择，自己的最优选择都是招供，结果会导致两个囚犯没有选择最优策略，而选择了都招供的次优策略，都被判八年监禁。囚徒困境说明，在信息不明的情况下，集体中的个人缺乏沟通协商的机制，互信缺失，为实现个人的最大利益而违反了最佳的共同利益，个人理性导致集体的非理性，

---

① Sundaram D R K. The tragedy of the commons? [J]. Economic Theory, 1993, 3 (3): 413-426.

从而有效的合作难以达成。

3. 集体行动困境

美国经济学家曼瑟尔·奥尔森在《集体行动的逻辑》一书中指出，在追求集体共同利益的过程中，除非一个集体中有很少人，或是有强制的、独特的方法，才能促使集体中的每个人都能从集体的共同利益出发，要不然那些理性的个人为了最大化自身的利益是不会参与共同行动来保证集体的共同利益的①。

集体行动困境的根本原因是集体行动的结果具有公共性，公共性的非排他和非竞争性带来的“搭便车”问题不可避免，每个人都想不付成本地“搭便车”，从而获得收益。正是这种“搭便车”行为的存在，导致集体行动难以达成。奥尔森指出，成员数较少的小集团会比大集团更有利于明确其共同利益，更有可能达成集体行动。而当参与集团的成员数量较多时，会增大彼此协商的难度，同时会降低平均收益，增加“搭便车”的动机，使得集体行动难以成功。为了促使集团成员采取有利于集团的行动，必须引入不同于共同利益的“选择性激励”制度，增强集团的吸引力，促使集团采取一致行动来实现共同利益。

4. 公共事务治理

埃莉诺·奥斯特罗姆在《公共事务的治理之道》一书中从博弈论的角度探索在理论上政府于市场之外自主治理公池资源的可能性②，认为解决自主治理公池资源制度的供给问题需要做到增加自主组织的初始可能性，增强人们自主组织解决公共问题的能力。他提出了有效设计激励制度的基础，比如治理模式变化产生的各种重构的利益关系、规则变化前后参与人成本收益情况以及推测参与人的反应。

奥斯特罗姆认为，对一国来说，公共产品供给问题是制度层面的问题，制度安排、制度变迁是至关重要的影响因素。应该重新考虑把制度供

① ［美］曼瑟尔·奥尔森．集体行动的逻辑［M］．陈郁，等，译．格致出版社，1995：20-25.

② ［美］埃莉诺·奥斯特罗姆．公共事务的治理之道［M］．上海三联书店，2000：89-90.

给问题理论化的方法，把制度供给和制度变迁统一起来，把宪法选择和集体选择统一起来。在制度变迁中，当事人自主治理是一种有效的方式，但设计和采纳新制度来解决公共产品供给问题是一个艰难的任务，如果制度变迁的成本大过收益，当事人也并不一定会选择新制度而自动抛弃旧制度。

第三章

全球金融治理与国际公共产品

——一个理论分析框架

全球金融治理的实质是国际公共产品的供给，本章运用国际公共产品理论和博弈论分析方法，尝试构建一个包括全球金融治理的国际公共产品特性、基本假定与关键概念、逻辑内涵以及核心问题在内的理论分析框架。

第一节　全球金融治理与国际公共产品的关系

一、全球金融治理的必然性：国际公共产品需求的产生

根据萨缪尔森的观点，公共产品由于具有非竞争性、非排他性，在实现均衡之前其边际生产成本是零。但这种观点是有局限的，因为公共产品的公共性可能会改变，之前具有非排他性的公共产品可能会出现排他的状况，公共产品的边际生产成本是零这一论断几乎不具可能性，我们也会发现全球各国供给的公共产品并没有减少反而持续地增加①。这就表明从非竞争性、非排他性的基本特性的角度来分析公共产品只是一种技术性的解释，并不能从根本上阐释公共产品的本质，而对公共产品本质进行解释需

① 秦颖．论公共产品的本质——兼论公共产品理论的局限性［J］．经济学家，2006（3）：77-82.

要以共同利益带来的需求为根本出发点。

全球金融治理本质是一种国际集体行动过程，解决的是全球共同面临的问题，需要国际合作才能实现。世界各国的集体行动的结果产生了国际合作，而国际合作的起源可以从各参与国家对集体行动的需求来理解。理性的个人可以通过个人的有效行为来实现自身利益的最大化，但个人无法通过自身行为有效地解决集体需要共同解决的公共问题，因而有必要发挥集体行动有效解决公共问题的作用。奥尔森认为，为实现共同利益通过集体行动共同解决了公共问题的过程，其实就是供给了一种公共产品的过程①。但是，从理论上来说，如果个人的行为具有利他主义特点或追求更广大的目标，那么个人在一定程度上是能够实现公共利益和解决公共产品供给问题的。从而，我们可以理解为世界各国为解决共同面临的具有全局影响的急切需要解决的公共问题而产生了对国际公共产品的需求，这种需求是聚集了各国的偏好，根据各国不同的发展程度和对价值排列顺序而形成的。因此，随着金融全球化的发展，世界各国产生了深刻的相互依存的关系，它们有实行单独或集体行动的需求来解决共同面临的全球金融公共问题和实现共同利益，而满足这一需求的过程需要国际合作才能实现。

二、全球金融治理的进程：国际公共产品的有效供给

首先，全球金融治理的结果是国际公共产品的出现。根据奥尔森的"集体行动逻辑"，为实现共同利益而采取的集体行动就相当于为该集体供应了一种公共产品，追求共同利益表明该集体中的任何一方都被包括在内，而供给公共产品是所有的集体或组织具有的基本功能，他们有责任为本集体内的成员实现不可分的共同利益② 。基于此，全球金融治理的进程可以被看作在全球金融领域中各国为实现共同利益而采取集体行动有效供给国际公共产品的过程，对集体行动中的单一国家来说，在参与全球金融

①② ［美］奥尔森．集体行动的逻辑［M］．陈郁，等，译．上海人民出版社，2014：11-12.

治理的进程中主动供给国际公共产品也是提升自身金融治理影响力的重要手段。

其次，通过有效供给国际公共产品能够促进全球金融治理体系的完善。两者之间是相互作用的，国际公共产品的有效高质量的供给是促进全球金融治理变革完善的有效方法和重要途径。尤其重要的是解决如何提供全球金融治理的国际公共产品的问题，主要有两种方式：主权国单边供给和国际合作供给。由于存在边际收益递减规律、“搭便车”和主权国衰退等困境，主权国单边供给的供给意愿和能力不断下降，供给严重不足，单边供给途径越来越不可行，国际合作供给成为主要的供给途径。通过一定的合作平台促使各国采取自愿联合的方式供给国际公共产品成为促进全球金融治理的主要途径。

三、全球金融治理的变革完善：国际公共产品的优质化

随着金融全球化的发展和世界经济格局的变化，不适应新形势的原有的全球金融治理体系，不利于解决新的公共问题和实现公共利益。因此有必要对其进行改革，改革完善的过程即是对全球金融治理国际公共产品进行优质化的进程，这一进程表现出全球金融治理“成长性”地供给国际公共产品的特点。按照新功能主义的观点，在某一集团或组织内部的各成员的偏好和共同利益并非一成不变，国际公共产品的质量的好坏程度也会发生变化，原来高质量的可能变成了低质量的，从而需要根据变化的形势不断提升、改造和优化国际公共产品的质量，用以满足新的需求，促进集体行动中的各国实现更高层次、更高水平的共同目标和共同利益。

在全球金融治理中，G20 代替 G7 逐步发展为核心治理平台的历史进程其实就是全球金融治理中国际公共产品的持续更新改造、质量不断优化的过程。为应对金融危机，2008 年 11 月 G20 首次召开领导人峰会，此后 G20 对国际货币改革、金融体制改革、宏观经济政策等问题进行沟通协调，取得了诸多重要成果，成员国包括中国、阿根廷等新兴市场和发展中国家，成为发达国家和发展中国家共同进行全球金融治理的核心

平台，在全球金融危机的处理应对和全球金融治理的变革完善中发挥了极其重要的作用。

四、全球金融治理的国际公共产品特性

从以上的分析出发，我们可将全球金融治理视为全球各国为解决全球金融问题采取集体行动而产生的国际公共产品，它具有国际公共产品的特性。

第一，非排他性和非竞争性。在全球金融治理体系中，所有参与方都能够不支付任何代价地得到该体系带来的好处，并且任一参与方使用该体系中的制度规则等并不排斥其他参与方的使用。

第二，外部性。如果全球金融治理体系的运转推动了全球经济的增长与金融的稳定，就说明这一治理体系具有正的外部性，相反，如果这一治理体系的运转不利于全球经济金融的发展甚至起到了阻碍的作用，就说明其具有负的外部性，全球金融治理体系的变革完善的过程其实就是延续其正外部性和改革其负外部性的过程。在这一进程中全球金融治理体系不断适应全球经济金融形势的发展变化，最终形成合理的新的治理体系。

第三，非中性。国际公共产品的非中性说明了在消费公共产品的过程中各方受益或受损的程度是不同的。在发达国家主导建立的全球金融治理体系中，主要按照发达国家的意愿和利益来供给国际公共产品，发达国家比发展中国家受益多受损小，有些国家甚至还受到这一体系的制度规则的损害。例如，以美国为主导的发达国家控制了以IMF为代表的主要国际金融机构，从自身的利益和偏好出发来制定制度与规则，忽略发展中国家的需求，尤其对需要援助贷款的国家，附加了诸多苛刻的政治经济条件，不仅没有有效帮助这些国家，反而加深了他们的困境。

第二节　全球金融治理的基本假定与关键概念

一、基本假定

（一）资源稀缺性假定

全球资源的数量是有限的，但全球人类社会却有着无限的欲望与需求。全球资源的稀缺性程度会随着全世界人口的不断增长而持续提高，国际公共产品也是满足人类社会欲望与需求的稀缺性资源，一些人用得多必然导致另外一些人用得少。国际公共产品的非排他性、非竞争性的公共属性，使得其因不支付任何代价的“搭便车”行为而被过度使用，带来供给不足或资源浪费的困境。全球金融治理作为一种国际公共产品，就是要突破稀缺性的局限，通过促进各参与方积极地互动与调节彼此差异化的利益，最终完成有效的治理。

（二）国家是理性人的假定

全球金融治理的最主要参与者是国家。每个国家都具有追求自身利益最大化的个体理性，个体之间的利益千差万别，尽管面对共同利益但仍很难形成统一的集体理性。全球金融治理就是利己的个体理性与追求共同利益的集体理性相互作用的过程与结果。尼布尔认为个体的利己主义冲动会超出理性的控制能力，而理性实际上又是利己主义的掩盖和工具①。利己主义者常常宁愿自身受损也要对方损失更大的相对收益，并利用博弈或合作最终实现自身利益最大化。但信息不对称、有限理性和实力不均衡等条件的存在，使得个体追求自身利益最大化的目标并非总能实现。

（三）存在人类共同利益的假定

世界的和平与发展、环境能源的改善、国际金融体系的稳定等是人类

① ［美］尼布尔．道德的人与不道德的社会［M］．阮炜，译．贵州人民出版社，1998：201-217.

社会需要实现的共同利益。伴随全球化而来的全球性问题和挑战是人类共同面临的问题，任何国家都无法靠自己的力量来解决这些全球性问题，人类社会要提升自身福祉和实现共同利益就必须进行共同治理的协调与合作。谢林认为共同利益与差异化利益的并存是各方谈判的基础，而具有合作的诚意或妥协是实现合作的前提①。人类共同利益的存在是人类合作治理全球金融问题的前提。

（四）不存在世界政府的假定

全球社会中，不存在类似一国政府的权威的世界政府，没有世界政府维持世界秩序并保证参与治理的各方的治理策略能够得到实质性的贯彻执行，违约行为能受到惩罚。各种全球或区域的国际金融机构或合作平台都不具有征税权，也都面临融资的难题，它们最多是在不同领域进行相关治理的机制。国际社会由于无统一政府而更易出现无序的状态。各国在无世界政府的条件下都追求自身利益最大化，且容易因差异化的利益需求发生冲突并难以调解，全球社会就会因此而出现无世界政府管理的治理失灵。全球金融治理的变革完善必须要充分调节各类差异化的个体需求，以求得良性发展。

二、关键概念

为构建全球金融治理的理论分析框架，首先需要说明构成理论框架的关键概念因素，包括全球性金融问题、国家异质性、利益敏感度、供给收益与供给成本、制度非中性等。这些关键概念由全球金融治理的国际公共产品特性延伸而来。

（一）全球性金融问题

解决全球性金融问题的需求产生了国际公共产品的供应。全球金融治理是随着金融全球化的不断深入和全球金融体系的不断发展而逐步发展起来的。全球性金融问题就是由金融全球化带来的具有跨境性、外部性影响

① Thomas C Schelling. An essay on bargaining［J］. The American Economic Review，1956（46）：281-306.

的一系列金融问题。金融全球化表现为资本的自由跨境流动、利率汇率的放开管制、金融投机性增强，而当前全球金融体系的制度与规则明显滞后于快速发展的金融全球化的进程，这使得全球性金融问题愈加突出。比如国际金融网络协调失灵、金融投机盛行、股市崩溃以及银行危机等这些具有外溢性的全球性金融问题能够跨境传播，这使全球各国都面临挑战，而互联网、交通等科技的进步同时增强了各国之间的依存度，使得全球性金融问题带来系统性风险和整体脆弱性的可能性不断加大，最终全球所有国家为避免利益遭受挑战与威胁而对解决全球性金融问题的需求越来越强烈。国际公共产品的供给就是为了解决上述由金融全球化引起的全球性问题，但是国际公共产品的供给不足和结构失衡，使得解决全球问题必须要关注全球公正问题，即国际公共产品的受益范围不仅仅包括某些国家和人口，而是要满足全人类的共同利益。

（二）国家异质性

国家异质性，即国家的差异性，狭义可理解为国家在综合实力、人均收入水平、某种资源稀缺程度、技术水平、能源结构、竞争力、处理风险能力等方面的差异；广义可理解为国家在地理位置、资源禀赋、国家制度、发达程度、发展模式、经济结构、军事实力、历史文化、传统宗教等方面的差异。这些因素使得世界各国存在明显的差异，因此各国在参与全球金融治理中会有不同的利益与行为。国家异质性使得全球金融治理下的国际公共产品供给具有非中性特征，不同的参与国家从中受益或受损的程度是不同的，比如有些综合实力强大的国家获益较多而受损较少，而实力较弱的小国获益较少而受损较多。因此各参与国家在实现共同利益的过程中，更多的是具有较大的利益冲突与分歧。参与全球金融治理的各行为体具有不同的目标函数、治理结构和行为方式。

（三）利益（收益）敏感度

由于国家异质性，不同参与国家对某一具体问题持有区别于他人的敏感度。各国对参与供给国际公共产品的偏好强度是不一样的。一国提供某种公共产品的能力相对大，国内政策协调容易，从国际公共产品中得到的效用就大，其利益敏感性就高，相对地，成本敏感度就低，对参与供给的偏好更强烈，更有能力和意愿提供国际公共产品。因为具有不同的利益或成本敏感度，各国更愿意供给符合自身利益的国际公共产品，而不愿意供给不适合自身条件的国际公共产品。利益或成本敏感度相似的国家在同一问题方面更容易实现彼此合作①。我们需要分析各国在某一具体领域是否具有比较优势或比较劣势。在集体行动中利益敏感度低、成本敏感度高的国家供给国际公共产品的意愿较弱，因此说服其参与供给的难度就较大，同时促使集体行动实现合作的成本也就较高。

（四）供给收益与供给成本

1. 供给收益

国际公共产品的供给收益有以下几种类型：

第一，经济收益和非经济收益。经济收益包括参与供给直接给本国带来国民财富的增加的直接经济收益，也包括获得的他国正的溢出效应和从全球共同利益的变化中获取的收益分配等间接经济收益。非经济收益包括谈判收益、政治收益和规则收益。谈判收益就是各国在谈判中适应规则、熟悉谈判议题、增强谈判的能力的收益。政治收益指因参与了国际公共产品的供给而提升了本国的国际形象与地位、赢得了国际赞誉、加入了某一国际机构等方面的收益。规则收益是由于主导了规则的制定、解释等权力，自身掌控了分配、调节经济利益的权力而在竞争中处于优势。

第二，绝对收益与相对收益。这种收益划分主要用于在无世界政府条件下评估国际合作的可能性，一国在国际公共产品供给决策中不同的阶段对收益的获取存在不同的偏好，在某一阶段更愿意追求绝对收益，而在另一阶段更愿意追求相对收益。如果集体行动中的主要参与国家大多追求相对收益，就会使可行的合作领域受到限制甚至改变合作的目标，导致国际合作难以实现。如果集体行动中的所有国家都追求相对收益，最终的结果是国际合作无法实现甚至发生严重的冲突。

---

① 任琳，冯维江．全球治理变革与国际法治创新［M］．中国政法大学出版社，2014：30.

第三，主导收益和跟随收益。在供给国际公共产品的集体行动中，不同的供给国家的收益是有差异的，掌握合作主导权的国家通常主导着国际公共产品的供给。这些主导者一方面是最大的消费者，能够得到一般性的公共产品供给收益；另一方面还能够得到比跟随者更多的主导权的垄断性收益，如制度、规则制定权的收益①。

2. 供给成本

供给成本因各国的国家异质性和利益敏感度的不同而有很大的差异。供给成本主要包括经济成本和非经济成本。经济成本有直接经济成本和间接经济成本，直接经济成本主要是供给带来的协商和管理成本（收集信息、评估政策效果、政策实施成本等）、本国宏观政策改变的成本等；间接经济成本主要是其他国家的宏观政策或报复行为对本国造成的负溢出效应和经济损失，还包括在集体行动中国际合作无法达成而使全球共同利益遭受损失的情况下，各国付出的经济成本。非经济成本包括谈判成本、规则成本和政治成本。谈判成本包括在谈判过程中成立团队、培养高素质人员、学术研究成本及协调成本等。规则成本是各国因实施合作的规则而受到的一系列限制，包括对本国制定实施国内经济金融政策、规则等的限制。政治成本是一国参与时放弃的部分权力和不参与时由其他国家的不满带来的国际形象、地位与信誉的一定程度的受损。

（五）制度非中性

国际公共产品的非中性的特性决定了不同的主体从国际公共产品中的获益不同。包含两个方面：一是在对国际公共产品的消费中，可能有一些主体会获益，而另一些主体可能会遭受损失；二是每个主体在消费国际公共产品中获益或遭受损失的程度是不同的，有些主体获益较多，有些主体获益较少甚至遭受损失。那些获益较多的主体有较高的意愿供给国际公共产品和承担成本，表现在全球金融治理的体系中，治理机构、规则、制度是非中性的，治理体系中不同的主体获得不同的东西，那些从既有制度体

① 张春. 国际公共产品的供应竞争及其出路——亚太地区二元格局与中美新型大国关系建构［J］. 当代亚太，2014（6）：52-72.

系中获益最大的主体，必定会竭力维护这一制度体系①。极端化的非中性还会给弱势主体带来损失。在发达国家主导建立的全球金融治理体系中，主要按照发达国家的意愿和利益来供给国际公共产品，发达国家比发展中国家受益多受损小，有些国家甚至还受到这一体系的制度规则的损害。例如，以美国为主导的发达国家控制了以 IMF 为代表的主要国际金融机构，从自身的利益和偏好出发来制定制度与规则，忽略发展中国家的需求，尤其对需要援助贷款的国家，附加了诸多苛刻的政治经济条件，不仅没有有效帮助这些国家，反而加深了它们的困境。不过，适度的非中性制度是有必要的，其能够通过选择性激励，促使被激励的主体主动承担国际公共产品的供给和分担成本，增加治理制度的有效性和活力。但前提是要掌握好制度非中性的程度，避免其成为既得利益者牟取私利的工具。

第三节　全球金融治理的逻辑内涵
——国际公共产品的供给主体与客体

全球金融治理的实质是国际公共产品的供给，国际公共产品的研究中最主要的是供给问题，全球金融治理就是从全球的角度研究通过供给国际公共产品解决国际市场失灵的问题，因此国际公共产品的供给实质上决定了全球金融治理理论框架的构建。在一国内部，公共产品通常由一国政府来供给，但在全球范围内，在不存在世界政府的前提下，由谁来供给国际公共产品，承担供给成本呢？国际公共产品具有全球性的广泛影响，不同的国家和个人都可以从国际公共产品中获益，但国际公共产品的供给主体却不是唯一的。

一、全球金融治理国际公共产品的供给主体的界定

在不同的历史阶段和领域内，国际公共产品不同的供给主体所发挥的作用和地位是不同的。供给主体的权力、利益结构在博弈中不断发展变

① 张宇燕. 利益集团和制度非中性［J］. 改革，1994（2）：98.

化，而供给主体的地位和作用不同又决定了不同的供给方式。在不存在统一的世界政府的前提下，国际公共产品的供给主体主要有：主权国家、国家集团、国际组织、全球公民社会与跨国公司等。

（一）主权国家是最主要的供给主体

在权威与资源等方面拥有绝对优势的主权国家，是国际社会中最重要的政治经济单位，在国际公共产品的供给中发挥着最关键的作用。

霸权稳定论认为国际公共产品只能由政治经济实力强大的主权国来承担供给，强调主权国通过制定各种国际规则、制度安排来建立霸权体系，容忍他国"搭便车"的行为，愿意主动承担向他国供给国际公共产品的责任，从而使自身的实力与威望获得他国的广泛认同，通过控制自己建立起的国际体系，不仅自身得到最大限度的利益，同时也实现了世界的稳定。金本位制下的英国，布雷顿森林体系下的美国都扮演了主权国单边供给的角色。但随着"搭便车"行为的不可避免和主权国实力的相对衰落，主权国的供给意愿与能力降低，导致其减少或中断供给而出现国际公共产品供给不足或失衡的状态。因此主权国单边供给并不具有持续性。

（二）国家集团联合供给

单凭某一个或几个国家不能满足和负担国际公共产品不断增加的需求与成本，这就使得国家联合供给国际公共产品成为必然。不过，在国家联合供给的过程中，各国的作用与地位并不相同。政治经济实力强大的国家处于领导者的地位，而政治经济实力弱小的国家处于跟随者的地位。领导国往往偏重于自身的偏好，按照自己制定的规则制度，优先提供使自身利益最大化的国际公共产品，而跟随国的需求通常被忽视或不予考虑。例如IMF、世界银行等被美国等少数发达国家领导与控制，其他发展中国家的话语权偏低。此外，由于国际公共产品的非中性，在国际公共产品中获益大的国家有较强的意愿承担供给成本和责任，而获益小甚至遭受损失的国家有较弱的意愿承担供给甚至宁愿选择"搭便车"，进而会使国家联合供给面临集体行动的困境。

（三）国际组织是重要的供给主体与合作平台

国际组织分为正式的和非正式的两种。正式的国际组织（如 IMF 和世界银行等）有正式的制度和机构，通过推动国家间的合作共同解决国际公共产品的供给问题，是非常重要的供给主体与平台。例如世界银行致力于全球减贫和防止疾病传播，IMF 致力于减少金融动荡，促进金融稳定。它们一方面弥补了国际公共产品供给的不足，另一方面也解决了单个国家不能解决的问题。国际组织主要依赖于国家之间的合作，其合法性和权威性有一定的局限性，这些国际组织没有征税权，资金主要来源于各成员国缴纳的会费和捐款，虽然它们有供给国际公共产品的动力，但也常常面临资金不足的问题。非正式的国际组织，如 G20、金砖国家峰会等，是全球或区域层面的合作平台，在一定程度上解决了合法性和代表性的问题，成为正式国际组织的有益补充，在国际公共产品供给中发挥着越来越重要的作用。

（四）全球公民社会与跨国公司等供给主体的补充作用

随着全球化的发展，由非政府组织、全球公民网络和公民运动等组成的全球公民社会以及跨国公司等参与国际公共产品供给的意愿、能力和需求都得到了快速发展。它们的数量不断增加，参与国际公共产品供给的程度不断加深，在众多领域发挥着越来越重要的作用。非政府组织往往出于公益性的目的在某些主权国家无暇顾及的领域提供公共性服务。全球公民网络、公民运动和跨国公司凭借全球化网络与信息发展的有利条件参与了一些国际公共产品的供给，但它们的供给规模受到政府管理和宏观调控的限制。这些供给主体比较分散，其决策很难协调统一且缺乏权威性，主要发挥着主权国家与国际组织等主要供给主体在某些领域的补充的作用。

从全球层次来看，国际公共产品供给的各类供给主体是紧密联系、互动合作的。虽然不同国家在供给中的获益与在成本分担中存在较大的差异，但是主权国家是国际公共产品供给资金的最终来源，是最重要的供给主体，国际公共产品实现有效供给是建立在各主权国家通过国际合作积极参与国际公共产品供给的基础之上的。全球公民社会与跨国公司等供给主体仅能在某些领域产生作用，很难产生全局性的影响，因而本书对全球金融治理的研究中的供给主体主要是指国家行为体，包括主权国家和国际组织。非国家行为体的供给不在本书研究的范围内。

二、全球金融治理国际公共产品的供给客体的界定

全球金融治理是伴随着金融全球化的发展而产生和发展的，由金融全球化负面效应带来的全球性金融问题是全球金融治理的主要治理对象，这是学术界普遍认同的观点。因此，是否存在为实现全球金融治理目标而提供的国际公共产品？它们具体有哪些形态和内容？解释这些问题是对全球金融治理进行公共产品分析的前提。这部分内容首先分析国际公共产品的具体形态，然后对其具体内容进行界定。下面先借鉴国际公共产品的分类来厘清全球金融治理国际公共产品供给客体的具体形态。

（一）供给客体的形态

考尔将国际公共产品划分为全球自然共有物、全球人造共有物和全球条件。全球金融治理中的各种国际金融规则制度、货币互换协议、国际金融机构等国际公共产品都是人为制造出来的公共产品，全球金融治理要实现国际金融稳定、国际金融效率的提高等目标是其具有国际公共产品特性的政策结果。

按照产品的性质，国际公共产品分为有形的物质类和无形的制度类。全球金融治理中用来规范各参与方“权责利”关系的各类多边及区域的国际规则、制度，是各参与方在全球或区域范围内生产和消费的，属于无形的制度类公共产品。但无形的产品需要以物质类的产品为基础，否则无法进行根本性的实施与操作，因此可以将公共产品看作有形和无形的、物质和制度的统一体。在全球金融治理中，为保证各参与方的合作、规范其行为，进而实现共同的利益，有必要将物质类公共产品的生产与消费进行制度化。在本书的研究中，供给客体的形态是物质与制度的复合体①。

按照生产的不同阶段，国际公共产品有最终类和中间类之分。全球金

① 樊勇明，等. 区域国际公共产品与东亚合作［J］. 上海人民出版社，2014：3.

融治理要实现的国际金融稳定、国际金融效率的提高等目标是可以直接用来消费的最终类国际公共产品，而全球金融治理中的IMF等国际金融机构、货币互换协议、国际金融监管、各类国际金融规则制度等是为了生产最终国际公共产品所投入的方式和手段，是中间类国际公共产品，这一阶段的国际公共产品，形态多样，可以是物质的，也可以是知识等非物质的。在本书中，为实现全球金融治理目标而使用的国际货币、国际金融机构等中间类公共产品是主要研究范围。

按照非竞争性和非排他性的基本特性，国际公共产品可以分为纯国际公共产品、准国际公共产品（俱乐部产品、公共资源和联产品）。国际金融稳定、国际金融效率的提高属于纯国际公共产品，同时具备非竞争性和非排他性，一国消费该产品不会减少其他国家的相同数量的消费，也不能把任何国家排除在享有该产品的收益之外。大部分国际金融公共产品属于准国际公共产品，只具备一种特性或一定程度上具备两种特性，又分为俱乐部产品和联产品。俱乐部产品具有排他性和部分竞争性，成员需付出成本才能加入，公共产品会由非竞争变为部分竞争，如区域外汇储备库就属于俱乐部国际公共产品。联产品在国际金融体系中非常普遍，一般会给供给国带来政治影响力，包括不受他国影响的自主权和影响他国的影响权，这种权力收益带有排他性，因而没有负担成本的国家是不能享有的。例如在1997年亚洲金融危机中，中国政府为稳定区域货币，维持人民币不贬值，给中国带来了负责任大国的赞誉，这就是一种联产品。再如美国主导的IMF，提供国际金融稳定国际公共产品的同时，美国也获得了对全球金融体系实现控制这一联产品。

（二）供给客体的内容界定

根据以上对供给客体形态的分析，本书认为全球金融治理研究中的国际公共产品是全球层次的、人造的、以制度性和规则性形态存在的中间阶段的准国际公共产品。以此为基础，结合全球金融治理的概念和现有的研究成果，本书将全球金融治理下供给客体的内容界定为国际货币体系类、国际金融机构类和国际金融监管类国际公共产品。

1. 国际货币体系类国际公共产品

国际货币体系是全球金融治理体系的核心部分，它是指各国在对外贸易、投资等国际经济活动中，对国际支付、结算、汇兑及国际收支的调节等所做的安排、制度或原则。其内容主要包括货币本位制度、系统重要性国家货币政策协调机制、汇率制度和国际收支调节机制等，其目标是通过多元化或超主权国际储备货币改革来一定程度地解决由主权国家货币充当储备货币的“特里芬难题”；为避免国际储备货币发行国的货币政策的负外部效应，建立全球系统重要性国家宏观货币政策的协调机制，防止货币政策的负外部性过度刺激金融周期；为稳定金融市场汇率，全球各国积极调节其汇率政策，明确国际收支顺差国和逆差国的责任，构建有效的国际收支调节机制，使国际货币体系更加稳定、公平合理并满足经济发展的需要。

2. 国际金融机构类国际公共产品

国际金融机构是全球金融治理的重要支持平台。既有的国际金融机构按功能可以分为宏观稳定、多边开发、金融监管及标准制定三大类[①]，它们构成了“二战”后全球金融治理体系的主要治理载体，在经济全球化进程的推进、全球金融秩序的构建、世界经济的发展等方面发挥了重要作用。宏观稳定类金融组织主要是国际货币基金组织（IMF），其目标是通过监测分析成员国的汇率、货币和财政政策以及对国际收支危机国供应紧急贷款援助，维护全球宏观经济金融稳定。多边开发机构主要是全球层次的世界银行，区域层次包括既有的国际金融机构——亚洲开发银行、欧洲复兴开发银行、泛美开发银行、非洲开发银行等，还包括新兴国际金融机构——金砖新开发银行、亚投行等。世界银行具有为各成员国供应贷款和提供技术援助的主要职能。区域层次的国际金融机构主要职能是促进各区域经济金融的发展，以及努力使各区域减少贫困、提供技术援助、增加社会福利等。金融监管与标准制定类国际金融机构主要有国际清算银行

① 上海发展研究基金会全球金融治理课题组．全球金融治理：挑战、目标和改革——关于2016年G20峰会议题的研究报告［J］. 国际经济评论，2016（3）：26-40.

（BIS）和金融稳定委员会（FSB）。BIS 的基本职能是增强世界各国或地区的货币当局与金融监管部门之间的协调合作，完成全球金融监管标准的制定和维持全球金融的稳定。FSB 是 1997 年亚洲金融危机后，G7 为了应对危机、维护金融稳定和防范系统性风险而设立的监管机构。它的基本职能是对全球金融体系中面临的问题及不足进行预测评估，并对为解决问题而实施的行动进行监督，推动各成员国内部的金融稳定管理部门之间进行充分合作与信息交流。

3. 国际金融监管类国际公共产品

国际金融监管也是全球金融治理的非常重要的构成部分。金融全球化需要全球化的金融监管，国际金融监管是通过各类法律和规章，对全球各类金融机构的运营是否合规进行监督，对全球金融市场中出现的失衡状态进行调节纠正，对全球金融消费者的消费进行保护。国际金融监管的总目标是构建一个全球统一的、完整的、前瞻性的、有弹性的、包括宏观与微观层面审慎监管的国际金融监管体系。国际金融监管还包括建立合理的全球金融安全网。在 2010 年 11 月的 G20 首尔峰会上，构建全球金融安全网成为四大议题之一，峰会提出为了应对全球金融危机、减少储备货币的过度聚集、防止跨境资本流动的负面效应等，有必要建立多层次的、有弹性的、对各类国家都适用的全球金融安全网，其目标是防范金融风险、控制金融危机的出现和抑制金融危机破坏性的影响，维持全球金融体系安全稳健运行。其实质是建立危机防范和危机管理的一系列制度安排。全球金融安全网的结构包括：第一层次的国际金融监管体系，如金融稳定委员会（FSB）等；第二层次的国际最后贷款人，如各国的外汇储备、双边货币互换和多边融资安排、IMF 和 BIS 等；第三层次的国际存款保险制度等①。

① 曲双石．守住底线：全球金融安全网及中国作为［M］．机械工业出版社，2018：31.

第四节　全球金融治理的核心问题
——国际公共产品的供给困境及解决途径

由于国际公共产品的公共特性，国家的个体理性使其往往从自身利益最大化的角度出发而与集体理性存在矛盾，“公地悲剧”和“搭便车”现象不可避免会出现，在无世界政府存在的前提下国际公共产品的供给仅仅通过国家个体的自觉自愿来提供，是很难实现足够有效供给的，使得国际公共产品面临供给不足或失衡的供给困境。全球层面的国际公共产品的供给需要多边的集体行动来完成，但无世界政府和国际公共产品的自身特性使得国家之间的合作也会面临政治、经济“失灵”的供给困境，而难以满足日益增长的对国际公共产品的需求。全球金融治理的本质是供给国际公共产品，根本目标是通过不断的变革完善克服“失灵”的供给困境，使国际公共产品的供给高质量地有效实现，保障各参与主体得到合理收益并合理分担成本。全球金融治理中的核心问题就是如何克服国际公共产品的供给困境。本节以前文的基本假设和关键概念为基础，探讨全球金融治理的国际公共产品供给困境问题及其解决途径。

一、国际公共产品供给困境的原因分析

参与供给的国家进行供给决策时通常要考虑供给的成本、偏好、国家异质性和制度非中性程度等因素。在不存在供给成本的理想状态下，参与供给的国家能从人类共同利益的角度出发，放弃“搭便车”的个体理性行为而服从集体理性，就能完全解决全球性金融问题，使国际公共产品达到供求均衡状态。但这一理想状态是很难实现的，由于全球金融治理的国际公共产品特性及国家的个体理性，在不存在世界政府前提下，每个国家都为了自身利益的最大化而选择“搭便车”的行为，个体理性往往带来集体的非理性，使得国际公共产品面临供给不足、供求失衡的困境。其中供给不足是指一些国际公共产品没有得到供给或者只是部分得到供给，供给失

衡是指某些国际公共产品被过度供给，而某些符合需求的供给却没有被提供。

国际公共产品的非排他性等基本特性带来了“搭便车”行为，“搭便车”现象阻碍了国际公共产品的生产。根据林达尔均衡，如果每一个公共产品的消费者都愿意显示自己从公共产品的消费中得到的真实边际效用，并且自愿地按其所获得的边际效用的量来支付应分担的成本，那么公共产品将达到最优供给。但是由于国际公共产品的公共特性，消费者并不愿意将其真实偏好与收益显示于众，也不愿意按其所得来支付相应成本，更不愿意为供给国际公共产品而主动牺牲自身的资源。“搭便车”行为使得国际公共产品供给不足。每个国家从国家公共产品的使用中获得的收益是不同的，因而各国从个体利益出发愿意供给国际公共产品的动力也不同，获得收益多的国家有相对较强的供给愿意，而获益少的国家则不愿供给而希望“搭便车”。“搭便车”行为使得供给的收益与投入不成正比，一些国家即使没有支付供给成本，也能从国际公共产品中获取收益，例如国际金融稳定等国际公共产品具有正外部性，供给这些公共产品的高额成本需要承担供给的主体来支付，这会使“搭便车”者享受利益而逃避责任的行为受到鼓励，同时减弱了供给国际公共产品国家的供给意愿，使其减少或放弃继续供给国际公共产品。而由于全球社会中缺乏相应的激励约束机制，难以对供给国际公共产品的国家进行正面激励，也难以对逃避国际公共产品供给责任的“搭便车”者进行实质性的处罚，最终使得国际公共产品供给困境始终存在。

由于全球金融问题的复杂性和国家异质性，不同的供给主体在不同阶段对不同领域、性质的国际公共产品的利益敏感度是不同的，因此从各种利益出发供给国际公共产品的偏好强弱是不同的。从国际公共产品中获益多的国家愿意多承担供给的成本，而获益少的国家则会少承担供给成本，甚至不承担而选择“搭便车”。利益敏感度相似的成员越多，国家间供给合作达成共识的可能性也就越大，这种偏好差异使得各国间为实现集体合作进行谈判的供给成本大大增加，国家间利益敏感度差异越大，越容易导致合作供给的失败，从而导致国际公共产品供给不足与失衡。因此，为实现供给合作，必须努力使各主体的偏好趋于一致，但这必然会增加大量因谈判协商而形成的供给成本。

不存在统一的世界政府也是国际公共产品供给困境产生的重要原因之一。在一国国内的公共产品供给中，当权政府可以通过政府的权威，运用强制的、法律的手段对公共产品的使用进行征税，再用税收收入来提供公共产品，纳税人实际上是用支付税收的方法来消费公共产品。然而在全球层面，超越各国主权的具有全球权威的世界政府是不存在的，无法通过世界政府强制或其他的手段向各国征税，调节国际公共产品的供给。

国际公共产品供给的实质是国际政治经济合作与协调的过程，其供给应当建立在公平民主的基础之上，由于制度非中性的存在，在全球金融治理中各参与主体名义上是权利平等的，但实际上并非如此，全球经济金融市场实质上是一个垄断竞争市场或寡头垄断市场①，在多数情况下，国际公共产品的生产被个别国家的利益与意志所支配，一些国家还通过行使否决权、不履约等行为获取比付出成本参与供给的其他国家更多的收益②，导致国际公共产品的无序、不合理供给结构状态。

发达国家与发展中国家对于国际公共产品供给成本的分担方式有着不同的理念。“受益原则”是发达国家接受的国际公共产品供给成本的分担的方式，即要求从国际公共产品中获得收益的国家，需要按照其边际支付意愿的强弱来承担国际公共产品的成本，受益程度不同的国家承担不同的成本。发展中国家则认为应当采取“能力支付原则”，原因是很难具体测算从国际公共产品中受益的国家的边际收益的大小，而按照能力的大小进行成本支付的原则是按照人均 GDP 等可以估测的指标来测算分担成本的多少，是比“受益原则”更可行的方法。成本分担机制的分歧是国际公共产品供给的集体合作经常难以实现的原因之一。

---

① 张宇燕，任琳．全球治理：一个理论分析框架［J］．国际政治科学，2015（3）：1-29.

② 罗伯特·基欧汉．霸权之后：世界政治经济中的合作与纷争［M］．苏长和，等，译．上海人民出版社，2001：94.

二、解决国际公共产品供给困境的理论与博弈分析

全球金融治理的国际公共产品特性与无世界政府的全球社会状态导致了国际公共产品的供给困境，虽然短期内无法完全解决这些问题，但可以采取一定的措施使其状况得到改善。本部分先阐释解决国际公共产品供给困境的理论方法，然后通过构建博弈模型进一步探索克服供给困境的政策建议。

（一）理论分析

1. 转化国际公共产品的公共属性

不管是确定产权、采取激励或惩罚措施，还是把纯国际公共产品在一定程度上转变为“俱乐部产品”，其实均是为了使国际公共产品的公共性程度降低，或把其公共性与私人性进行捆绑，使其在一定程度上成为私人产品从而使国际公共产品得到有效供给。降低国际公共产品非竞争、非排他的公共属性，有助于形成合理的成本分担机制，有效避免“搭便车”的行为，从而克服国际公共产品的供给困境。

奥尔森提出通过“小集团”供给、“选择性激励”“领袖人物”等方法来解决国际公共产品供给集体行动的困境。首先是“小集团”供给的方法，就是通过减少参与供给的主体的数量使其成为“俱乐部产品”。具有显著异质性的小集团中采取集体行动的可能性更大，因为成员越少，每个成员获得的利益份额越大，同时成员越少，监督、协调各成员的成本就越少，更有利于共同利益的形成，减少了“搭便车”的行为，提高了供给效率，更容易实现国际公共产品供给的集体合作。其次是“选择性激励”的方法，就是通过激励或处罚的措施区别对待各成员。在国际公共产品供给的集体行动中，处罚那些没有承担供给成本的成员，激励那些对共同利益的实现有贡献的成员，激励措施既可以是经济利益方面的激励，也可以是声望、尊敬、认同等所谓的社会激励。积极的激励措施使“搭便车”的行为大大减少，从而实现集体行动。最后是存在“领袖人物”的方法，他们有能力组织共同利益的利益集团，并有效地促使其集体合作实现。集团或组织的集体行动中，若存在能够获取该集团大

部分收益的“领袖人物”，即使其承担了全部供给成本之后还能获得很大的收益，这个集团也较易实现集体行动。

2. 国际公共产品供给的激励机制

自维克塞尔（1896）开始，经济学家就已从激励的角度探索公共产品的有效供给问题。林达尔（1919）认为公共产品供给中的“受益原则”是使公共产品实现局部均衡帕累托最优的条件，即人们对公共产品支付的成本应该等于他们从公共产品中获得的边际效用。但个体理性决定了每个人都不愿表露真实的对公共产品的偏好，不愿透露获得的真实效用，从而选择少承担或不承担成本的“搭便车”行为。要避免这一行为，就必须设计一定的偏好表露的激励机制，使消费公共产品的人们表露真实的偏好，进而根据其真实偏好来承担相应的成本，从而解决公共产品供给的资金来源问题。而公共产品的生产并不都是由受益者直接进行，而是通过一定的国际组织或机构来管理资金和生产，于是产生了受益者（资金供给者）与管理者（生产者）之间的委托代理关系，这种关系要求管理者必须按照受益者的要求组织安排生产公共产品，这就需要建立一定的管理监督的激励机制，使受益者对管理者的行为及其绩效进行有效的监督。国际公共产品供给因而面临两个方面的激励机制问题：表露偏好的激励机制和监督管理激励机制。

（1）表露偏好的激励机制

不少经济学家试图探索促使个人对公共产品的消费表露其真实偏好的激励机制，从最早的维克里（1961），到克拉克（1971）、格鲁夫（1973）、劳伯（1975）、塔德曼和塔洛克（1976）、格鲁夫和莱亚德（1977）以及格林和拉丰（1977，1979）等都对此进行了相关研究。这种激励机制的核心思想是通过设计一种税收制度或规则，促使每个消费公共产品的个人都表露自己的真实偏好，在这种机制中，表露个人的真实偏好即说真话是每个人的占优策略，这种税制就是个人激励相容税制。这为解决免费“搭便车”的行为提供了一种方式。他们的共同点是提出了公共产品的边际成本与消费者所获收益之间的差额就是个人的边际税额，个人愿意更多地消费公共产品，直到其边际效用与边际税额相等。这也是萨缪尔森所指出的最优条件。这种激励机制虽然很有启发性，但往往为达到表露偏好的目的而存在预算的失衡，为了表露而表露，使资源被浪费。

（2）监督管理激励机制

国际公共产品往往由一些发达国家和国际机构负责供给，国际公共产品的受益者与管理者之间存在委托代理的关系，如果两者的利益不一致，就需要设计监督管理的激励机制，来保障受益者利益的实现和公共产品的有效供给。这种机制往往通过国际协议（制度）的形式确定下来，而其贯彻与执行则需要一定的国际组织机构来进行管理监督。例如在建立完善的管理机构负责管理监督方面，考尔认为要针对所有国际协议建立参与性的、代表所有利益相关者的执行董事会，与其他相关的机构或公约赞助方合作，为生产国际公共产品提供策略。此外还可以通过建立以多边协议为基础的伙伴关系促进公共产品的生产。

（二）博弈模型分析

结合现有的研究成果，以全球金融治理的基本假设和关键概念为基础，本部分通过博弈模型分析全球金融治理中国际公共产品供给困境的解决途径。

1. 纯国际公共产品供给的博弈分析

纯国际公共产品消费具有非排他性和非竞争性的特征。由于存在非排他性，每个消费者对国际公共产品的消费量是相等的而且等于国际公共产品的总数量。与之不同的是，私人产品的总消费量是每个消费者消费量的总和。消费者可以对私人产品支付相同价格而消费不同的数量，因而私人产品可以通过市场机制达到帕累托最优的供给水平。而价格机制在国际公共产品中无法调节而致使市场失灵①。纯国际公共产品的非竞争性可以表达为新增加的消费者所引起的边际成本为零。国际公共产品的非竞争性不排除其他任何人的消费，因为增加该产品的消费者并不会增加任何的边际

① Scott A Beaulier，Joshua C Hall. Collective consumption externalities and charitable giving［J］. New Perspectives on Political Economy，2008（4）：23-40.

成本。但对于私人产品来说，消费者的增加需要增加更多的私人产品和投入的资源，其边际成本是大于零的。博弈论分析方法可以在理论上帮助解释为什么纯国际公共产品得不到任何供给。

（1）“囚徒困境”——非合作博弈

首先分析博弈论中“囚徒困境”模型。假定有 A、B 两个国家要共同选择是否供给某种国际公共产品，C 是国际公共产品的供给成本，U 是 A、B 两国消费这种国际公共产品的效用，假定 $C/2<U<C$。若 A、B 共同供给国际公共产品，则供给成本由两国分担；若 A 或 B 单独供给，则要单独承担供给成本。A、B 两国的博弈策略如表 3-1 所示。

表 3-1　国际公共产品供给的“囚徒困境”模型

		B	
		供给	不供给
A	供给	（$U-C/2$，$U-C/2$）	（$U-C$，U）
	不供给	（U，$U-C$）	（0，0）

这种情况下，A、B 两国都可以选择两种博弈策略，但一方的获益情况不仅是由自己的策略决定，也由对方的相应策略所决定。两者博弈出现四种策略选择，一方可以获取的最大收益是 U，最小收益是 $U-C$，理性的双方都追求最大化自身的收益。双方都希望“搭便车”，因为在对方选择供给而自身选择不供给的情况下，一方能够得到最大效用（$U>U-C/2>0>U-C$）。反之，在自身选择供给而对方选择不供给的情况下，一方得到的效用很小甚至为负（$U-C<0$），因而理性的个人不会做出这样的选择。所以双方都会做出的理性选择是不供给，个体的理性最后导致集体的非理性选择，虽然能给双方都带来效用的增加，但该国际公共产品还是无法被供给。最后的稳定均衡是（不供给，不供给），而不是更好的（供给，供给）。“囚徒困境”模型说明：虽然供给国际公共产品会增加双方的收益，但是各方出于个体理性还是不会选择供给，所以得不到利益最大化的最优解。即使有更多的参与方，也存在同样的情况。

（2）纳什模型——合作博弈的可能

现在考虑不同于“囚徒困境”的动态、重复性博弈，则可能存在最优策略，即A、B两国在第一次选择合作之后，其各自的策略是与对方维持一致①。这种策略假定对方的最初状态可以重复，各方都知道对方在上一轮博弈中的选择，同时也了解对方清楚自己的选择。不过这个博弈策略只有在满足两个条件的情况下才能成为最优策略，第一，从时间的角度看，博弈是无限次重复的博弈过程，因为如果某一方了解到对方会在某一次结束，则它在最后一次的最优策略是选择“非合作”。第二，如果多人参与博弈，必须要激励大多数参与方在最开始选择“合作”。要不然选择“合作”的一方下次的报复就不会对其他各方造成有效震慑，使其在一开始就受到损害。

我们运用纳什均衡来分析纯公共产品被供给的可能情况。参与博弈的双方同时选择在对方的既有策略下寻找对应的最优策略。由于一方可等量地消费对方供给的公共产品，可以将一方提供的公共产品看作对另一方的外部性。我们假设参与博弈的各方都是追求自身利益最大化的理性人，各方都清楚彼此将会实行的策略，均在对方供应一定水平的条件下追求自身收益最大化，各方都清楚自己的策略不会改变对方。博弈策略如表3-2所示。

表3-2 国际公共产品供给的“纳什模型”

		B	
		供给	不供给
A	供给	($U-C/2$，$U-C/2$)	(0，0)
	不供给	(0，0)	(0，0)

A在B决定供给的时候也会选择供给，在B选择不供给的条件下也会选择不供给。由于矩阵的对称性，B的选择也会完全与A相同。所以会出现（供给，供给）和（不供给，不供给）两种可能的纳什均衡。“囚徒困境”描述了纯国际公共产品不会得到提供，而纳什均衡则解释了纯公共产品提供的可能性。

然而，现实中满足公共性条件的纯国际公共产品往往是不存在的，国

① 罗伯特·阿克塞尔罗德．合作的进化［M］．吴坚忠，译．上海世纪出版集团，2007：21-40.

际公共产品的非竞争性、非排他性和外部性等特性在一定条件下都有可能发生改变。全球金融治理机制供给的国际金融组织、国际货币等公共产品都具有不同程度的排他性或是竞争性。由于存在非纯粹性、国家异质性和收益的相关性等特性，公共产品市场可能部分有效，从而有助于解决国际公共产品供给困境和增强合作动机。下面将放宽纯公共产品的理想假设，讨论解决供给困境的可能路径。

2. 不完全非排他性条件下的博弈分析（博弈一）

一些国际公共产品具有不完全的非排他性，需要通过收费等方法将不付费的人排除在外，这些特点使其类似于“俱乐部产品”，公共产品被俱乐部成员共同消费，而非俱乐部成员则不能参与消费，成为俱乐部成员之后则具有非竞争性。由于为消费产品付费等同于实际消费者，所以俱乐部产品能在一定程度上减少“搭便车”现象。其他国家要进入“俱乐部”需要付出一定代价。在国际关系实践中，假设这些加入俱乐部的代价是博弈外生条件。

（1）博弈定义

①参与博弈的国家集合：$P=\{i: i=1, 2, \cdots, n\}\subset \mathrm{R}^n$，$P$ 为大于 0 的自然数，R 为实数集，n 个国家参与博弈。

②博弈的策略集合为：$S=\{C_i\geqslant 0: i=1, 2, \cdots, n\}\subset \mathrm{R}^n$，$C_i$ 为每个参与的国家 i 消费国际公共产品的成本，$C_i\geqslant 0$。

③博弈的信息集：参与国家 i 完全了解自己和其他所有参与国的收益函数，但必须在不知道其他参与者如何选择策略的条件下单独做出选择策略。且只有其付出的成本 $C_i\geqslant D$，$H\in \mathrm{R}_+$时，才能够消费国际公共产品。

④收益函数：$C_i\geqslant D$ 时，$U_i=f\left(\sum_{i=1}^{n} C_i\right)-C_i$；$C_i<D$ 时，$U_i=f(0)-C_i$。

（2）博弈假设

①D 是成为俱乐部成员的成本，是外生变量。

②参与者国家是同质的：所有参与者具有相同的策略、信息集，且其收益函数对收益敏感度、成本敏感度无区分。国际公共产品供给的数量只

取决于总供给量，不受供给者分布的影响。

③不存在收益外部性，参与者收益函数由供给收益和供给成本决定。

④参与者的消费收益随 C_i 增长的速度是小于 1 的，即 $0 < \partial f\left(\sum_{i=1}^{n} C_i\right)/\partial C_i < 0$，$\forall C_i \geqslant 0$。这决定了 $\partial U_i/\partial C_i < 0$，$\forall C_i \geqslant 0$，参与者的边际成本总是大于边际收益，这是最难实现集体行动合作的情况。但在一定条件下，边际成本可能小于边际收益。

（3）博弈均衡

①均衡 1：均衡策略 $S_1^* = \{C_1^* = 0, C_2^* = 0, \cdots, C_n^* = 0\}$，均衡结果 $U_1^* = \{U_1^* = 0, U_2^* = 0, \cdots, U_n^* = 0\}$。

证明：假设参与者 i 单独选择不同策略的贡献 $C_i'>0$，其收益为 $U_i' = f(C_i') - C_i' < 0$，由于 $\partial U_i/\partial C_i < 0$，$\forall C_i \geqslant 0$，$U'_i < U_i^* = 0$，参与者收益减少，因此均衡状态没有动机被改变。

②均衡 2：$S_2^* = \{C_1^* = D, C_2^* = D, \cdots, C_n^* = D\}$，$U_2^* = \{U_1^* = f(nD) - D, U_2^* = f(nD) - D, \cdots, U_n^* = f(nD) - D\}$。参加者的数量比较多，$n$ 比较大，以实现 $f(nD) \geqslant D$。

证明：如果参与者 i 变化其策略，贡献增多为 $D+\sigma$，$\sigma \in \mathrm{R}_+$，改变收益为 $U_i' = f(nD+\sigma) - (nD+\sigma)$，由于单独贡献的 $U_i' < U_i^*$，参与者 i 不会选择贡献增多；参与者 i 变化策略，贡献降低为 $D-\sigma$，$\sigma>0$，改变收益为 $U_i^* = f(0) - (D-\sigma) \leqslant 0$。因为存在 D，参与者贡献降低，带来 $U_i^* < U'_i$，所以 $C_i = D$ 的策略没有单独变化的动机。

③其他均衡不存在。

证明：令策略集 $S = \{n_1$ 个参与者贡献 D，n_2 个参与者零贡献$\}$，其中 $n_1 + n_2 = n$。当 n_1 不使 $f(n_1 D) - D \geqslant 0$ 时，贡献为 D 的参与者会降低其贡献直到为零，来优化其收益，所以这种情况下均衡是不可能的。但当 $f(n_1 D) - D \geqslant 0$ 时，那些零贡献、零收益的参与者会变化策略至贡献 D 而参与消费，从而使收益为正，使 $f(\cdot)$ 为增函数，$f(n_1 D + D) - D \geqslant 0$，可以使其条件得到改善，所以此情况也不是均衡状态。

上述分析说明，如果国际公共产品具有排他性就可能实现有效供给。

如果完全非排他的实现代价足够小，可以控制国际公共产品的消费，很容易对参与消费者征收费用，参与消费的成员能以集体形式成立俱乐部，每次消费国际公共产品都需向俱乐部缴纳费用，不缴纳者不能参与消费。每次使用费等于边际成本，以便内部化使用产生的外部性。对公共产品的总消费次数收费的情况能反映出不同消费者的偏好差异，因为消费次数更多的消费者往往具有更多的使用需求，他们应该比使用需求较小的消费者支付更多费用。根据收益函数来设定加入俱乐部的代价决定了帕累托无效的程度，越精确掌握各成员收益函数的具体信息，国际公共产品的供给量越接近帕累托最优。

3. 国家异质性条件下的合作博弈分析（博弈二）

从全球金融治理国际公共产品供给的现实来看，虽大部分具有一定程度的竞争性，但具有非排他性的也广泛存在。在存在非排他性的情况下，每个理性国家都知道即使不用付出任何代价，也能消费公共产品，而且每个国家都知道其他国家了解这一点。结果是，由于“搭便车”行为，每个参与者或者不支付任何代价，或者支付所有代价，但其实任何参与者的实力都有限，都不可能独自承担所有国际公共产品的供给成本。而成本分担机制可以解决非排他性带来的问题，由于国家异质性的存在，不同的国家处于不同的发展阶段，供给国际公共产品对其的重要性程度是不同的，对公共产品的供给有着不同的偏好，同时也因国家异质性的存在而对供给公共产品有着不同的成本敏感度，这使得设计合理的成本分担机制变得非常必要。以下博弈分析在考虑国家异质性的前提下，寻求合理的成本分担机制解决非排他性带来的供给困境。这更符合全球金融治理公共产品的现实特性。

（1）博弈定义

①②③与博弈一中相同。

④ 收益函数：$U_i = f_i\left(\sum_{i=1}^{n} C_i\right) - g_i(C_i)$，消费收益函数为 f_i：$R_{\geq 0} \to R_{\geq 0}$，成本敏感函数为 g_i：$R_{\geq 0} \to R_{\geq 0}$。这些都是 C_i 的增函数，且 $f_i(0) = 0$，$g_i(0) = 0$。参与者 i 消费的收益 $f_i\left(\sum_{i=1}^{n} C_i\right)$ 为成本 C 的函数。

（2）博弈假设

①不完全非竞争性。

②参与者存在国家异质性，假如 $i \neq j$，$f_i \neq f_j$，即消费相等国际公共产品获得的收益因参与者不同而不同；假如 $i \neq j$，$g_i \neq g_j$，即不同参与者具有不同的成本敏感度。

③国家异质性的存在，使得特定区域内边际成本可能小于边际收益，规模递增的生产函数有可能出现，不是所有参与者的收益函数都满足 $\partial U_i / \partial C_i < 0$，$\forall C_i \geqslant 0$。

④不存在消费收益外部性。

（3）博弈均衡

把参与者集合设定为两个互补的子集，$P = A \cup B$。A 子集内的参与者的收益函数为 $\partial U_i / \partial C_i \geqslant 0$，$\exists C_i \geqslant 0$，$B$ 子集内的参与者的收益函数为 $\partial U_i / \partial C_i < 0$，$\forall C_i \geqslant 0$。

均衡集 $S^* = \{C_i^* = c_i > 0 : i \in A\} \cup \{C_j^* = 0 : j \in B\}$，方程组 $\partial U_i / \partial C_i = \partial f\left(\sum_{i=1}^{n} C_i\right) / \partial C_i - \partial g_i(C_i) / \partial C_i = 0$，$i \in A$ 的解为向量 $C^* = \{C_i : i \in A\}$。

均衡收益集为：

$$U^* = \{U_i^* = f_i\left(\sum_{i \in A} C_i\right) - g_i(C_i) : i \in A\} \cup \{U_j^* = f_j\left(\sum_{i \in A} C_i\right) : j \in B\}$$

若给定方程 f_i（·）和 g_i（·），则能求出该方程组。

如果该方程组有唯一解，具有唯一的均衡策略；如果该方程组有多个解，则具有多均衡策略；若该方程组无解，则不存在均衡策略。

（4）博弈分析结论

第一，国家异质性决定了国际公共产品的供给策略。国家异质性使得不同国家在不同阶段对国际公共产品供给有着不同的利益敏感度、成本敏感度，使得在发起和完成供给国际公共产品的过程中各国扮演不同的角色和发挥不同的作用。

第二，大国率先供给的重要性。对于国民收入较高、综合国力强大、偏好强烈的大国来说，其利益敏感度高、成本敏感度低，它们完全有意愿也有能力在某一领域率先供给国际公共产品，因为它们相对其他国家有率先供给的优势，从相同国际公共产品中能够得到最高的收益，这是其主动承担供给成本的动力，也是实现国际公共品供给的条件。但如果是大国单方面供给，会使得总供给量既不能增加又低于最优供给量，所以大国的单方面供给是不具有持续性的。

第三，其他国家共同参与供给的必然性。最初，由于受到实力的限制，*B* 子集中的国家并不具有供给国际公共产品的能力或意愿，此时若没有率先供给公共产品，*B* 子集中的国家会“搭便车”，但如果博弈重复使合作动态扩展，*A* 子集中的国家由于率先供给的行为改变了 *B* 子集中的国家的收益函数，使 *B* 子集中的国家的加入收益大于不加入收益，就会使 *B* 子集中的国家选择跟随加入供给。这些跟随者的加入是国际公共产品供给最终得以实现的关键力量。*B* 子集中是成本敏感度高、利益敏感度低的国家，*A* 子集和 *B* 子集中的国家互动的关键是 *A* 子集中的国家允许 *B* 子集中的国家“搭便车”的行为，而 *B* 子集中的国家“搭便车”的行为使其突破了最初的高成本、低收益的阶段。事实上，*A* 子集中的国家在最初阶段的收益就已经超过了成本；而 *B* 子集中的国家只有通过“搭便车”行为获得收益后才会加入供给。其他国家选择跟随加入的原因也是加入收益高于不加入收益。而 *B* 子集中的国家的加入会使总供给随之增加，最终实现帕累托改进。

4. 收益外部性条件下的博弈分析（修正后的博弈二）

随着世界经济一体化，各国呈现相互依赖的深入发展，国际公共产品的成本和收益会对其他国家的利益产生影响，即具有收益外部性或相关性，个人消费公共产品的收益受到他人消费该公共产品收益的影响①。收益外部性随着国家间互相依存的程度加深而更为复杂，在经济全球化条件下，国家间的收益相关程度（尤其是在追求绝对收益和相对收益方面）在

① Robin Hahnel and Michael Albert. Quiet revolution in welfare economics [M]. Princeton University Press, 1990; John G Head. Public goods and public welfare [M]. Durham: Duke University Press, 1974: 18.

促进国际合作实现的同时也带来了新的难题①。在制定国际公共产品供给策略时，不同国家有着差别化的追求收益的偏好和关注的重点，就算是对于同一个国家来说，其在不同阶段的收益偏好也不同，有时以绝对收益竞争为主导，有时以相对收益竞争为主导②。如果主要的国家在追求相对收益方面是正相关的，就会阻碍国际合作的实现；如果全部国家在追求相对收益方面是正相关的，那么就会导致国际合作的可能性为零。为了分析收益外部性对国际公共产品供给的影响，要对收益函数进行复杂的修正分析。

（1）博弈定义

①②③与博弈一中相同。

④收益函数：$U_i = f\left(\sum_{i=1}^{n} C_i\right) + q_i(\{U_j: j \neq i, j \in P\}) - C_i$。$q_i(\{U_j: j \neq i, j \in P\})$ 代表参与者 i 的收益受到其他参与者收益的总的影响。若 $\partial q_i/\partial U_i > 0$，参与者 j 对参与者 i 的收益具有正外部性；若 $\partial q_i/\partial U_i < 0$，则具有负外部性；若 $\partial q_i/\partial U_i = 0$，收益无相关性。

（2）博弈假设

①函数 $f(\cdot)$ 的假设和其他假设与博弈一相同。

②假设消费收益和对贡献成本敏感度具有相同的函数，参与者具有国家异质性，不同参与者对消费国际公共产品获得的收益评价不同。这使得并非所有参与者的收益函数都存在。

（3）博弈均衡

假定两个互积的子集组成参与者集合，$P = H \cup G$。参与者子集 H 中所有参与者的收益函数满足 $\partial U_i/\partial C_i \geqslant 0$，$\exists C_i \geqslant 0$，$\forall i \in H$，参与者子集 G 中所有参与者的收益函数满足 $\partial U_i/\partial C_i < 0$，$\forall C_i \geqslant 0$，$\forall j \in G$，

均衡策略为 $S^* = \{C_i^* = c_i > 0: i \in H\} \cup \{C_j^* = 0: j \in G\}$，其中向量

① Charles Lipson. International cooperation in economic and security affairs [J]. World Politics, 1984 (37): 23.

② 刘青建，刘杨军. 国际合作的相对收益问题——对西方主流国际关系相关理论的评析与修正 [J]. 中国人民大学学报，2009 (2): 100-106.

$C^* = \{c_i: i \in H\}$ 为方程组 $\partial U_i/\partial C_i = \partial f(\sum_{i=1}^{n} C_i)/\partial C_i - \partial q_i(\{U_j: j \neq i, j \in P\})/\partial C_i - 1 = 0$，$i \in H$。均衡收益集为 $U^* = \{U_i^* = f_i(\sum_{i \in H} c_i) + q_i(\{U_j: j \neq i, j \in P\}): i \in H\} \cup \{U_j^* = f_j(\sum_{i \in G} c_i): j \in G\}$。

若给定方程 f_i（·）和 g_i（·），能够求解该方程组。若方程组的解是唯一的，那么只有唯一的均衡策略；若方程组的解不唯一而是有多个，那么均衡策略也有多个；若方程组没有解，那么也没有均衡策略。在 U^* 中，虽然子集 G 中的参与者“搭便车”，但若与其他参与者有较高的收益负相关性，则其收益有为负数的可能。

（4）结论

收益的外部性使得国际公共产品的供给本身是国家间紧密联系的合作过程。在和平稳定的国际社会，要使国际公共产品供给的国际合作容易实现，就要使各国都追求绝对收益而使收益的正相关性较高，在无世界政府的前提下，如果绝对收益敏感度较高，只要绝对收益敏感度高于相对收益敏感度，收益的正相关性就会使得国际合作仍然可以实现。如果各国处于相对收益竞争的收益负相关的状态，可以通过增加博弈者的数量来降低负相关性，但这种方式并不能根除矛盾。在上文的博弈分析中，外部性被假定为是外生的，实际上外部性是可以因国家的行为而转化的，如国家的实力差异是影响国际公共产品供给的重要因素，若各国间相对实力发生较大变化或反转，会使得实力相对下降的国家更加注重相对收益的追求，进而引起国家间的收益外部性的变化，实力差异的变化将再匹配新的收益分配格局，因而分析国际公共产品的国际合作必须要考虑到国家间的关系及其利益的相关性，这是关系到国际公共产品能否被有效供给的重要方面。

三、解决国际公共产品供给困境的政策建议

根据以上分析，可以得到如下结论：全球金融治理作为一种国际公共产品供给的集体行动面临供给困境，如果要克服其供给困境，实现其公共产品的有效供给，需要通过某些制度安排，使选择供给成为每个参与者的最优选择，从而增加供给收益和减少供给成本。

（一）大国率先供给的重要性

在国家异质性约束条件下，不同国家从等量国际公共产品中所获得的收益并不相同，对供给成本的承受能力也存在差异，对不同的收益或成本的敏感度使得不同国家选择不同的国际公共产品的供给途径。综合实力强的大国往往收益敏感度较高、成本敏感度较低，比其他国家更有供给国际公共产品的意愿和能力，大国的率先供给是有必要的，尤其是在自身有比较优势的领域率先供给相关的国际公共产品。“大国先行”对完成国际公共产品的有效供给、解决供给难题是有利的。不过，“大国先行”要注意以下两个方面的问题：

1. 供给主体与供给方式

在实践中，国内国际政治经济条件尤其是国家异质性和利益相关性的程度决定了国际公共产品供给具有不同的供给主体与供给方式。国际公共产品的供给主体可以是大国单边供给，也可以是国家合作联合供给。从历史与现实来看，单一国家并不都具有单边供给的综合实力。从美国实力衰落和国际公共产品供给不足的现实可以看出，就是综合实力强大的国家也无力长期地单边供给国际公共产品，特别是在对国际公共产品的需求多样化且复杂的情况下，任何国家不管实力多么强大都会变得力不从心。美国是世界上实力最强大的国家，但如果没有国际合作，美国是难以实现有效供给国际公共产品的。国家间的国际合作供给由于其合理的成本分担机制而更符合现实并具有可持续性，同时也更符合全球金融治理体系主体多元化、结构多层次和合作性的特征。

但国家间的国际合作供给主体之间并非不存在差异，也并非意味着分担成本的绝对平等，对国际公共产品需求的多样性、复杂性使得合作变得更加困难，因此要选择合理的供给方式。各参与主体实力是不均衡的，权威也是不平等的，这就需要由某一个大国领导或主导供给。在发起供给国际公共产品的最初阶段，由于存在历史基础，为追求自身收益，某一大国会主动充当领导者。领导者首先获得相应的国际公共产品收益，其领导供给的预期收益取决于一些国家能否跟随参与来分担成本，从而使国际合作有效性大大提升。大国单一供给国际公共产品并不具有持续性，实施阶段必须存在一定数量的跟随参与国，它们的加入是国际公共产品供给最终得以实现的关键力量。

充当领导者的国家只有认识到本国在主导供给后会带来一些国家的跟随参与，使得自身领导供给的收益大于不领导收益，才会主动承担相应的领导供给成本。对其他国家来说，出于追求自身收益最大化的目的，它们选择跟随参与也是由于跟随加入的收益高于不跟随的收益。国家异质性的存在会使得国际公共产品供给中收益较大的国家选择领导参与或跟随参与，而收益较小的国家会“搭便车”。

2. 成本分担机制

在达成国际公共产品会使所有国家受益的共识的基础上，成本分担机制要求所有参与的国家必须一同承担供给的成本，这种机制要求参与供给的国家要服从于整个国际社会的利益，根据自身能取得的收益来合理分担成本，减少“搭便车”的行为，努力使个体理性符合集体理性。但要看到，在现实中，每个国家分担多少成本取决于自身的预期收益，而预期收益取决于不同的偏好、收入等因素，因此不同国家应分担不同的成本份额。收益敏感度高的大国往往能从国际公共产品中获取较高收益，所以需要分担一个比较高的成本份额，而获益较低的国家通常分担较少的成本份额，只有这样才能协调所有参与国的满意度，刺激各参与国进行集体合作，共同完成国际公共产品的有效供给。

大国率先供给的过程中，要明确各国的成本分担责任，其他国家的跟随参与供给是必要的，大国要允许其他国家的“搭便车”行为，因为这可以改变其他国家的成本与收益，使这些国家突破供给的高成本、低收益阶段。大国除了要支付大部分的率先供给国际公共产品的成本，还要引导其他参与国家分担相应的成本，促使其他国家也参与到国际公共产品供给中来，因为大国的单边供给不具有持续性，供给意愿和能力会随着国际公共产品需求和供给量的增加而逐渐减弱，无法实现最优供给量，只有其他国家也参与供给，国际公共产品供给量才会增加而实现帕累托改进。

（二）区域国际公共产品的重要补充作用

从全球来看，区域国际公共产品就是一种俱乐部产品，该产品的生产、消费都是由区域内国家联合完成的，消费者就是受益者，也是资金提供者。区域内国家在供给时都展现真实的偏好，使边际成本为零而实现供求平衡状态。虽然区域国际公共产品供给在满足各国需求的同时不会增加新的成本，但是区域外未支付准入代价的国家会被排除在公共产品的消费之外，因此，规模更小的区域性国际公共产品能较好地解决供给效率问题。如果说在“大集团”中难以避免“集体行动困境”，那么区域中国家数量少的小集团则具有优势，得以有效完成公共产品的供给，数量较少的参与国会使得交流信息、协调出资等变得简单，减少交易成本。正如奥尔森的集体行动理论所说，小集团更容易促进成员间的合作，实现国际公共产品的有效供给，所以应尽可能地使集团保持较小规模或者至少应注意成员的贡献①。现实情况也说明，在全球合作遇到阻力的同时，区域合作迅速发展。

随着美国主导权衰落和“搭便车”行为的存在，全球性国际公共产品的供给出现严重不足，而区域性国际公共产品的供给起到了有效的补充作用。区域性国际公共产品的出现和扩展，并不是对现有体系中主导大国提供的全球性国际公共产品的否定，短期来看，美国主导全球性国际公共产品供给的格局是难以改变的。越来越多的区域国际公共产品的供给弥补了其供给的严重不足，也在推动全球国际公共产品的优质化变革中起到了重要作用，在全球金融治理下的公共产品供给中，东亚金融合作和金砖国家金融合作等区域性国际公共产品的发展和对现有机制的有效推动作用就是有力证明。

（三）收益外部性问题的妥善处理能够促进有效供给

1. 努力增强各国间正的收益相关性

每个参与供给国际公共产品的国家，都要追求自身不同的国家利益，

① 张新建．国际公共产品与地区合作（复旦国际关系评论第九辑）［M］．上海人民出版社，2009：45.

要实现国际公共产品的有效供给，就需要发现各国利益的相关性，探索某些领域存在的共同利益，解决彼此之间的利益矛盾，使各国的行为具有相对稳定的预期。

如果参与供给的国家都重视绝对收益的获取，那么供给的国际合作容易实现。国家对绝对收益的追求偏好取决于国内外政治经济形势、国内得到收益的急切程度等因素，对相对收益的偏好由合作对象与合作领域决定，所以要探索参与国的共同利益、满足各参与国需求的合作领域及强化彼此间的互惠互利关系。如果各参与国均重视相对收益的竞争，合作虽然能够实现，但会限制合作的领域与内容，一般来说低政治化的领域更易达成合作。当各国实力发生急剧变化，实力相对下降的国家会更加重视竞争相对收益，要想达成合作，就要适度增加参与者的数量，建立多边关系合作，减少各参与国对相对收益的关注。在领导供给者不存在，或者领导者丧失领导地位时，其他参与国会竞争领导供给的地位，从而获得更大规模的垄断性收益。

2. 区域国际公共产品供给中妥善处理与域外大国的关系

区域合作中，相关国家共同供给区域性国际公共产品并分担成本共享收益。但由于收益外部性，其公共产品的生产和消费会“外溢”到区域外国家，尤其是会影响区域外大国的利益或战略。比如，日本在亚洲金融危机后提出的建立亚洲货币基金的建议，因遭到美国的强烈反对而未能实现，就是因为美国担心亚洲货币基金将在区域层面对美国主导的 IMF 产生替代作用，其不愿看到东亚出现这种负外部性，影响到以美国为主导的全球金融治理的地位。由于大多数区域国际公共产品很难将其外部性完全地内部化，因而各供给国需要关注其对其他国家尤其是主导国的战略利益可能产生的影响。

区域国际公共产品的供给具有外部性，会使域外大国受益或受损，从而使域外大国成为利益相关方，当受益或受损达到一定程度时，域外大国会选择性地参与到使其受益的或取代使其受损的区域国际公共产品的供给，来消除负外部性的影响。美国是世界上的唯一超级大国，也是大部分区域国际公共产品供给最重要的域外大国，在美国主导的全球国际公共产品供给的背景下，美国对区域公共产品的供给保持本能的高度警惕，并试图用各种方式来加强影响，比如北约东扩和“重返亚洲”等战略。因而区域国际公共产品供给的有关国家在公共产品的生产和消费中必须处理好与美国等域外大国的关系，在坚持域外大国的参与不违反与域内国家的协商共赢的原则下，消除矛盾、减少分歧、互利合作，减少公共产品的负外部性，增加正外部性。要看到美国与区域国际公共产品的利益交织点。一方面，区域合作的宗旨是各方共担成本，共享收益。美国的加入会给区域公共产品的供给提供充足资金、技术与制度安排。另一方面，在美国经济实力下降和全球性国际公共产品供给不足的情况下，美国也需要通过制度化合作，让其他国家分担更多的提供国际公共产品的责任，维持和扩展美国的战略领导权①。

① 时永明．奥巴马的东亚政策与地区构建［J］．和平与发展，2010（1）：31-36.

第四章

2008 年金融危机前的全球金融治理下国际公共产品的供给：历史变革

全球金融治理的变革有着很深的历史烙印，全球金融治理产生于金融全球化的深化发展、世界各国之间相互依存度不断加深、全球金融性问题日益涌现的历史条件下。从历史演进中研究全球金融治理问题有助于掌握其现在与未来的发展。本章从国际公共产品的角度分析全球金融治理变革的历史演变过程，以对第三章构建的理论分析框架的适用性进行验证，主要分析 2008 年金融危机前国际金本位、布雷顿森林体系、牙买加体系三个时期的全球金融治理国际公共产品供给的特点，并分析其面临的供给困境及突破途径。

第一节　国际金本位制下的国际公共产品供给

国际金本位时期是商品货币时代，英国的强大使金本位制成为各国通用的国际货币安排。这一时期除了货币制度，并没有其他的固定的制度安排，全球金融治理还处于萌芽状态，尚不成体系，具有自发、松散和稳定的特点。西方各国受古典自由主义思想的影响，尊重市场选择，对金融市场、机构等很少限制和监管，也不干预金融产品、服务的价格。美国、英国、法国、意大利等主要资本主义国家的汇率基本稳定，几乎没有出现源于货币的国家间的经济利益冲突，是自由资本主义竞争的高度繁荣发展时期。这个阶段国际公共产品供给具有以下特点：

一、供给主体：英国单边供给

17—18 世纪，资本主义制度的确立极大地促进了生产力和商品经济的发展。这一时期英国与其他欧洲国家激烈争夺世界市场和海上霸权，并逐步打败西班牙、荷兰、法国和俄罗斯，成为这两个领域的霸主。1688 年英国确立了君主立宪制度，同期吸收了荷兰先进的金融管理方面的技术与人才。工业革命加快了资本主义工业化的进程，使英国成为“世界工厂”。在工业和航运业方面，英国逐渐取代荷兰成为海上和世界贸易的霸主。在资本主义贸易自由化的快速发展中，英国的伦敦逐步成为全球贸易、金融中心，英国率先建立的金本位体系使得英镑成为国际货币，英国自此逐步掌控了国际货币、金融市场和制定金融规则的主导权。

1700—1820 年，英国人口和生产力快速增长。人口增速是欧洲国家中最快的，人口城镇化率显著提高；人均收入快速增长，这一时期英国人均收入增长率超过欧洲人均收入增长率的 2 倍。1820 年，英国的 GDP 已经是荷兰的 7 倍，而在 1700 年才是荷兰的 2 倍。1820—1870 年，英国 GDP 复合增长率达到 1.2%，当时德国只有 0.7%，日本只有 0.1%，英国处于全球经济的领先地位①。以棉纺织业为核心的第一次工业革命使英国快速实现了工业化，农业产值和农业劳动力比重显著下降，农业劳动力的比重在 1700 年为 56%，到 1820 年下降为 37%，1890 年下降到 16%。明显提升了工业、制造业产值与劳动力的比重，工业和服务业方面的劳动力比重在 1700 年为 44%，到 1820 年上升为 63%，1890 年上升到 84%。英国建立起全球第一个庞大的贸易网络。英国出口每年增长 2%，1700 年世界航运量的 20%被英国占据，25%被荷兰占据，到 1820 年，英国的这一比重已超出 40%。1820—1913 年，英国人均收入增长是 1700—1820 年的 3 倍，随着技术日益进步与资本快速聚集、教育水平提升，英国明显改善了人力资本；英国年均出口增长率达到 3.9%，是 GDP 增长率的两倍。这一时期，英国

① Thomas K McCraw. Creating modern capitalism. How entrepreneurs, companies, and countries triumphed in three industrial revolutions [M]. Harvard University Press, 1997: 12-34.

版图快速扩张，19 世纪 70 年代起，先后统治了非洲、亚洲的许多国家，遍及全球的殖民地促进了庞大的国际贸易网络的形成。

二、供给客体：仅有国际货币体系类国际公共产品

1821 年，英国为促进国际贸易的发展，率先确立了金本位制，本位币确定为黄金，英镑规定含金量。1871 年德国开始确立金本位制，1873 年丹麦、瑞典、挪威等国也跟着确立了金本位制。19 世纪末期，金本位制已在各主要的资本主义国家得到了普遍确立。国际金本位制在 19 世纪 70 年代正式建立。英国贸易经济的快速发展、殖民统治的政治大国地位、其他国家对英国的信心以及在贸易、海运、金融服务方面的优势，使得英镑具有价值稳定和自由兑换的信用保证，逐渐成为最主要的国际储备货币和国际贸易结算货币，国际贸易 40%以上使用英镑结算①。

英国除了供给国际货币，还确立了极具影响力的国际金融体系。首先是建立了中央银行制度。1694 年英国成立了世界上第一个股份制银行——英格兰银行，标志着现代银行业的产生，英格兰银行负责货币发行与最后贷款，是世界上第一个具有现代意义的中央银行。作为整个国际金本位制的支付中心，英格兰银行负责掌控黄金的流出流入量，保证英镑的可兑换性，保持英镑与黄金比值的稳定。欧洲其他国家在英格兰银行成立后也纷纷确立了中央银行制度。其次是伦敦逐步成为世界金融中心。17 世纪末英国建立了规模较大的政府债券市场，逐步发展为发达的现代化的证券市场。世界上将近 2/3 的股票业务都被有着悠久历史的交易所之一的伦敦证券交易所承销。伦敦还拥有世界上最大的金属交易所，19 世纪后期开始了贵金属的期货交易，深刻影响着全球贵金属的价格。再次是集中了全球范围内的大量投资。19 世纪末，有 150 个国家与英国存在资本的跨境流动，且英国从这些资本流动的利息、红利中获得的收益每年多于 5000 万英镑②。英国的海外投资在 1914 年达到 38 亿英镑，占世界境外总投资的

① 余治国．世界金融五百年（上）［M］．天津社会科学院出版社，2011：86.
② ［美］保罗·肯尼迪．大国的兴衰［M］．国际文化出版社，2008：152.

40%~50%，是法国海外投资的2倍，德国的3倍。1870—1913年，英国海外投资平均占GDP的4.5%，1872年、1890年和1913年都达到顶峰，占GDP的7%。英国的海外投资中，45%都投资在美国，其余部分投资于西欧、拉美、亚洲和非洲地区。1870—1913年，英国每年的海外投资总收益占GDP的5.3%①。最后是确立了国际金融体系的规则。伦敦是当时的国际金融中心，国际金融规则由英国来制定和执行，比如英国率先确立了金本位制，带动其他西方资本主义国家也确立了金本位，最终使国际金本位制得以确立。

第二节 两次世界大战期间的国际公共产品供给

随着1914年第一次世界大战的爆发，欧洲各国军费开支巨幅扩张，金币的铸造与兑换逐渐停止，各国纷纷开始对黄金输出输入进行管制，这些措施使金本位制基本被破坏，最终导致了金本位制的结束。国际货币处于混乱状态，各主要西方国家发行不兑现的纸币，由于各国经济金融实力的消长变化，金融利益矛盾越来越突出，国际金融领域处于既有体系崩溃和新体系尚未形成的混乱阶段。这一阶段国际公共产品供给具有以下特点：

一、供给主体：英国的衰退和美国的崛起

这一时期英国经济地位开始衰落，不再是世界经济的主导者。英国在"一战"之后由债权国逐步变为债务国，英镑的国际信用降低，动摇了国际社会对英国的信心，各国黄金管制的实行破坏了金本位的基础，英镑随着金本位的崩溃而衰败。而第二次科技革命推动美国快速实现了近代工业化和经济的迅猛发展，1870年美国的GDP已经超过了英国，美国成为世界第一经济强国。近代工业化的进程吸引了全球的大量资本流入美国，美国相对稳定的局势更是使其在两次世界大战期间吸引了大量的世界资本、财富和人才，这一时期全球近2/3的黄金流入了美国。在1913—1923年，

① ［英］尼尔·弗格森．帝国［M］．中信出版社，2012：210-211.

美国的黄金储备从 13 亿美元增加至 40 亿美元①。美国的纽约开始逐步取代伦敦成为国际金融中心，美国开始成为世界经济的主导力量。

二、供给客体：国际金融机构类国际公共产品的初建

各资本主义大国为维护本币的国际地位，争夺经济金融霸权，纷纷组建货币集团。例如英国的英镑集团、美国的美元集团、法国的西南欧黄金集团以及马克集团、日元集团等。20 世纪 30 年代，美元、英镑、法郎三个货币集团发展成为三个货币区，为争夺金融霸权，各货币区之间不断发生利益冲突，货币战频繁发生，严重阻碍了世界经济的发展。各国普遍产生了协调货币政策的愿望。在英国推动下，1922 年日内瓦会议召开，尝试实施金汇兑本位制度，不再限制各国央行对外汇储备的持有，强化各国央行之间的协调合作，防止争夺黄金储备的恶性竞争等。但由于美国的反对，这些有利于英国利益的措施并未取得实质性进展。1933 年，国际联盟在伦敦召开“世界通货经济会议”，主要讨论稳定各国币值、消除外汇管制等问题，但由于各国的复杂矛盾，最终会议以失败告终。

1936 年，美英法三国经过双边多边协商，达成了有关外汇市场管理的《三国货币协议》。该协议就维持汇价、减少汇率波动、维持货币关系稳定等政策发表了声明，但该协议内容粗糙，没有恢复固定汇率制度，也缺乏货币协调的运行机制。不过，这一协议是国际金融史上的第一个多边国际货币协议，在全球金融治理的历史演进中具有划时代的意义。它的签订建立了较为稳定的货币兑换关系，稳定了脆弱的西方国家之间的货币关系，对阻止货币战的激化、调整货币集团的货币起到了积极作用。

赔款委员会在“一战”后成立，主要负责德国的战后赔款及清算业务。1930 年国际清算银行（BIS）取代了赔款委员会来负责分配赔款、进行财政监督以及维持金本位制度。1932 年，BIS 开始逐步向各成员国的央行提供短期信贷和支付等业务。1933 年，BIS 迫于美国压力放弃了重新建

---

① ［美］巴里·艾肯格林．资本全球化：国际货币体系史［M］．彭兴韵，译．上海人民出版社，2009：153-155.

立金本位制的计划，于1936年把其业务拓展至非金本位制国家。BIS在1933年的世界经济大萧条中，力求为各国央行提供各种业务，强化各国央行之间的协调合作，被视为“央行的央行”①。不过BIS在“捷克黄金事件”之后②陷入了信誉和生存的危机。

第三节　布雷顿森林体系下的全球金融治理国际公共产品供给

“二战”以后，国际金融体系的动荡使资本主义各国从自身利益出发，开始酝酿重建统一稳定的国际货币金融秩序，美国和英国都提出了有利于自身利益的方案，即“怀特方案”和“凯恩斯方案”。由于“二战”后美国的综合实力超过了英国，最后美国的“怀特方案”获得胜利，44个国家于1944年在美国召开了布雷顿森林会议，签订了《国际货币基金协定》和《国际复兴开发银行协定》，布雷顿森林体系自此确立。

布雷顿森林体系是建立在国际协商、管制与秩序之上的全球金融治理体系，美国凭借超强实力成为全球金融治理体系的核心，这个体系能否正常运转取决于能否一直按照对美国有利的方式运行，以及美国能否为体系的正常运转提供有效的信用担保。在这一阶段，全球金融治理下国际公共产品供给的关键是美元本位的国际货币体系，以维护战后国际金融的稳定和促进战后世界经济的发展为供给的目标，以国际货币的规则、资本流动监管的政策等为基本内容。这一阶段的国际公共产品开始呈现组织化趋势。

一、供给主体：以美国主导供给为核心，供给方式多样化

金融国际公共产品供给主体一直是发达国家，但发达国家会随着国家

① 中国人民银行国际司国际清算银行处．促全球央行合作　做金融标准中枢——写在国际清算银行成立80周年之际［J］．中国金融，2010（12）：24-25.

② BIS在捷克被德国军队占领后把捷克央行黄金划拨给了德国。

实力的兴衰发生变化，美国取代英国成为主导供给主体是自然演进和其积极争取的结果。

从1791年成立美国第一银行到1913年成立美联储这段时期，美国的银行业得到了快速的发展，这使得美国的货币体系不再混乱，保障了美国金融业的发展。美国在两次世界大战期间，通过出售军需物资和供应战时贷款大大促进了国内经济与金融业的发展，又因其稳定的局势、现代工业化吸引了大量资本和人才流入而变为全球实力最强大的国家，不仅国民收入是战前的一倍，且拥有占世界44%的黄金储备，取代英国成为世界上最大的债权国。两次世界大战使得世界各国对美国的依存度日益增强，美国逐渐成为世界的领导者。美国积极利用这些国际关系方面的优势来争取世界霸主的地位，布雷顿森林体系的确立即是美国积极争取的成果，是美国正式主导全球金融治理体系的标志。美国的纽约因其汇集了大量规模庞大的金融机构而成为全球最重要的商业银行与投资银行以及各类基金的中心，世界上规模最大、流动性最强的股票与债券市场也在纽约。

这一时期的国际公共产品供给既有美国作为主权国家的直接供给，如供给本国货币美元作为国际货币，另外又出现了供给方式组织化和多元化的趋势，多家国际金融组织成立，在美国的主导控制下承担国际公共产品的供给，如全球层次的IMF、世界银行、BIS等，区域层次的亚洲开发银行、泛美开发银行、非洲开发银行等。这些国际金融机构的制度规则、治理结构、议题和人事、贷款投向和项目选择都被以美国为中心的发达国家所掌控，其作为供给国际公共产品的重要平台和载体的作用在这一时期得以凸显。同时，全球金融治理演进的另一个趋势——供给方式多元化也逐渐呈现。

二、供给客体：美元本位制的形成

（一）国际货币

发行国际货币的国家要为世界经济贸易供给提供支付手段、储备货币。“二战”期间的国际货币体系格局混乱，美元、英镑、法郎等货币各自为政，给世界经济带来了混乱动荡的局面，也给金融危机的爆发制造了机会。20世纪的世界经济大萧条说明，不存在世界政府的条件下世界需要一个领导者来供给国际公共产品。布雷顿森林体系最终确立了以美元为本位的国际金融体系，全球各国对具有较好流动性和信誉保证的美元充满信心，因此都承认美国在全球的强国和领导者地位，美元变为国际贸易的主要结算货币和世界财富的标志，世界进入了美元世纪。

（二）汇率协调机制

在布雷顿森林体系中，美元通过规定与黄金的固定比价直接与黄金挂钩，其他国家货币与美元挂钩，按照各自货币的含金量来规定与美元的基准汇率，各国实施的汇率制度是可调整的钉住汇率制度，其他货币的汇率只能在指定的基准汇率的1%的领域内变化，若各国汇率波动超出了这个范围，则有必要干预外汇市场以维持稳定的汇率。1971年，这一波动幅度增加到了2.25%。这种汇率协调机制可以有效防范各国之间对货币进行竞争性贬值而引发汇率战，使汇率安排机制富有弹性，从而避免国际金融中的混乱竞争状态，保证国际货币体系的稳定。为稳定汇率，该体系中的国际货币兑换有相应的规定：若一国在对其他国的经常项目交易中积累了本国货币，不能限制其他国家为支付经常项目交易而换回本币；在国际支付中，未经IMF的许可，一国不能限制国际收支经常项目的支付清算。这些规定使汇率能真实反映国际货币关系，有利于自由、统一的外汇市场的形成。

（三）国际收支协调机制

布雷顿森林体系“双挂钩”的限制，使得各成员国对保持国际收支平衡、稳定货币兑换关系有着义不容辞的责任。若一国国际收支不平衡威胁到货币稳定，该国必须采取相关措施进行干预调节，使国际收支达到平衡。例如，如果一国国际收支出现巨额顺差，会带来本币升值的后果，该国应采取相关财政货币政策来缩小顺差，如果是长期持续的调整，则还要通过调整汇率来完成。

三、供给客体：国际金融机构的快速发展

布雷顿森林体系成立了两个全球金融治理核心领域的国际金融组织——IMF 和世界银行。IMF 重点供给稳定型的国际公共产品，世界银行重点供给效率型的国际公共产品。IMF 主要通过中短期借贷来对国际收支失衡进行调节，以维持国际货币体系的稳定。世界银行最初的目标是为欧洲国家成员国提供中长期贷款以帮助其重建与复苏经济。世界银行由国际复兴开发银行（IBRD）和国际开发协会（IDA）组成。世界银行自 1948 年开始逐渐将贷款对象扩展至亚非拉等发展中国家，贷款投向的重点是基础设施、交通运输和能源部门。

这一时期的 IMF 是全球金融治理的中枢，对国际收支逆差的国家提供资金支持是其主要职能，主要目标是维持美元本位的稳定的汇率机制，保障布雷顿森林体系的正常运行。美国将 IMF 发展为维持自身在国际金融体系中主导地位的重要手段。IMF 有 160 多个成员国，其在协调各成员国的利益冲突、维持汇兑平价体系等方面发挥了重要的作用。这一时期 IMF 供给的国际金融公共产品主要有：一是黄金总库。1961 年，为维持金价稳定，支持国际货币美元，IMF 组织成立了黄金总库。各国承诺不兑换美元外汇和黄金储备，买卖黄金来维持美元与黄金的比价。二是货币互换协议。在 IMF 的推动下，1962 年 2 月，14 个西方国家的央行与美国签订了 117.3 亿美元的货币互换协议。货币互换可以获得流动性支持、稳定外汇市场，促进两国之间贸易投资的发展。三是借款总安排。1962 年 10 月，IMF 与十国集团①签订了用于补充 IMF 资金的 60 亿美元借款总安排，这一备用信贷制度使得 IMF 在流动性不足的情况下，为成员国供应普通基金定额之外的贷款，使 IMF 筹集资金难的境况得到了改善。四是特别提款权（SDR）。1969 年 IMF 为应对美元流动性短缺、增加国际储备资产的供给，创建了一种可以用作储备资产和记账单位的特别提款权（SDR），其又被

① 十国集团由美国、西德、英国、法国、日本、加拿大、意大利、荷兰、比利时、瑞典组成。

称为“纸黄金”，这是全球金融治理进程中的一大创新。

多国央行曾因“捷克黄金事件”而要求解散 BIS，但基于美国的支持，BIS 于 1948 年得以存续。不过凯恩斯主义在布雷顿森林体系确立之后开始盛行，逐渐降低了央行的威望，这一阶段 BIS 的业务重点逐步拓展到科学研究领域，力求建设信息和研究中心，主动为欧洲各国央行提供支付的便利①。同时，为适应全球各区域经济金融发展的需求，全球范围内逐步建立了多家多边区域性国际金融机构，力求促进所在地区的经济金融发展、减贫与技术援助等，如 1960 年成立的美洲开发银行、1964 年成立的非洲开发银行、1966 年成立的亚洲开发银行。

第四节　牙买加协议后的全球金融治理国际公共产品供给

石油危机爆发以后，世界经济形势朝着不利于美国的方向发展，美国经济陷入滞胀，长期的财政赤字和贸易逆差导致黄金储备大量流失。“特里芬难题”使得美国为维持布雷顿森林体系付出的代价越来越大，1973 年，美元最终与黄金脱钩，实行浮动汇率制度，布雷顿森林体系就此瓦解，全球金融治理进入了牙买加体系时期。1976 年 1 月，IMF 在牙买加召开会议，对修订《国际货币基金协定》条款展开讨论，最终各国达成《牙买加协定》，正式开始了“牙买加体系”时代。牙买加体系确立了新的国际金融体系。全球金融治理主要依赖市场和制度，强调市场运行效率，反对政府干预，新自由主义奉行通过货币政策维护宏观经济稳定的自我调节政策。这一阶段国际公共产品供给具有以下特点：

一、供给主体：多元化和去国家化

牙买加体系中，美国在全球金融治理体系中的聚集能力和协调能力显著下降。美国的核心主导地位有所削弱。美国直接构建和维护了布雷顿森

① 中国人民银行国际司国际清算银行处．促全球央行合作　做金融标准中枢——写在国际清算银行成立 80 周年之际［J］. 中国金融，2010（12）：24-25.

林体系，是该体系最直接的核心国和主导国。在国际货币体系方面，美国仍是当时最有实力的世界政治经济军事大国，美元的声誉仍然很高，仍是国际储备货币、国际清算支付的手段，仍具有不可替代的国际货币的地位①，但随着多元化国际货币的发展，美元在国际贸易结算、投融资、国际储备货币等方面的绝对实力都在降低。这一时期全球金融治理主体出现多元化和去国家化的趋势。专业性和技术性的全球金融治理机构在布雷顿森林体系下是极少的，而到了牙买加时期，不断出现了银行、证券、保险等各类国际金融机构，既有 BIS、巴塞尔银行监管委员会等政府间国际机构，也有国际会计准则理事会、全球金融市场协会等非政府间国际组织，此外还有非政府行为体（跨国公司、全球公民社会）②。美国作为主权国家在非政府间行为体中的影响力相对较弱。主要的政府间国际组织中权力结构也在发生改变，在一定程度上削弱了美国的话语权。例如，在 IMF 和世界银行中新兴经济体的投票权份额增加；BIS 在 1996 年和 1999 年两次扩充会员，吸纳了新兴经济体国家。

在牙买加时代，大国之间的协调合作开始频繁进行，全球金融治理的供给主体核心变为 G7 和 IMF，美国主导权开始面临 G7 和 IMF 其他成员国以及这些组织自身利益的阻挠。G7 首脑会议是由西方最大的 7 个工业化国家（美、日、英、法、意、德、加）组成的首脑会议，国际金融秩序在布雷顿森林体系结束后陷入混乱格局，而 1973 年的石油危机使这一局面更加动荡，使西方主要国家的经济陷入衰退，G7 在这一情况下召开了首脑会议，对如何突破经济困境的问题进行共同探讨，这也是 G7 在全球金融治理中开启合作治理的标志。G7 没有常设机构和宪章原则，不具备法人资格和采取强制性政策的权力，只定期召开首脑会议协商共同关心的重大经济金融问题。G7 的协调属于非规则协调，议题广泛，协议没有约束力但具有连续性。这一时期 G7 在货币金融领域开展了很多卓有成效的合作，如对

① Jonathan Kirshner. Same as it ever was? Continuity and change in the international monetary system [J]. Review of International Political Economy, 2014 (21): 1007-1016; Carla Norrlof. Dollar hegemony: A power analysis [J]. Review of International Political Economy, 2014 (21): 1042-1070.

② 张发林. 全球金融治理体系的政治经济学分析 [J]. 国际政治研究, 2016 (4): 63-85.

外汇市场的联合干预、货币政策的国家合作、金融危机的救助、减免贫困国家债务、反洗钱等。IMF 原本是维护布雷顿森林体系的国际组织，在后布雷顿森林时代，IMF 将其维护国际货币体系的职能拓展到维护整个金融体系的稳定。IMF 的资源和能力决定了其在这一时期的重要地位：它是当时唯一的拥有资源对危机国家进行援助和对各国执行国际规则进行评估的国际组织。

二、供给客体：多元多层的国际货币体系类国际公共产品

牙买加体系中，美元不再与黄金挂钩，黄金不再是平价基础。浮动汇率制成为世界主流的汇率制度。各国有按照本国实际自由制定汇率制度的权力，这一时期的汇率制度有单独浮动、联合浮动、钉住单一货币浮动等。国际收支调节的方式也日益多样化，各国调节国际收支平衡的方式多样，有 IMF 贷款、浮动汇率、利率、宏观政策协调、国际金融市场融资等。

美元在国际货币体系中的重要地位并没有减弱，仍然是世界上最重要的国际储备、结算支付货币，没有任何一种货币可以取代美元。国际货币体系仍是美元本位制。但这一时期，日元、英镑、德国马克、黄金、SDR 等货币在国际交易中广泛流通，已经成为国际储备货币的必要补充部分，国际货币体系出现以美元为本位的日益多样化的多元多层的趋势。在货币层次的结构中，美元位于最顶层核心主导地位，中间层次的货币是那些国家很少干预本国货币汇率、让本国货币在一定程度内自由围绕美元浮动的实行浮动汇率制的货币，例如欧元、日元、加拿大元、澳大利亚元等；最底层次的货币是选择“钉住美元制”的、拥有巨额外汇储备的货币，例如人民币、韩元和东南亚国家的货币等。中间层次的实行浮动汇率制的货币与美元之间主要通过资本账户进行关联，最底层次的钉住汇率制货币与美元主要通过经常账户进行关联。这种货币关系在世界经济联系中体现为美国、欧洲主要在金融领域是合作伙伴，而美国、亚洲主要在贸易领域是合

作伙伴①。

三、供给客体：国际金融监管开始成为重要的国际公共产品

布雷顿森林体系瓦解后，国际资本流动的管制开始放松，转而开始加强对银行业的国际监管。20 世纪六七十年代，资本的国际流动在欧洲美元市场的发展和银行业的国际化浪潮的推动下进一步加速，20 世纪 70 年代初，在跨国公司发展与新自由主义的推动下，国际金融体系出现金融自由化的发展趋势。信任资本市场与货币政策能够自我调节以实现宏观经济的稳定是新自由主义信奉的思想，它主张在资本跨境流动中放开监管。20 世纪 80 年代末到 90 年代是金融自由化发展的高潮，这一时期主要国际金融机构（包括 IMF、世界银行）的首要目标就是促进金融自由化的发展。它们通过对贷款援助附加条件，迫使接受国进行以经济开放和金融自由化为主要内容的改革，即“华盛顿共识”。因此，全球金融治理的核心目标是资本账户开放和以去监管为核心的金融自由化。然而 1997 年亚洲金融危机爆发后，金融自由化很大程度上导致了金融危机，金融危机全球化的负面影响使得国际社会质疑“华盛顿共识”及其推行者的合法性，金融自由化逐渐不再是全球金融治理的核心目标，目标转变为维持国际金融的稳定与应对金融危机，自此开启了加强监管的时期，逐步完善了国际金融监管的体系，构建了众多国际金融监管机构。在诸多监管组织中，先前成立的 IMF 和 BIS 是最重要的国际金融监管组织，它们的国际金融监管职能在这一时期得到加强。

（一）BIS 的国际金融监管

BIS 又被视为“中央银行家俱乐部”，各国中央银行行长一直通过 BIS 的平台协商国际金融的合作与制定央行间监管合作的标准。BIS 约束各国金融组织防范风险、制定金融监管标准的机构有 5 个常设委员会和 3 个国

① 张茂荣，徐刚．美元体系的演变与改革前景［EB/OL］．中国现代国际关系研究院网站，2014-03，http：//www. cicir. ac. cn/chinese/newsView. aspx？ nid = 3247.

际协会①。BIS 在这一时期提供的最重要的监督类公共产品是巴塞尔银行监管委员会。1974 年，BIS 在瑞士巴塞尔召开会议商讨国际银行业的监管问题，并于 1975 年成立了巴塞尔银行监管委员会。其主要职责是协调和完善全球银行业监管，推行先进监管理念和方法，实施统一的监管标准，保证各国银行业之间公平竞争，维护金融稳定。虽然没有超主权的监管权力和法律约束力，但其监管标准和原则已经得到了广泛应用，成为全球银行业监管的核心标准。1988 年，巴塞尔银行监管委员会公布了《关于统一资本计量和资本标准的国际协议》，即《巴塞尔协议Ⅰ》，通过设定银行资本的构成、量化风险加权资产、规定资本充足率的要求来统一监管、公平竞争和规避风险。1997 年亚洲金融危机爆发以后，巴塞尔银行监管委员会整体修订了《巴塞尔协议Ⅰ》，并于 2004 年发布《资本计量和资本标准的国际协议：修订框架》，即《巴塞尔协议Ⅱ》，通过规定最低资本充足率要求、日常监督检查、市场外部约束三个层面的有机结合，促进银行优化风险管理政策，完善管理结构。

（二）IMF 的国际金融监管

IMF 在监管方面更侧重推动政府间合作，推广与执行国际监管标准。IMF 通常是通过派出特别小组的方式调查、评估各国的宏观经济运行状况，在发布的《全球金融稳定报告》中评估全球的金融风险和提出政策建议。在资本市场风险监管方面，IMF 高度关注全球和区域经济的相互影响，加强对低收入国家的监管和对债务国的财务分析，加强对汇率和金融部门的监管。一旦发现成员国的失衡和脆弱性问题，就及时给予纠正来避免风险的发生。在金融危机的应对方面，IMF 建立了预警机制和救助机制。IMF 在 1994 年的墨西哥金融危机后构建了金融危机的预警机制，并在 1996 年对东南亚国家发出金融风险的危机预警。1997 年 1 月，IMF 与 25 个成员国签订了《新借款安排协议》（NAB）。该协议与 20 世纪 60 年代创设的《借款总安排》（GAB）基本相同，但拥有的资金量比后者多。NAB 获得

① 谢世清，曲秋颖．国际清算银行与国际货币基金组织之比较研究［J］．宏观经济研究，2012（9）：36-40.

25个成员国提供的约合450亿美元特别提款权的资金，在发生金融动荡和危机时，IMF可以动用这些资金，使得IMF突破了之前金融援助在资金量上的限制。另外，在NAB不能动用时，IMF可以在GAB借入170亿美元特别提款权的资金以及与沙特阿拉伯签订的协作安排下的15亿美元特别提款权的资金。

（三）G7的国际金融监管

首先，提出“金融预警系统”和“紧急融资机制”。1994年墨西哥金融危机使G7意识到建立“金融预警系统”的重要性，这一系统应该以成员国及时向IMF提供所有经济信息为前提，但建立并完善这样的机制并非易事，创建一个面对危机反应迅速的机制成为各国共识。G7的哈利克斯峰会通过了建立在GAB基础上的“紧急融资机制”的改革方案，把GAB的规模扩大了1倍，达到1000亿美元以上。这一机制改变了G7以往建立金融势力圈的做法，显现了国际义务的分摊原则，认为金融危机的防范与救助是国际社会共同的义务，把处理国际金融问题的重要责任由G7转到了IMF，使其提高运作效率以补充贷款的方式救助危机。

其次，鼓励私人部门参与金融危机的防范与救助。G7在2001年热那亚国际峰会上通过了改革现行国际金融体系的建议。各国认为应强化IMF在国际金融领域的监管作用，完善国际金融标准，鼓励私人部门参与防范与化解金融危机，增加IMF的透明度、可信度和改进其借款机制。G7认为IMF自身资源有限，远远不能满足国际收支失衡的危机国家的资金缺口，私人资本参与金融危机的救助与防范是非常必要的，为推动IMF发展做出了大量工作，并取得了一些进展。

再次，金融稳定论坛的成立。为稳定国际金融体系，完善国际金融准则，1999年，由G7财长和央行行长安排，成立金融稳定论坛（FSF），提出了12条关于金融稳定的标准。以此为依据加强监督，推动建立国际公认的准则。第一，在实施标准与准则过程中，要加强与市场的联系，提高市场与官方的能动性；第二，充分重视技术援助的重要作用；第三，作为永久性工具，标准与准则报告（ROSCS）和联合金融部门评估计划（FASP）

应继续对各国遵循标准和准则的情况进行独立和连续性的评价，同时兼顾各国的改革发展重点和机构特征。

最后，建立打击国际金融犯罪的机制。1989 年 G7 财长及央行行长会议上，各国意识到打击国际金融犯罪的重要性，随后成立了反洗钱金融行动特别工作组（FATP）。1990 年 2 月，FATP 提出了《关于洗钱问题的 40 条建议》，成为国际反洗钱领域的主要标准。“9·11”事件以后，G7 决定在原有的 40 条反洗钱标准的基础上，增加 8 条打击恐怖金融活动的准则。IMF 和世界银行是最早接受这些标准和准则的，据此出版了《遵循标准和准则报告》，此后都将反洗钱和打击恐怖金融活动作为工作重点之一，通过加强金融行业的监管、提供技术援助和建立国际协调机制的措施来对国际金融犯罪行为进行打击和防范。

四、供给客体：区域性国际公共产品的初步发展

1997 年亚洲金融危机给整个地区带来了巨大的经济损失，在危机后 IMF 对危机国家经济形势和危机状况的误判以及对危机国家援助贷款附加苛刻的条件等行为，不仅使得其在危机救助中无所作为，而且客观上加重了危机的进一步蔓延，这使得东亚国家意识到全球金融治理机制的弊端，深度质疑其行动能力及其合法性。东亚国家意识到仅仅依靠 IMF 的援助来抵御危机是远远不够的，域内国家应联合起来共同提供区域国际公共产品来增强应对金融危机的能力。危机后东亚各方从双边货币互换到多边外汇储备库的建立、从亚元设想到建立亚洲债券市场等进行了多方面的金融合作，基于信息协调与监控、资源协调、汇率协调、统一货币等一系列不同合作程度的协调形式发展①，并取得了一系列进展。

1997 年 9 月日本在 IMF 和亚洲开发银行会议上首先提出了构建亚洲货币基金（AMF）的倡议，由日中韩和东盟国家共同参与筹集 1000 亿美元的资金设立 AMF，目的是为发生危机的国家提供贷款援助，但由于美国和 IMF 的强烈反对，AMF 仅停留在构想阶段，没能成为现实。然而它显示了

① 亚洲开发银行．东亚货币与金融一体化发展前景［M］．经济科学出版社，2005.

域内国家对区域金融合作的迫切需求，并在客观上促成了美国以建立马尼拉框架作为回应，同意推动金融合作和地区监管作为 IMF 国际监管的补充。东亚国家继续努力开展金融合作，2000 年，东盟“10+3”在泰国清迈签订了《清迈协议》（CMI），在资本流动监测、监督区域性、货币互换及人员培训等领域进行合作，CMI 是东亚区域金融合作从设想到实现的标志。在《清迈协议》的框架下，亚洲国家展开了多种形式的区域金融合作，《清迈协议》朝着多边化、机制化方向发展。

第五节　全球金融治理下国际公共产品供给的困境及突破

从前文的内容中可以看出，全球金融治理一直处于动态发展的过程中，随着世界政治经济形势的变化而演化，而国际公共产品的供给困境是全球金融治理体系变迁的根本推动力。

一、全球金融治理下国际公共产品的供给困境

（一）主权国衰退困境

全球金融治理在历史上有着显著的主权国治理的特征，主权国实力的此消彼长和竞争带来国际金融权力地位的变化，带来国际公共产品主导国的变化，推动全球金融治理的演变。罗伯特·吉尔平认为，主导国如果持续不断地供给国际公共产品必然会带来主导权衰退。他认为，首先，主导国在政治经济军事等方面的优势并非永远不变，随着各国在世界市场竞争体系中经济力量、格局的不断改变，具有竞争优势的国家也在不断变化。其次，根据经济学中边际成本收益规律，若主导国在供给国际公共产品的过程中供给增加，则边际成本会递增而边际收益会递减，庞大的经济剩余将被主导国消耗。吉尔平认为，主导国供给无论是公共的还是私人的国内消费和为保护这种自由经济体制而付出的开支，都比国民储蓄和生产投资

增长得更快①。主导国为了保持主导地位与经济实力，必会减少供给国际公共产品，最终带来国际公共产品供给不足的局面。最后，掩饰偏好不付出或少付出消费成本的“搭便车”者的行为增加了主导国的成本，使其收益与成本不成正比，导致主导权衰弱。而主导国往往是按自身的最大偏好来供给国际公共产品，而不管其他国家的意愿，难以实现国际公共产品的供求平衡状态。而解决这一供给困境的过程就是全球金融治理体系演变的过程。如在“一战”以前，英国凭借其强大的政治经济实力确立金本位，而“二战”后英国实力衰落，其在全球政治经济中的主导地位被美国取代。美国战胜英国，在布雷顿森林体系的构建中实行“怀特计划”，建立了以美元为本位的国际金融公共产品的主导供给地位。而随着美国实力的相对衰弱和德日等国的崛起，美国的单边主导供给又演变为“一超多强”的供给模式。

（二）特里芬难题

1960年特里芬指出布雷顿森林体系制度存在内在矛盾，要同时保持美元满足“国际流动性”和“币值稳定”是难以持续的。美国需要持续发行巨量的美元用于贸易支付结算和国际储备，贸易逆差、贷款使美元和黄金大量流出，超额发行的美元难以维持币值的稳定；而美国要稳定美元的币值，就需要减少贸易逆差与美元、黄金的外流，但这样会导致国际流动性无法满足世界经济发展的需要而陷入通货紧缩。这种矛盾被称为“特里芬难题”。

特里芬难题不仅出现在布雷顿森林体系中，凡是主权国家的货币充当国际货币的都会存在这样的问题。比如金本位制中的英镑和牙买加体系中的美元都是如此。而信用货币制度会加剧这一难题。金本位制的条件下，国际清偿的手段有英镑和黄金，尤其是黄金被更多地使用，同时具有自我调节功能的国际收支机制能够降低特里芬难题的影响。“特里芬难题”正是在“一战”后金本位制被放弃之后出现的。而牙买加体系中的美元，背后有强大的美国综合实力为基础，作为信用货币仍是最主要的国际货币，

---

① 樊勇明．西方国际政治经济学［M］．上海人民出版社，2006：66.

但如果美国超额发行美元且经济衰退到一定程度，在出现强大竞争对手的情况下美元可能如英镑一样被替代。

二、全球金融治理下国际公共产品供给困境的突破

（一）“大国先行”的途径

从全球层面来看，在缺少一个统一的世界政府的状态下，只能由一个在政治、经济、军事等方面具有显著优势的、有意愿和能力的国家来承担国际公共产品的供给，用以稳定发展世界经济体系。吉尔平认为，大国有提供国际公共产品的责任，并用本国的经济剩余承担所有成本。从历史中可以看出，发达大国一直掌控着全球金融治理的主导权，但主导权总是随着国家实力的改变而不断在强国之间转移。这验证了在存在国家异质性的条件下，军事、经济实力强大的英国和美国，具有较高的利益敏感度和较低的成本敏感度，在供给国际公共产品中可以获得更多的收益，因而具有率先供给的动力。如英美主导国际货币供给能够带来铸币税、通货膨胀税等收益及承担低汇率风险和保持低储备。英国主导权促成了国际金本位体系的产生，对当时稳定国际金融环境、推动世界经济发展起到了积极的作用。美国抓住了“二战”后这一历史性机遇向世界提供了一系列国际公共产品来实现自身利益，如以 IMF、世界银行为核心的国际金融体系。美国在初期供给国际公共产品的进程中，维护了国际金融体系的稳定，如在布雷顿森林体系中将美元与黄金挂钩并实行固定汇率，对维护国际金融安全和稳定发挥了积极作用。此外，美国容忍盟友的“搭便车”行为，充分开放国内市场，使其合作伙伴欧洲和日本快速崛起。

（二）选择合理供给模式和机制的途径

从英国代替荷兰、美国代替英国成为主导国的历史中可以看出，主导国的兴起与衰退具有历史必然性，在全球金融问题日益复杂和国际合作不断拓展的背景下，就算是实力再强大的国家也难以单边长期地供给国际公共产品，成本分担的“合作”供给模式和存在领导者的多元供给机制是克服供给困境的有效途径。

布雷顿森林体系崩溃后，美国的经济主导地位相对下降，在国际政治经济格局的“一超多强”的背景下，美国在面对重大国际事务时很难做到大权独揽。这一时期国际公共产品供给模式转变为美国与后起者日本和欧洲发达国家等合作供给国际公共产品的多元模式。当前美国仍然拥有强大的综合实力，尤其是在其他国家难以匹敌的金融方面，所以美国依然主导着合作供给的机制，但是美国不能随意地决定国际经济事务，需要其他国家的协调配合与协作。如美元由于摆脱了与黄金挂钩的约束，发展为最重要的国际储备、支付结算货币，其国际货币的地位并未减弱反而提升了，当前世界不存在任何一种可以取代美元的货币，国际货币体系仍是美元本位制。而这一时期的日元、德国马克、黄金、SDR 等逐渐成为国际储备货币的补充，国际货币出现多样化的趋势，这能够一定程度上克服了“特里芬难题”。

（三）区域国际公共产品的补充途径

区域国际公共产品是一种俱乐部产品，规模更小的区域国际公共产品能较好地解决供给效率问题，实现国际公共产品的有效供给。随着美国主导权衰落和“搭便车”行为的存在，全球性国际公共产品的供给出现严重不足，而区域性国际公共产品的供给起到了有效的补充作用，如东亚金融合作等区域性国际公共产品的发展和对现有机制的有效推动作用就是有力证明。但在区域合作中，由于收益外部性，公共产品的生产和消费会“外溢”到区域外国家，尤其是会影响区域外大国的利益或战略，使域外大国选择对自身有利的战略限制或促进区域国际公共产品的发展。例如，1997 年 9 月日本在 IMF 和亚洲开发银行会议上首先提出构建亚洲货币基金（AMF）的倡议，建议由日中韩和东盟国家共同参与筹集 1000 亿美元的资金，为发生危机的国家提供贷款援助，但由于美国和 IMF 的强烈反对，AMF 仅停留在构想阶段，未能成为现实。这正是由于美国一直是亚洲地区最重要的域外大国，参与了日美军事同盟、东北亚“六方会谈”和亚太经合组织等地区性机制，为确保其在亚洲地区的主导权，美国难以接受没有美国参加或掌控的区域性合作安排的存在。美国担心 AMF 成立后会对 IMF 产生负的收益外部性，会在亚洲地区替代 IMF，这是主导 IMF 的美国所不能容忍的。

（四）收益外部性使全球金融治理体系具有良好的制度弹性

二十世纪六七十年代，德国和日本随着政治、经济实力的增强逐渐成为继美国之后的新的崛起国，给美国主导的全球金融治理体系带来了冲击，但两国与美国的利益正相关性使得全球金融治理体系把德国和日本吸纳进来，表现出良好的制度弹性。

“二战”后德国经济快速崛起，贸易盈余持续增长，到 20 世纪 50 年代末德国已经成为引领欧洲经济的主导力量，影响着欧洲宏观经济等方面的发展，比如当时德国的利率水平影响着欧洲各国利率水平的制定。德国央行为抑制通货膨胀，一直把利率确定在比较高的水平，欧洲其他国家为防止本币贬值也向德国看齐把利率维持在高水平。到 20 世纪 70 年代欧洲实行“联合”浮动汇率时，德国已经成为欧洲他国的“货币锚”。德国是美国的传统盟国，早在 1960 年联邦德国就与法国在 IMF 中拥有相同的配额和执行委员会的席位，之后德国也参与了 IMF 改革和 SDR 设立等重大问题的讨论，以及被邀请加入 G7，由此，德国被美国主导的全球金融治理体系吸纳进来。类似地，日本在“二战”后也迅速崛起，1968 年日本成为仅次于美国的世界第二大经济体。20 世纪 70 年代，日本的日元国际化获得显著成果，已经成为国际金融市场广受欢迎的国际货币。到 20 世纪 80 年代，日本已是全球最大债权国。日本在安全上一直依赖美国的军事力量，在对外政策上对美国唯命是从，20 世纪 60 年代日本被邀请加入 G10 以及之后的 G5 和 G7，1971 年日本代替印度在 IMF 执行委员会获得一个席位，不过其投票权少于德国，由此，日本也被吸纳进全球金融治理体系之中。

历史中的崛起国德国和日本都被全球金融治理体系吸纳进来，体现了全球金融治理变革的制度弹性，但德国和日本都是美国的传统盟友，两国无意挑战美国的主导地位，它们之间的利益正相关性较强。而当前崛起的中国与新兴市场国家并非美国的传统盟友，甚至在某些领域与美国存在利益冲突，它们在推动国际公共产品“存量变革”的实践中也遇到了美国的种种干扰与挑战，因而如何妥善处理与美国的关系、推动“增量变革”是中国与新兴市场国家推动全球金融治理变革的关键问题。

第五章

当前美国主导的全球金融治理下国际公共产品的供给：困境与趋势

第一节　当前美国主导的全球金融治理下国际公共产品供给的特点

2008 年的金融危机是 1929 年以来全球爆发的影响最大最深的经济金融危机，这次金融危机预示着以自由、自治为特征的牙买加体系的终结。危机的爆发暴露了旧的国际金融秩序的内在不合理性，新的力量在竞争中迅速成长。

一、供给主体：新兴经济体的快速兴起与全球金融治理格局的变化

2008—2017 年，新兴经济体对世界经济的复苏和发展发挥着日益重要的作用，在全球金融治理中扮演着越来越重要的角色。首先从经济份额来看（见图 5-1），2008 年新兴经济体经济份额占全球 GDP 的 51.2%，第一次超过了发达国家，2017 年这一经济份额比例进一步增加至 59%。其次从经济增长速度看（见图 5-2），十年间新兴经济体年均增长 5.1%，高出世界平均水平 2 个百分点，比发达国家高出 3.9%。最后从对全球的贡献来看，2017 年新兴经济体对全球经济增长的贡献率已达到 80%，成为推动世界经济增长的重要动力。在此过程中，中国的作用尤为突出。2017 年，中国 GDP 占全球的份额达到 15%，对世界经济增长的贡献率超过 30%。预

计到 2035 年左右，中国的 GDP 占全球份额会升至 24%。以中国为代表的新兴经济体已经发展成为重构全球金融治理格局的重要力量。

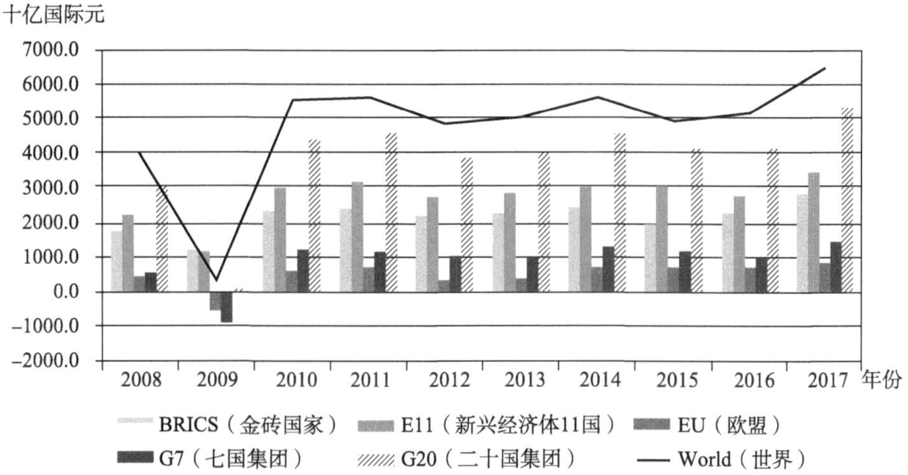

图 5-1　2008—2017 年主要国家集团与世界经济增量

资料来源：IMF 世界经济展望数据库（IMF-WEO），2017 年 10 月。

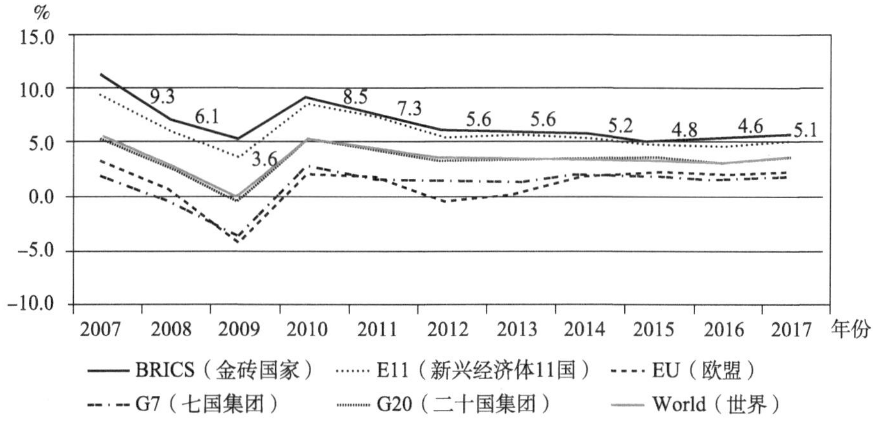

图 5-2　2007—2017 年主要国家集团的经济增长率

资料来源：IMF-WEO，2017 年 10 月；《世界经济展望最新预测》，2018 年 1 月。

在世界经济多极化的发展过程中，中国、印度、墨西哥、南非等新兴力量获得了快速发展，尽管它们的全球影响力比不上 G8，但在各自区域内的金融模块力量是巨大的。虽然国际公共产品的有效供给需要大多数国家开展合作，但区域内的新兴大国在合作、召集、议程设定等方面有着更强的优势。特别是在当前美国治理意愿和能力降低的情况下，这些新兴力量有能力有方法来影响国际金融秩序的变革。

二、供给客体：各类国际公共产品的高质量发展

（一）以美元为本位的多元国际货币竞争格局

布雷顿森林体系瓦解之后，美元代替黄金，巩固了其霸权地位。但一方面，新兴经济体国家发展速度赶超美国，一些国家金融业创新开放，欧洲一体化进程加快，欧元诞生，人民币国际化步伐加快；另一方面，美国长期账户赤字，导致债务水平持续增加，国内通胀，美元呈贬值趋势，导致其他国家投资者选择其他更加安全的货币代替美元作为储备资产。美元不再是国际结算、支付、储备的唯一货币，欧元、日元、英镑、澳大利亚元、人民币等多种货币均参与进来，多元化的国际货币体系逐渐形成。

1. 美元仍然是占首要地位的国际货币

布雷顿森林体系崩溃后，美元不再维持与黄金的固定官方价格，美元的国际货币主导地位似乎降低了，但是实际上，随着黄金退出货币舞台，美元取代了黄金而成为世界财富的代表，美元在国际货币体系中的主导地位不降反升。首先，美元作为国际结算货币、外汇交易和储备货币资产的地位得以延续，并未发生改变。其次，美元不再与黄金挂钩，美国发行美元不再受到黄金储备量的限制，可以根据自身政策需要来发行。比如当出现国际收支逆差时，政府不需要采取紧缩的货币政策，而只需增发美元保障对外支付就可以，这样不会对本国的就业或增长造成压力。其他国家持有大量美元出现顺差，因担心美元贬值而不愿减持，只会增加自身的美元债务。这种美国和他国的不平等地位，更表明了国际货币体系中美元本位的延续和强化。从世界货币的几个特征来分析，美元目前仍是全球最重要的国际货币，其主导地位并未发生根本改变。

首先，从全球外汇储备占比来看（见表 5-1），美元在外汇储备市场的份额达到 60%以上，第二名的欧元不足 30%，美元仍在外汇储备中占据

首要地位。其次，国际贸易支付中（见表 5-2），美元在外汇交易市场的份额超过 80%（总份额 200%），欧元接近 40%，排名第二，可见美元仍是最主要的国际贸易结算货币。最后，从作为价值尺度的角度来说，目前石油、粮食、原材料等大宗商品仍以美元为主计价，作为产业链最上游的大宗商品，其以美元计价对其他商品使用美元影响很大。另外，目前全球有 43 个国家的货币选择钉住美元，而选择钉住欧元的只有 26 种，由此可见，美元作为价值尺度仍占据主要地位①。总体而言，美元的国际货币地位并未受到金融危机的太多影响，虽然受到欧元、人民币等这些新来者的挑战，但是短时期内美元本位的主导地位是难以撼动的。

表 5-1　主要币种在外汇储备中所占的份额

币种	2008 年第四季度		2017 年第四季度	
	储备量（十亿美元）	比重（%）	储备量（十亿美元）	比重（%）
美元	2684. 86	63. 77	6281. 54	62. 7
欧元	1103. 52	26. 21	2018. 54	19. 91
英镑	177. 55	4. 22	454. 55	4. 88
日元	145. 97	3. 47	490. 14	4. 08

资料来源：国际货币基金组织官方外汇储备货币构成（COFER）数据。

表 5-2　主要币种在外汇交易中所占的份额　　单位：%

币种	2010 年	2016 年
美元	84. 9	87. 6
欧元	39. 1	31. 3
日元	19. 0	21. 6
英镑	12. 9	12. 8
澳大利亚元	7. 6	5. 9
瑞士法郎	6. 3	4. 8
加拿大元	5. 3	5. 1
墨西哥比索	1. 3	2. 2
人民币	0. 9	4. 0

资料来源：国际清算银行数据库。

2. 欧元对美元主导地位的挑战

欧元是历史上第一个超越国家主权的货币，诞生以后在全球贸易、金

---

① 这两个数据来源于 IMF 和 BIS 定期公开发布的数据。

融交易、外汇储备等方面部分替代了美元，成为美元在全球最有力的竞争对手，从欧盟的人口规模、市场潜力、国际贸易顺差规模、国民储蓄规模等方面来看，欧盟相比美国有显著的优势。

（1）欧元冲击了美元的国际储备货币的地位

欧元诞生以后，成为世界各国可选择的代替美元的国际储备货币，欧元占世界各国外汇储备的比重不断上升，而与此同时，美元占比则呈现不断下降的趋势。根据 IMF 的数据，美元在 1999 年前后在全球外汇储备总额中占比大于71%，2011 年这一占比下降为 60%，2015 年这一占比又上升为 64%。欧元的占比从 18%上升到 2008 年金融危机前的 27%，随后又下降为 20%。欧元从总体上削弱了美元作为国际储备货币的地位。

（2）欧元冲击了美元的国际结算货币的地位

欧元区在金融、汽车、化工等方面的出口结构与美国类似，竞争性较强，欧元区出口结算规模不断上升的同时，必然会带来美元结算规模的相对下降。根据交易额计算，2017 年 12 月，在国际支付货币中，美元排名第一，份额为 39. 85%，欧元排名第二，份额为 35. 66%，两者差距不大，而排名第三的英镑份额仅为 7%，说明欧元是目前唯一有能力与美元竞争国际结算货币的币种。另外，伊拉克、伊朗、俄罗斯、委内瑞拉等越来越多的产油国，因为美国的制裁等，逐步放弃美元而宣布使用欧元以及人民币进行石油交易。

（3）欧元冲击了美元在国际债券市场的资源

美元为了维持长期国际收支逆差，需要通过其他国家用美元外汇储备购买美国国债来实现美元回流，维持美国的债务型经济。而欧元诞生以后，拥有大规模美元外汇的新兴市场国家减少了对美国国债的投资，转而投向欧元，使得美元回流和美国债务融资面临挑战。从国际清算银行的数据看，欧元在国际债券和票据市场中的占比从 1999 年的 27%上升到 2008 年金融危机前的 50%，2015 年又下降到 41%，同时，美元从 47%下降到 30%，后又上升到 40%，从总体来说，欧元在国际债券市场上对美元产生了冲击。

3. 其他货币的供给竞争

英镑与日元作为老牌的和新兴的国际货币，在外汇交易和外汇储备中，所占份额都与美元、欧元相差甚远。在官方外汇储备占比中，源于英国传统的金融产业优势，英镑的份额要比日元略高；而在外汇交易占比中，日元则高于英镑，这主要因为日本的经济比英国有优势，特别是对外贸易规模较大，在贸易的带动下对日元的需求更大。瑞士法郎、加拿大元、澳大利亚元、港元等币种主要是在国际金融交易中作为国际货币使用，更多地发挥货币的投资功能，在外汇交易和外汇储备中的份额都少于英镑和日元。随着人民币国际化进程的加快，人民币的使用量迅速增长，尤其在贸易结算货币方面，已经在周边地区实现了国际货币结算计价使用。总之，当前的国际货币体系仍然是以美元为主导的货币体系，美元在各个方面都遥遥领先于其他各种货币，占据着压倒性的优势地位。美元是一种全球货币，作为首要的国际货币具有全球性影响。可以看出美元的国际地位基本没有受到金融危机和其他货币挑战的影响，美元的地位在最近几年不仅没有下降反而有所上升。

（二）G20 发展成为全球金融治理的核心平台

G20 早在 20 世纪末就已经成立。1997 年亚洲金融危机后，国际社会意识到，国际金融问题的解决除了西方发达国家，还需要在国际上有影响力的发展中国家的参与。1999 年 9 月，七国集团财政部长和央行行长在华盛顿发表声明同意建立由主要发达国家和新兴市场国家组成的二十国集团（G20），来协调传统国家和新兴国家在解决国际金融问题上的政策和行为。但是，这一时期的主导力量依然是 G7，很长的一段时间二十国集团并未引起过多关注。但 2008 年全球金融危机爆发以来，为应对危机，G20 逐渐发展为全球金融治理的核心平台。G20 成员覆盖面广，代表性强，人口占全球的 2/3，国土面积达到全球的 60%，GDP 总和占全球 GDP 的 90%，贸易总额占全球贸易额的 80%，G20 取代 G7 成为全球经济治理核心是中国等新兴市场经济体国家崛起的结果和实力、地位上升的表现。自 2008 年以来，G20 在加强国际金融监管、推动国际金融组织改革、协调各国宏观货币金融政策、构建全球金融安全网等方面开展了富有建设性和开放性的对话协商（见表5-3），虽然是非正式论坛，但其已是能够影响各国政策的决策论坛，并取得了很多实际成果，发挥着重要的治理作用。

表5-3 G20历次峰会在金融领域的成果

G20峰会	时间	地点	简要成果
第一次	2008年11月	华盛顿	通过了应对金融危机的《华盛顿声明》。关注加强金融监管，通过了47条加强金融监管的中期行动计划；吸收新兴经济体加入FSF，强化IMF的职能，检验整合国际金融监管机制，增加新兴经济体和发展中国家获得信贷的机会，确立全面改革世界银行和IMF的中期目标
第二次	2009年4月	伦敦	出台总额达1.1万亿美元的协调财政货币政策措施应对全球金融危机，同意IMF和多边开发银行用额外资源协助各国应对危机。提高两倍IMF的可用资金，达到7500亿美元，支持2500亿美元的最新SDRs配额，支持多边发展银行至少1000亿美元的额外贷款；确保为贸易融资提供2500亿美元的支持。建立金融稳定委员会
第三次	2009年9月	匹兹堡	确定IMF和世界银行的量化改革目标，承诺将新兴市场和发展中国家在IMF的份额提高到至少5%以上，决定发展中国家和转型经济体在世界银行将至少增加3%的投票权，承诺各方将注资超过5000亿美元，用于扩大IMF的“新借款安排”机制
第四次	2010年6月	多伦多	关注金融稳定问题；同意在首尔峰会前完成巴塞尔银行监管委员会对银行资本和流动性的全球管理新体系；提出增加新兴市场国家官员和学者担任IMF、世界银行及其他国际金融机构高官的比例，在首尔峰会前完成IMF份额改革
第五次	2010年11月	首尔	完善世界银行和IMF未能完成的改革；建立一个更稳定、更具恢复力的国际货币体系；通过了支持当地债券市场发展和深化的行动计划；进一步巩固全球金融安全网
第六次	2011年11月	戛纳	SDRs的货币组成将在2015年甚至更早时进行再评估，并有必要更好地整合双边和多边监管；致力于构筑一个由市场决定的汇率系统，提升汇率的灵活度；支持IMF推出新的预防流动性额度以及一个单一工具，满足其成员国的紧急援助需要，迅速完全执行IMF的2010年配额和管理改革

续表

G20 峰会	时间	地点	简要成果
第七次	2012 年 6 月	洛斯卡沃斯	重申了 G20 成员增加 IMF 可用资源 4560 亿美元的承诺；实施 2010 年 IMF 量化管理改革并推进 G20 发展日程，尤其是关于金融服务普及性等方面的议题
第八次	2013 年 9 月	圣彼得堡	通过了《圣彼得堡行动计划》；建立评价历年承诺取得成效的绩效评价机制，重申开展金融监管改革和 IMF 改革的承诺；加强宏观经济政策协调，改革国际金融体系；各方关注发达国家宽松货币政策的外溢效应，呼吁有关国家采取负责任的政策，调整货币政策时同各方加强沟通
第九次	2014 年 11 月	布里斯班	核心成果是通过了针对具体国家的发展战略以及《布里斯班行动计划》；决定加强宏观经济政策协调，二十国领导人设定的目标是到 2018 年前使 G20 整体 GDP 额外增长 2%以上
第十次	2015 年 11 月	安塔利亚	强化金融机构的抗风险能力，增强金融体系的稳定性；最终确定全球系统重要性银行总损失吸收能力（TLAC）的共同国际标准；就针对全球系统重要性保险公司的更高损失吸收能力要求的第一版达成一致意见；进一步加强对影子银行的监督和监管；全面、持续地实施全球金融监管框架
第十一次	2016 年 10 月	杭州	核准了《二十国集团迈向更稳定、更有韧性的国际金融架构的议程》；强调了国际机构对金融风险防范和管理的重要性。重启国际金融架构工作组；承诺积极迎接 IMF 2010 年份额和治理改革的落实，并致力于在 2017 年峰会前完成第 15 次份额检查，包括形成新的份额公式；支持世界银行实施股份审议，实现平等投票权；增加新兴市场国家的代表性、投票权和发言权；扩大 SDR 使用；增强完善和构建国际金融安全网；完善主权债务重组机制，改进资本流动的监测管理；承诺完成监管框架中剩余的核心工作，落实包括《巴塞尔协议Ⅲ》和总损失吸收能力标准以及有效的跨境处置机制等已议定的金融部门改革议程
第十二次	2017 年 7 月	汉堡	提出继续改善资本流动的分析、监测和对资本流动过度波动带来的风险管理；继续推动降低金融发展和长期投资壁垒、避免杠杆过度积累、逐步放松资本账户管制；降低金融体系脆弱性；强化债务清偿解决方案；加强跨境风险的监测和监督；推动银行业、影子银行和金融科技等领域的金融监管
第十三次	2018 年 11 月	布宜诺斯艾利斯	《布宜诺斯艾利斯宣言》

资料来源：根据公开资料整理。

（三）传统国际金融机构的改革

传统的国际金融机构改革主要是IMF和世界银行在合法性、代表性这些广受诟病的方面进行的改革。

1. IMF的改革

首先，份额与投票权获得了提高。2010年IMF制定了份额与投票权改革方案，在该方案下，明显提升了中国、巴西、印度、俄罗斯四国的份额和投票权。但美国的份额依然最高，并且依然拥有一票否决权。2015年12月，在拖延了5年之后，该改革方案终于获得美国国会的通过（见表5-4）。

表5-4 IMF 2010年改革计划：份额和投票权排名

国家	份额（%）	投票权（%）	排名
美国	17.4	16.47	1
日本	6.46	6.14	2
中国	6.39	6.06	3
德国	5.58	5.31	4
法国	4.23	4.02	5
英国	4.23	4.02	5
意大利	3.16	3.02	6
印度	2.75	2.63	7
俄罗斯	2.71	2.59	8
巴西	2.32	2.22	9
加拿大	2.31	2.21	10

资料来源：根据IMF网站数据整理。

其次，SDR与扩张的货币篮子。IMF于2009年按各成员国的份额对SDR进行了普遍分配和特别分配，使IMF累计分配的SDR达到约3160亿美元。2015年IMF执行董事会同意扩大货币篮子，宣布纳入人民币，并对篮子中各货币权重进行调整①。

最后，执行董事会改革与职能改革。2010年对执行董事会的改革方

① 美元、欧元、人民币、日元和英镑五种货币构成了新货币篮子，所对应的权重分别为41.73%、30.93%、10.92%、8.33%和8.09%。

案：执行董事会 24 个成员的规模不变，但每 8 年审查一次；减少 2 个欧洲发达国家的执行董事席位；产生执行董事的方式改为选举；对第二副执行董事放宽任命的条件。职能改革上，对监督、贷款援助及技术方面的职能进行了改革①。

2. 世界银行的改革

世界银行在 2008 年金融危机爆发后制定了改革方案，主要包括：世界银行宪章的修订；增加一个执行董事的席位；在国际复兴开发银行中，增加一倍成员的基本投票权，占总投票权的 5.55%，增加发展中国家和转型国家的投票权，增加到 44.06%；建立捐赠信托基金；等等。2010 年 4 月，世界银行又对投票权、内部治理、职能等方面进行改革，重点改革了发展中国家和转型国家的投票权，包括又提升了发展中国家和转型国家在国际复兴开发银行的投票权 3.13 个百分点，达到了 47.19%，其在国际金融公司中的投票权也由 33.4%上升到 39.48%；将第Ⅱ类经济体在国际开发协会中的投票权上升到 46%。

（四）国际金融监管进入全面监管时期

2008 年的金融危机表明，针对单个金融机构的监管无法预防和解决金融系统性风险，保障系统性安全。因此，危机以后，按照 G20 确定的监管改革方向，除了继续加强对单个金融机构的微观审慎性监管外，开始更多地针对金融体系系统性风险进行监测和监管，更多地关注将金融体系作为一个整体进行宏观审慎性监管，全球主要经济体通过 BIS、金融稳定理事会（FSB）、巴塞尔银行监管委员会（BCBS）和国际证监会组织（IOSCO）等国际金融监管组织制定一系列国际金融监管新规则，逐步建立了一个宏观审慎性政策框架，国际金融进入全面监管的时期。

1. 国际金融监管组织扩大代表性

首先，BCBS 作为 BIS 的一个正式机构，最初的成员是 G10，2009 年中国、印度、巴西、俄罗斯、韩国、墨西哥和澳大利亚 7 个国家被纳入

① 谢世清．后危机时代国际货币基金组织的职能改革［J］．国际贸易，2011（11）：46-51.

BCBS，后来又纳入了其他 G20 的成员以及新加坡、中国香港。到了 2016 年末，BCBS 已包含 28 个成员的 45 家机构。其次，中国、印度、巴西、墨西哥、俄罗斯等被 BIS 吸纳为新成员。最后，2009 年 3 月 12 日，FSF 将其成员拓展到所有的 G20 成员和西班牙、欧盟委员会，于 4 月更名为金融稳定理事会（FSB）。

2. 国际金融监管规则的改革

首先，强化国际银行业监管。2010 年底 BCBS 发布了《巴塞尔协议Ⅲ》，于 2017 年底公布了其最终方案，把宏观审慎监管与微观审慎监管有机结合起来，建立了量化的流动性监管标准，并引入杠杆率监管要求，确立了一个多重约束的审慎监管框架。其次，2011 年 BCBS 公布了评估全球系统重要性银行（G-SIB）的方法，从规模、复杂性、可替代性等方面，识别全球范围内的 30 家 G-SIBs。并根据《巴塞尔协议Ⅲ》提高其损失吸收能力（LAC）要求；此外，FSB 要求，G-SIBS 还应达到总损失吸收能力（TLAC）监管要求①。最后，完善影子银行监管框架。2011 年，FSB 提出加强防范影子银行潜在风险，公布了加强数据监测和监管框架两方面的一系列建议②。

三、供给客体：区域国际公共产品的进一步发展

（一）金砖国家金融合作

2006 年，巴西、俄罗斯、印度、中国等四国开始商讨合作进程；2009 年，金砖国家领导人首次峰会在俄罗斯叶卡捷琳堡召开，金砖国家合作机制宣布成立，标志着金砖国家从一个经济概念开始成为具有实际影响力的国际合作平台；2010 年，随着南非的加入，“金砖四国”变为“金砖五国”，金砖国家合作的代表性和影响力进一步增强。金砖国家的国土面积约占全球的 1/3，人口占世界总人口的 40%以上，GDP 总量约占全球的 22%。2001—2017 年，金砖国家整体经济的年均增速达到 7.1%，高出世

① TLAC 监管要求为风险加权资产的 18%和总风险暴露的 6.75%，自 2019 开始，2022 年达标。

② 王胜邦．后危机时期国际金融监管改革［J］．中国金融，2018（9）：51-55.

界经济增速3.3个百分点，对世界经济增长的贡献年均达46%（见图5-3）。2013年，金砖国家在第五次领导人峰会上探讨成立新开发银行和应急储备库的可能性。2014年，金砖五国在巴西福塔莱萨签署协议，宣布成立金砖国家新开发银行（简称金砖银行）和金砖国家应急储备安排。2015年7月，金砖国家新开发银行正式开业。自首次峰会以来，金砖国家在货币体系的多元化倡议、国际金融组织的推动改革、区域货币合作的强化、国际货币政策加强协调、建立开发性金融机构等方面取得了一系列成果。

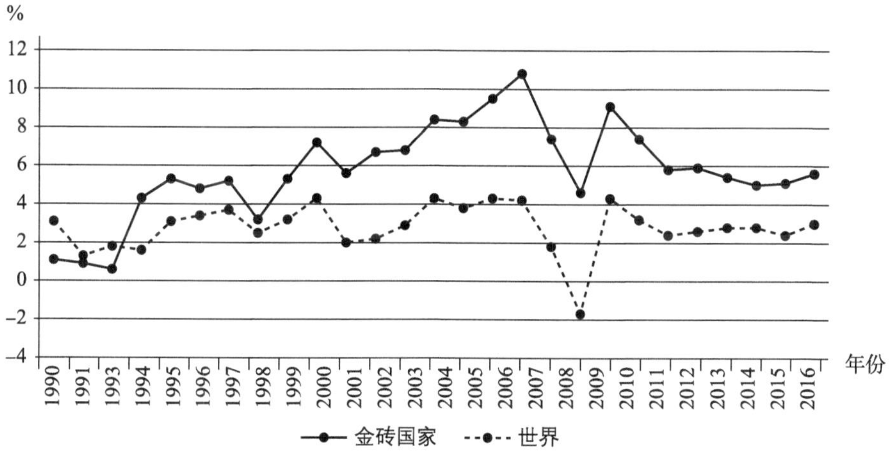

图5-3　金砖国家与世界GDP实际增长趋势

资料来源：IMF网站，金砖国家统计局。

（二）亚洲基础设施投资银行的成立

为促进整个亚洲地区的基础设施建设以及经济发展，2013年10月，中国国家主席习近平提出筹建亚洲基础设施投资银行（亚投行）的倡议，获得了亚洲国家的热烈支持。2014年10月，包括中国和印度等在内的21个亚洲国家的代表在北京签署备忘录，共同决定成立亚投行。截至2015年4月，亚投行的意向创始成员国共有57个，分别来自亚洲、大洋洲、欧洲、南美洲和非洲五大洲。2015年6月29日，在北京正式签订了《亚洲基础设施投资银行协定》，2016年1月16—18日，亚投行正式开业运营。到2017年12月，亚投行成员总数增加至84个。亚投行是在全球金融治理中真正由发展中国家发起和主导供给的国际公共产品，其成功筹建与发展壮大对改革和完善全球金融治理具有非常重要的意义。

第二节 当前美国主导的全球金融治理下国际公共产品的供给困境

2008 年金融危机后，美国的实力虽然受到冲击，但作为世界上最强大的国家，美国仍然主导着全球金融治理的国际公共产品供给，表现为美元本位仍然是国际货币体系的核心，全球最主要的国际金融机构依然被美国主导，美国仍然主导和影响着国际金融监管规则的制定与执行。虽然美国总统特朗普上台以来，参与全球金融治理的意愿和资金的投入大大降低，新兴经济体和发展中国家在全球金融治理中开始参与国际公共产品供给并促使其不断优化，但由于制度的惯性，短期内美国在全球金融治理体系中的主导地位难以根本撼动和改变。而这一全球金融治理体系面临国际公共产品供给不足、供求失衡和供给竞争的困境，成为全球金融治理体系不断变革的根源，也使未来全球金融治理格局充满不确定性。

一、美元本位的国际货币体系类国际公共产品的供给困境

2008 年金融危机、欧洲债务危机和美国量化宽松政策给全球经济带来动荡与不安，表明当前的美元本位的国际货币体系存在诸多问题，难以适应世界经济金融格局和市场需求的发展变化。国际货币体系改革成为世界各国关注的焦点，也成为全球金融治理的核心议题。

（一）美元本位的“特里芬难题”依然存在

前文中提到，美元作为主权国际货币充当储备货币的体系中，“流动性”与“信心”矛盾的“特里芬难题”难以解决。“特里芬难题”即使在布雷顿森林体系结束后依然存在。美元与黄金之间不再具有法定的比价关系，美国要构建美元流出与回流的循环机制，浮动汇率制下，储备货币美元的供给方式主要是通过发行政府债券，这需要美国的政府债券具有较高

的评级和信用保证。其他各国需要美国政府持续发行政府债券来满足不断增长的对美元的需求，由此带来美国国家债务水平的不断提升，至 2018 年，美国政府债务超过 20 万亿美元，占美国 GDP 的 107%以上（见图 5-4）。美元的持续供给造成美元的泛滥，使美元面临信心危机。美元本位制下，全球大部分资产以美元计价，形成了对美元的过分依赖，全球资产配置的所有风险都集中在美元上，美国经济和美元汇率的所有变化，都会对全球金融市场产生影响，使全球金融的稳定性受到挑战。美元作为主权国家货币，很难做到为全球提供充足流动性的同时又保持币值的稳定。

2008 年金融危机的爆发，使得国际货币体系“储备货币清偿能力难以保障、储备货币贬值无法避免、国际货币体系不稳定”的这种新“特里芬难题”呈现出来。周小川认为，“危机未必是储备货币发行当局的故意，但却是制度性缺陷的必然”，“不仅储备货币的使用国要付出沉重的代价，发行国也在付出日益增大的代价”①。

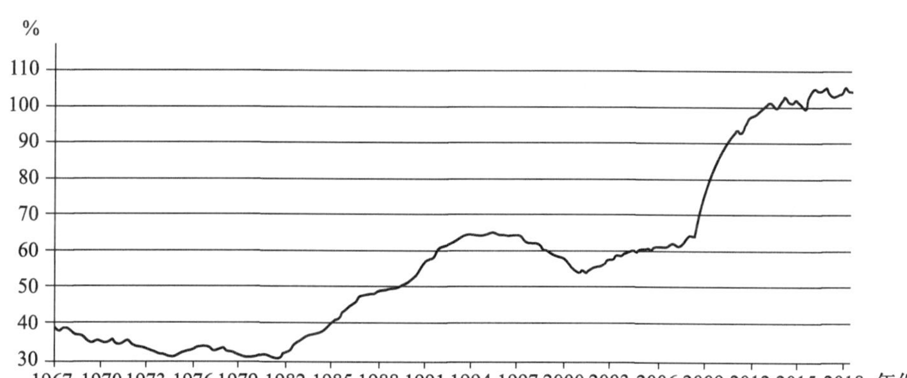

图 5-4　美国联邦政府债务占美国 GDP 的比重

资料来源：Michael Lebowitz。

（二）美国货币政策外溢效应的负外部性

在美元本位制下，美国的货币政策对全球经济具有强烈的“外溢效应”。美联储货币政策的宽松或紧缩，美元供给的过剩或不足，会直接影

① 周小川．关于改革国际货币体系的思考［J］．中国金融，2009（7）：8-9.

响到全球的流动性、跨境资本流动、大宗商品的价格及资产价格的波动等。美国以自身偏好和利益最大化来调整货币政策，给世界经济带来很大的负外部效应：

首先，2008 年金融危机之后，美国、欧洲国家、日本等主要国家的央行实行低利率政策和量化宽松的货币政策，大量流动性被投入全球金融体系中。美国、欧洲国家和日本央行的资产负债表规模扩展至 390%、220% 和 430%。追逐利润的大量资金在国际金融市场间大进大出，2008 年至 2017 年，全球外商直接投资（FDI）年均增速从十年前的 20.1%下降为 -0.98%，新兴经济体 FDI 年均增速也从 12.5%下降为 3.3%。这表明大量流动性并未进入实体经济转化为有效的生产力，而是在金融市场上套利，不仅增加了金融风险，还诱发金融风险的跨境传播，这十年以来，流入新兴经济体的资本急剧增加，外债规模、通胀压力不断增加，资产价格泡沫越来越大。

其次，美元持续走强，加大了全球尤其是新兴市场国家金融市场的动荡，而从历史数据来看，美元上升期往往是新兴市场国家金融风险高发期，局部甚至会发生金融危机。例如，1982—1985 年拉美债务危机，1994—2001 年墨西哥、东南亚、韩国、俄罗斯、巴西、阿根廷先后爆发的金融危机。近期新兴市场国家股市、汇市大幅波动，资本外逃，墨西哥、土耳其、巴西、阿根廷等国本币大幅贬值，均与美国紧缩货币政策和美元不断走强有紧密的相关性。根据国际金融协会（IIF）公布的最新数据，5 月外国投资者抛出的新兴市场的债券和股票资产总计达到 123 亿美元，这是 2016 年 11 月以来最大的单月资金外流。

再次，美国紧缩的货币政策，不断增高美国国债收益率。美国国债收益率被视为无风险利率，通常作为金融市场的基准利率。2014 年以来，随着美联储开启货币政策正常化进程，1 年期美国国债收益率开始不断升高，从 2014 年底的 0.25%上升到 2018 年 5 月末的 2.23%；10 年期的国债收益率变化相对滞后，但也从 2016 年底的 2.45% 上升到了 2018 年 5 月的 2.83%，而且 2017 年 10 月美联储启动缩减资产负债表和减持国债后，美国国债收益率上升的速度进一步加快①。美国国债收益率的不断上升，会抬升全球利率水平，增加市场资金成本，加剧全球流动性紧缩，抑制总需求，拖累经济增长。同时利率的变化还会反映在资产价格上，加剧风险资产价格波动，不利于全球金融的稳定。

最后，美国货币政策的正常化具有“示范效应”，美国加息后，加拿大、韩国、英国等国纷纷效仿美国也开始加息。这些货币政策紧缩效应的叠加，会加剧全球流动性紧缩压力。

（三）国际汇率制度不健全，缺乏稳定性

美元本位制下的汇率制度是各国与美元保持浮动汇率或有管理的浮动汇率，美元作为国际储备货币，不用维持本币汇率，而其他国家则不得不干预外汇市场以稳定汇率。在干预市场过程中，其他国家必须购买大量美元，积累巨额的美元外汇储备。这种汇率制度非常不稳定，频繁发生波动。

第一，美元本位制下的浮动汇率体系面临流动性供求矛盾，缺乏调节外部不平衡的有效机制。首先，浮动汇率体系下，各国为稳定汇率，对美元的货币需求持续增长，如果美联储没有增加相应的美元供给，那么全球会面临流动性紧缩。美元与金本位的黄金不同，美元可以由美国自由增加，因此浮动汇率实际上会“迫使”美国不断增加美元供给。其次，如果美国源源不断地主动增加美元供给，那么其他国家尤其是发展中国家为防止本币汇率的急剧波动，就不得不被动地无限制地吸收美元储备。而巨额的美元外汇储备又不得不投入到美国国债市场。例如，美联储的外汇储备中，黄金储备占76%，其余24%主要是与他国签订货币互换协议而持有的他国货币，美联储原则上不需要持有其他国家的货币作为储备。与此相比较，其他非储备货币国则需要持有大量美元外汇作为储备资产，比如，中国、日本、俄罗斯、印度持有的黄金储备分别占外汇储备总额的1.6%、3.3%、7.8%、8.2%，其余绝大多数都是美元外汇储备②。美国趁此可以

① 李若愚．发达国家货币政策正常化的前景及其影响［N］．上海证券报，2018-07-25.
② 向松祚．新资本论［M］．中信出版社，2016：108.

扩大美债市场、美元货币市场的规模和增加流动性，继续强化美元本位制。

第二，美元本位制下的调节机制与布雷顿森林体系不同，明显的特点为，美国不用关注或维持与黄金的官定比价，可以完全不考虑美元汇率或任由美元汇率贬值，因此，美元本位下调节机制的主要责任和成本都由其他国家来承担。此外，其他国家的对外借债主要是美元债务，因此必须要面对货币错配的问题，而货币错配问题是拉美债务危机和亚洲金融危机的主要原因。举借外债负担沉重的国家，为偿还外债而增加对美元外汇的巨额需求，这直接导致本币汇率的急剧贬值，引发汇率危机，进而迅速扩展恶化为金融危机。

二、美国主导的国际金融机构类国际公共产品的供给困境

由于主导权衰退与“搭便车”行为的不可避免，美国供给国际公共产品的意愿与能力都在下降，国际公共产品的供给处于严重不足的状态，而美国为了维持在国际金融体系中的主导地位，把原本应该服务于整个国际社会的国际金融机构类公共产品变为本国牟取私利的工具。自亚洲金融危机和 2008 年金融危机以来，这些被美国主导的国际金融机构显现出治理失灵、效率低下、代表性公允性不足等缺陷，已明显滞后于新的世界经济格局，难以满足经济实力不断增强的新兴经济体对国际金融机构公共产品的需求。

（一）代表性、合法性不足

传统国际金融机构在产生发展的历史进程中形成了经典的模式，即以美国为主导，日本、欧洲发达国家为核心的模式，而广大发展中国家处于边缘地位，国际金融机构由美国、日本和欧洲发达国家领导和建设，而发展中国家是被领导者。随着世界政治经济格局的变化，经济实力日益增强的新兴经济体在世界经济中的地位越来越重要，成为全球经济增长的引擎，但是这种变化的经济格局并未在国际金融机构的结构中得到反映，其权力结构未发生实质性改变。国际金融机构的决策机制中，份额、投票权

及执行董事席位的代表性、公允性、合法性不足，远远不能满足新兴经济体国家对国际金融事务参与制定决策的话语权提升的需求。

新兴经济体国家在国际金融机构中的投票权不足，在国际金融事务和议题的制定和决策上话语权偏低。2008 年以前，G7 在 IMF 中有 43%的投票权，美国有 16.74%的投票权，而且拥有否决权。虽然金融危机爆发后，IMF、世界银行等主要国际金融机构进行了份额和投票权等方面的改革，但仍未根本改变新兴经济体处于劣势的局面。最新数据显示，发达国家在 IMF 和世界银行中的投票权总数分别为 59.16%和 57.31%，G7 在这两个金融机构中的投票权总数分别为 41.33%和 40.69%①。虽然 2015 年 12 月，美国国会通过了 IMF 2010 年的改革方案，中国、俄罗斯等新兴市场国家的投票权得到显著提升，美日欧等发达国家的投票权略有下降，但美国的投票权为 16.76%，仍拥有唯一的否决权，IMF 维持美国金融主导权的目标并未发生根本改变。在 IMF 的职员中，拥有美国国籍和教育背景的比重较大，占比为 20.1%，比来自东亚地区国家职员占比高出 8%；拥有博士、硕士、学士学位的职员中分别有 62%、46%、39%来自美国高校，而来自东亚国家高校的分别仅为 1.4%、3%、10%。这使得美国的西方意识形态和价值观占主导地位。此外，以美国为首的欧美国家独占了全球主要国际金融机构的领导职位（见表 5-5），在参与度上缺乏国际公共性。

表 5-5　主要国际金融机构的领导人及国籍

机构	职位	姓名	国籍
国际清算银行	董事长	Jens Weidmann	德国
	行长	Jaime Caruana	西班牙
IMF	总裁	Christine Lagarde	法国
世界银行	行长	Jim Yong Kim	美国
FSB	主席	Mark Carney	加拿大
	秘书长	Svein Andresen	美国

资料来源：Vern，Nicolas. Financial regulation：The G20's missing Chinese dream ［J］. Bruegel Policy Contribution Issue，2016（19）.

① 盛斌，马斌. 全球金融治理改革与中国的角色［J］. 社会科学，2018（8）：13-26.

新兴经济体、发展中国家在执行董事会中的代表性不足，西方发达国家在世界银行中有13个执行董事席位，包含9个欧洲国家，投票权总数为66.53%。虽然欧洲发达国家在IMF 2010年的改革方案中要减少2个席位，但没有实质性改变德英法等欧洲国家在执行董事会中的地位，执行董事席位仍然没有反映出新兴经济体在世界经济格局中的地位。在选区内的成员国数量越多，执行董事就越能更多地服务其国籍所在国的利益①，所以，西方发达国家在执行董事会中的投票权被进一步放大了。

（二）危机救助机制有效性不足

IMF对爆发危机国家的援助贷款往往附带一些收缩财政、市场化改革等条件，其救助贷款从一定程度上说有利于受助国缓解危机和防止危机蔓延，其所附加的条件也能帮助受助国调整自身经济向正确的轨道发展，但是IMF救助贷款的条件往往非常严苛，要求受助国必须按照其所开出的体现美国主导的发达国家的政策立场和偏好的措施来对国内进行调整改革，借此推行“华盛顿共识”的理念。这种理念使得IMF的治理救助措施以市场化、自由化为根本目的，根本不考虑受助国家的经济发展现实，有非常明显的教条主义倾向，非但救助效果不能实现，反而加深了受助国的危机。比如，1997年亚洲金融危机爆发后，IMF向泰国、韩国、马来西亚等国供应救助贷款，但附加了紧缩财政、私有化、放开金融市场等一系列苛刻的条件，结果并没有帮助这些国家摆脱困境，反而使它们陷入更深的衰退②。IMF的这些举措使得很多危机国不愿意接受其帮助。韩国甚至把接受IMF的援助视为国耻，马来西亚前总理马哈蒂尔指责IMF的救助贷款是在推行“经济殖民主义”③。2018年3月，阿根廷汇率市场爆发危机，但在IMF对阿根廷政府进行救助之后，反而加剧了阿根廷比索的汇率动荡，这是市场对IMF救助失去信任的明显表现。

世界银行的治理理念同样带有鲜明的“华盛顿共识”的色彩。一方

① 蒋奕．国际金融机构的政治经济学［N］．第一财经日报，2014-11-10（B06）．

② 高海红．布雷顿森林遗产与国际金融体系重建［J］．世界经济与政治，2015（3）：4-29．

③ 黎文龙．“拯救”还是“干预”：国际货币基金组织的悖论分析［J］．东南亚纵横，2008（5）：80．

面，世界银行奉行自由化、私有化和市场化理念，对救助贷款都附加苛刻条件，不仅借此插手受助国的国内经济改革和政治选举，根本不考虑受助国国内的政治经济条件，而且要求受助国立刻对市场化和私有化进行改革，但这些举措并不能帮助受助国稳定经济，甚至加剧了其经济动荡。另一方面，世界银行在制定援助措施时，对所有受助国都“一刀切”，缺乏针对性，没有考虑不同国家之间存在较大的政治经济和社会环境差异，这不仅给受助国带来很大压力，还使得救助效果大打折扣。

IMF 和世界银行的贷款发放和方向受到美国主导的少数发达国家的控制，其把有限的贷款资源投向符合自身利益的国家和地区，具有明显的供给偏好，并借此实现自身的政治意图。这使得贷款公共产品出现供求错位的局面：一方面，受到援助的国家低效率使用资源；另一方面，不符合其利益的需要资源的国家和地区很难得到贷款援助。世界银行的两个子机构发放“硬贷款”和“软贷款”（也称 IDA 贷款）两种贷款，前者是向中等收入国家和信誉好的低收入国家发放的低成本贷款，后者是向最贫困国家发放的赠款或无息贷款，两者相比较，IDA 贷款成本更低，期限更长，而且能够在国际援助市场上帮助受助国得到更多的双边援助，因此，这种贷款是非常受众多低收入国家欢迎的。但根据世界银行的规定，必须达到一定条件和满足一定指标才能获得 IDA 贷款，而 IDA 贷款的发放分配基本被美国控制，与美国立场越一致的国家越能获得更多的 IDA 贷款。

（三）面对全球发展融资巨大缺口资金供给严重不足

基础设施投资对于改善发展中国家民众的生活环境、实现国内社会经济良好运转与全球经济稳定增长和可持续发展起到至关重要的作用。但由于基础设施投资一般具有投入大、回报慢、周期长和高风险的特点，很难吸引私人部门资本的投入，长期以来主要由公共部门进行融资，即主要由 IMF 和世界银行在全球层次供应基础设施融资。当前亚洲地区在基础设施建设方面具有巨大的融资需求。亚洲很多国家处于工业化阶段，现代化发展滞后或不足，电信、交通、生产流通网络等基础设施在质量和数量方面都需要加强完善，但这方面的资金严重供不应求。亚洲开发银行数据表明，亚洲地区32个发展中国家在2010—2020年需要8.22万亿美元的基础设施建设资金，约等于这十年间亚洲GDP的6.5%，基础设施的跨境建设还需3200亿美元资金①。融资来源方面，来自亚洲国家内部私人部门和政府部门的基础设施支出总和不足4%（其中私人部门支出不足1%，政府公共支出不足3%）②，而世界银行和亚洲开发银行的目标主要包括减贫、环保和社会发展等诸多方面，使其投向基础设施建设的资金非常有限，两者在2010年和2014年投向亚洲基础设施的资金仅有280亿美元和250亿美元，难以弥补亚洲巨大的基础设施融资缺口。

三、美国主导的国际金融监管类国际公共产品的供给困境

2008年金融危机同样暴露了全球金融监管中存在的很多问题和不足，广受关注的问题包括宏观审慎监管缺失、“大而不倒”问题、顺周期性、影子银行的监管问题等。金融界和学术界普遍将2008年金融危机归结于政府对住房金融以及欧洲主权债务的疏于监管。危机后，各国政府和国际金融机构开始启动全方位和深层次的金融监管改革，全球进入金融严格监管阶段，全球金融监管体系进一步完善，取得一定成果，但仍存在固有缺陷。

（一）国别性金融监管影响全球金融监管有效性

第一，难以应对全球化金融活动所造成的负外部性。例如，对场外交易市场和跨境市场的监管相对较弱，可以看作全球层面缺乏宏观审慎监管。自危机以来，许多国家已经建立了具体的宏观审慎监管机制来处理复杂的跨领域的系统性风险，但跨国家和跨辖区的系统性金融风险尚未受到宏观审慎监管的保护。第二，难以有效规范全球金融机构。这些结构复杂的金融机构可以在不同司法管辖区规避监管，母国监管机构往往缺乏充分

① Bhattacharyay B N . Estimating demand for infrastructure in energy, transport, telecommunications, water and sanitation in Asia and the Pacific: 2010-2020 [J]. Adbi Working Papers, 2010 (248).

② 斯蒂芬·格罗夫．区域基础设施互联互通对亚洲的意义［J］．杨意，译．博鳌观察，2013（10）：42-45.

的专业知识和足够的信息来准确理解其错综复杂的业务和风险情况，完全依赖金融机构本身的风险模型来监管，这极大地影响了监督的有效性。东道国监管机构更有可能只了解其辖区内的业务部门。虽然自危机以来，已经启动了一系列改革，但在统一监管框架的实施方面仍需要不断努力，统一监督还有很长的路要走。第三，金融监管本身也具有负外部性。在国家监管制度下，不同国家的监管机构之间经常会出现沟通受阻和利益矛盾等问题。研究表明，大多数监管机构追求短期利益，国际金融监管中的“囚徒困境”问题不可避免。

（二）缺乏有效的金融风险防范机制

新兴经济体的金融风险防范机制存在缺陷，面对美元利率、汇率的双重冲击，仍无法有效应对国际金融市场波动的冲击，新兴经济体的金融脆弱性不断显现。

首先，对国际资本流动缺乏有效应对措施。2008 年以来，相较于美欧等一些发达国家和地区的国际资本流动总量收缩，很多新兴经济体国家的国际资本流动规模以较快速度增长。如中国、印度尼西亚、沙特阿拉伯、南非等国 2014 年第四季度的国际资本总量是 2007 年第一季度的两倍以上，这使得不少新兴经济体国家的国内货币政策有效性受到挑战。另外，国际资本流动的强顺周期性加大了跨境资本流动的风险。一旦跨境资本大进大出，新兴经济体信贷扩张或收缩，资产价格大涨大落，就会导致经济动荡甚至爆发金融危机。因此，需要建立一个有效的管理国际资本流动的机制，监测和约束发达国家过度的资本流出，同时防止新兴经济体国家借债规模的过度扩大和系统性风险的不断积累。其次，需要健全全球金融风险的识别和预警机制。受到人力、财力和数据收集能力的限制，以 IMF 为代表的国际金融组织很难对各成员国的微观金融运行进行高频率的有效跟踪，因而不能对金融风险进行早期识别和预警。例如，1997 年的亚洲金融危机和 2009 年的欧洲债务危机，IMF、欧盟都没能较早识别风险并及时预警。

（三）缺乏有约束力的协调机制

当前的国际金融监管缺乏协调各国宏观经济政策的有约束力的机制，

在布雷顿森林体系终结之后，世界各国间的政策协调性明显下降。主要发达国家在2008年金融危机后对如何强化国际金融监管有着不同的观点，欧盟主张实行超主权的金融监管；英国试图摆脱欧盟的束缚而争取“脱欧”以增强英国在金融监管中的影响力；作为领导者的美国，既不支持欧盟的模式，也不受制于金融监管的合作，而是想将美国的监管标准国际化为国际通用的标准，来更好地为美国的利益服务。这种分歧使得一个有强制约束力的协调机制难以形成，因而具有“软约束”的G20机制在当前国际宏观政策协调中能够发挥重要的作用。但G20并不具备国际法律法规的强制约束力，其更多是在金融危机后进行讨论、研究并提出建议，总体作用仍然低于预期，即使签署宣言的成员国违反承诺，也不用承担国际法规定的责任。另外，其他的国际监管标准制定机构，如巴塞尔委员会和国际证券协会等，它们制定的一系列文件也并不具有国际法律约束力，主要是指导、协调各国的金融监管。

第三节　美国主导供给与全球金融治理国际公共产品的供给困境

本节尝试用博弈模型分析：美国作为全球金融治理中的主导国，其对国际公共产品的主导供给及对主导权的维护策略与当前全球金融治理的供给困境存在什么样的关系？在当前美国主导供给的状态中如何突破这种供给困境，实现国际公共产品的有效供给？

一、基本假定

本节中博弈分析沿用第三章中全球金融治理理论的基本假定，即资源稀缺性、国家是理性人、不存在世界政府、存在人类共同利益，用博弈论方法分析主导供给国与全球金融治理供给困境的内在联系。在现有全球金融治理中，主导供给国通过向其他国家供给国际公共产品来维持其主导地位和全球金融的稳定，在供给过程中除了获得一般性的供给收益，还能获得更多的垄断性收益。设定博弈的一方是主导国美国，另一方是以中国为代表的其他参与国家。下面通过分析美国与其他国家在供给国际公共产品博弈中的收益与效用，探索美国主导供给对全球金融治理供给困境的影响及如何突破困境。

二、美国主导供给与全球金融治理困境的博弈分析

我们设定，y 表示各参与国的总收入，α 是美国从其他参与国的收入中获得垄断收益的比例，q 表示美国供给的国际公共产品的量，r 是美国主导权的收益，c 是美国供给国际公共产品的成本。假定需要满足：$r=\alpha y-cq$。

其他参与国的间接效用函数包括从公共产品中获得的收益和去除美国攫取部分后剩下的收益，可以表示为：

$$U(q(c),(c),c)=y-cq(c)-r(c)+F(q(c))$$

设定：$F'(q^*(c))=c(q^*(c)$独立于$r)$，$q^*(c)$为最优供给量。

美国的效用函数为：$E(v)=r+pR$。

其中，R，p 分别为维持主导权的收益和概率。如果其他参与国知道美国的供给成本 c，它们对美国维持主导权的对策可能为：

$U(q(c),(c),c)\geqslant(1-\beta(c))\pi(c)$时，$p=1$；其他情况，$p=0$。

其中，β 表示美国维持主导权的实力。其他参与国只有从美国主导供给的国际公共产品中获得的效用大于 $\pi(c)$ 时才会支持美国的主导地位，即 $p=1$。这一效用可以被美国通过威胁或强制的方法减少。β 就是减少的比例，且 $\beta'(c)<0$。美国在实力越强大的情况下，就越有能力使 U 大于 $\pi(c)$，也越可能达到胁迫他国的效果，从而使其他参与国接受美国的主导地位，获得最大的主导权收益。

美国的收益：$\max(r(c)+pR)$。

s. t. $p=1$，仅当$[y-cq(c)-r(c)+F(q(c))]\geqslant(1-\beta(c))\pi(c)$时。

$p=1$ 时，假设达到最优供给量，有：

$$r(c)=y-cq^*(c)-(1-\beta(c))\pi(c)+F(q^*(c))$$

美国维持主导权得到的总收益：

$$y-cq^*(c)-(1-\beta(c))\pi(c)+F(q^*(c))+pR$$

美国实力越强大，维持主导权的可能性就越大，总收益就越大。因而对美国来说，会尽力增强自身的实力，而对可能削弱自身实力的竞争对手进行遏制，从而维持最大化的主导权收益。

美国的主导权收益是不断获取的动态过程，因而引入时间因素的美国的效用函数：

$$E(v)=\sum_{t=0}^{\infty}\eta^{t}r_{t}$$

如果 $p_t=0$，$r_{t+n}=0$，即以后的主导权收益均为零，对所有的$n>0$，其满足：$r_t=\alpha_t y-c_t q_t$。

其他参与国对美国继续维持主导权是否选择支持的策略：

当 $U(q_t(c_t),r_t(c_t),c_t)\geqslant(1-\beta_t(c_t))\pi(c_t)$ 时，$p_t=1$；其他情况，$p_t=0$。

美国在任一期均能选择 $r_t=y$。

令 $R_{t+1}=\sum_{t=1}^{\infty}\eta^{t-1}r_t$。在 $r_t\geqslant y-\eta R_{t+1}$ 不能实现的情况下，美国就会索取其他参与国的所有收入。美国每期收益不变，此时 $R_{t+1}=\frac{r}{1-\eta}$，得到 $r=(1-\eta)\ y$。

其他参与国的效用：$(1-\beta(c))\pi(c)=\eta y-cq^{*}(c)+F(q^{*}(c))$。

美国每期的收益：$r(c)=(1-\eta)y$。

美国的收益随着其他各参与国收入的增加而增大。

如果其他参与国并不知道美国的供给成本 c，它们支持美国维持主导权的选择。

仅当 $U(q_t(c_t),r_t(c_t),c_t)\geqslant(1-\beta_t(c_t))\pi(c_t)$时，$p_t=1$，

此时美国的总收益为：

$$y-cq^{*}(c)-(1-\beta(c))\pi(c)+F(q^{*}(c))$$

美国获得的总收益为：$y-cq^{*}(c)-(1-\beta(c))\pi(c)+F(q^{*}(c))+p_tR$。

且要实现 $U(q_t(c_t),r_t(c_t),c_t)=(1-\beta_t(c_t))\pi(c_t)$。

说明美国在不断供给国际公共产品的动态过程中，总收益是不断减少的，美国的实力随着边际成本的不断上升而逐渐下降，当实力下降到无法

承担供给成本时，美国会减少国际公共产品的供给，其供给的主导权也就难以维持了，这时美国会努力实现 y 的收益。美国能继续维持主导权的条件是：

$$F(q^*(c)) \geqslant cq^*(c)+(1-\beta(c))\pi(c)-p_tR$$

假设 c^* 使：$F(q^*(c^*))=cq^*(c^*)+(1-\beta(c^*))\pi(c^*)-p_tR$ 成立。

其他参与国的效用可能为：

当 $c<c^*$ 时，$U(q_t(c_t),r_t(c_t),c_t)=(1-\beta_t(c_t))\pi(c_t)$；

当 $c>c^*$ 时，$U(q_t(c_t),r_t(c_t),c_t)=0$。

预期效用为：$E(U)=D(c^*)(1-\beta)\pi$。

在信息不对称的情况下，美国维持主导地位的行为必然导致其陷入国际公共产品的供给不足的困境。为维护主导地位和自身利益，美国可能选择极端手段如战争，也可能选择适度放弃主导权，将权力利益让渡给体系内更强大、更具竞争力的对手。

三、博弈分析的结论

通过以上博弈分析可以得出以下结论：

首先，美国的实力对其主导地位有决定性影响。美国实力的衰落和维持主导权的策略是全球金融治理供给困境的重要原因。美国的实力越强大，就越能使其他参与国承认美国的主导地位，越能以更低的成本供给国际公共产品并持续获得主导权收益，越能供给更多的国际公共产品，使其他参与国从现有全球金融治理中获得越高的效用，而其他参与国的收入越高，美国的收益就越高。反之，在实力下降的情况下，美国无力承担供给成本，就会减少国际公共产品的供给，减少对全球金融治理的投入，带来国际公共产品的供给困境，其主导地位也难以继续维持。

其次，美国为维护主导地位可能会过度追求实力的强大，为避免其他竞争对手对其主导权收益的威胁而对它们进行大力遏制和打压，甚至还有可能破坏现有体制而制定出更有利于美国主导权收益的新体制。美国在实力相对下降和全球权力分散的情况下，不断采取新的策略和方法去维护其在全球金融治理中的领导地位，例如美国不断交替使用单边和多边主义政策，借助联合国、WTO、世界银行、IMF等全球治理机构，试图继续维持主导权治理模式。此外，除了北美自由贸易区等区域合作，美国还试图主导跨大西洋贸易与投资伙伴关系（TTIP）和TPP等新型区域合作。美国维护主导权的行为会给全球金融治理变革的前景带来不确定性。

最后，主导国为了维持全球金融治理中的主导地位，必然会陷入国际公共产品的供给困境，当前全球金融治理的供给困境就源于美国维持主导权的意识与行为。而突破困境的方法就是从以美国为主导的主导权治理模式逐渐转变为国家间的国际合作治理模式①。为实现帕累托改进、稳定全球金融治理体系及得到更多的总体收益，以美国为主的西方发达国家必须让出一定的权力和收益，并愿意与中国等发展中国家共同供给国际公共产品。

第四节　美国主导供给在全球金融治理中的发展趋势展望

一、2008年金融危机后美国维护主导地位的表现

2008年的金融危机暴露出全球金融治理体系中的美国主导权带来的全球经济失衡、全球流动性风险加剧等各种严重的消极影响。因而，新兴经济体和发展中国家强烈要求改革美国主导的全球金融治理体系，增强自身的地位与话语权。这些改革的举措对美国的主导地位构成了严重威胁，美国因此实行了一系列的措施来维护其主导地位。

（一）为维护主导权追求经济实力的强大

美国在金融危机爆发后迅速采取了救市的措施，当一定程度地控制局面之后，美国多次为刺激经济的发展制定方案，强化改革金融监管体系，减少军费开支，大力促进经济复苏，维护主导地位。

首先，在经济实力方面，2008年金融危机后，美国GDP总量占全球的比例仍高于20%，对外货物和服务进出口总额始终居世界第一位，所占

① 徐秀军．新兴经济体与全球经济治理结构转型［J］．世界经济与政治，2012（10）：77.

比例也均在10%以上，对外直接投资总量也始终是世界第一。同时，随着美国经济的温和复苏，2015年美国的GDP增速达到2008年以来的最高点2.86%，远远超过欧元区、日本、俄罗斯、巴西等，仍是世界第一经济强国。其次，美国金融市场仍具有相当的竞争实力。从《2016—2017年全球竞争力报告》中可以看出（见表5-6），在138个样本国家中，美国金融市场发展程度的综合评价排在第3名，且各项具体指标也都远远领先于中国。中国金融市场发展程度的综合排名为第56名。

表5-6　2016—2017年中美金融市场国际竞争力的排名与得分

要素类别	美国		中国	
	排名（138）	得分（1~7）	排名（138）	得分（1~7）
金融服务满足企业需求的能力	6	5.7	64	4.3
金融服务的负担能力	14	5	45	4.2
国内证券市场的融资能力	2	5.7	40	4.2
获得贷款的难易程度	7	5.3	36	4.5
风险资本的可获得性	4	4.7	14	4.1
银行部门的稳健性	36	5.6	79	4.6
证券交易监管的有效性	24	5.4	57	4.5
合法权益指数	4	7	86	4
金融市场发展程度的综合评价	3	5.6	56	4.2

资料来源：*The Global Competitiveness Report* 2016-2017.

（二）力求主导现有秩序的改革

金融危机后，面对发展中国家要求改革全球金融治理体系的呼声，美国采取“以退为进”的策略，力求掌控全球金融治理的改革方向，以一定程度地增加新兴市场和发展中国家份额和投票权等方式满足它们的需求，以便争取到国际支持来进行战略布局。但实质上美国的绝对主导权并未因这些调整而根本改变，可以说其通过微小的让步而得到了更多的主动权①。

在急于让美国走出金融危机，实现经济稳步增长的国际背景下，偏好多边主义的奥巴马总统选择积极应对全球金融治理的改革。奥巴马在任期

① 胡海峰，倪淑慧．后危机时代美国霸权在全球金融治理体系的发展趋势展望［J］．教学与研究，2015（2）：71-79.

间，对G20机制非常支持，对各主要国家的宏观经济政策进行积极协调，并在危机防范和世界经济增长方面积极探索，同时也考虑到新兴经济体和发展中国家对全球金融治理改革的要求。在IMF的份额改革和世界银行的投票权改革上，奥巴马政府对提升中国等新兴经济体的份额及投票权持有积极态度，也因此换来了这些新兴经济体的积极参与和对IMF等机构在全球金融治理中主导地位的支持。但是，美国的一票否决权依然存在，其在IMF和世界银行中的地位并未发生根本性变化。

（三）构建新的多边经济合作机制

第一，金融危机后，西方主要发达国家经济增长陷入低迷状态，美国力求尽快复苏被危机打击的国内经济，开始针对金融危机的预防、应对等方面积极与其他国家进行多边外交，极力鼓励其他国家强化国际金融监管和对经济实施刺激政策，试图让新兴市场国家和发展中大国共同承担金融危机的成本。

第二，面对新兴市场国家的竞争，美国联合欧盟国家构建TTIP。美国通过与欧洲盟友进行更深入广泛的经济合作，力求实现彼此的庞大的经济、社会效益。构建TTIP的目的是：一方面继续保持美国的经济强国的地位，尤其是在全球产业链和国际贸易分工中的优势地位；另一方面通过强化双边合作掌控全球经济新规则制定及新的发展走向的主动权①。

（四）继续维护国际金融监管的主导权

2008年金融危机之后，美国金融业遭受重创，美国在国际金融监管中的主导地位受到法德等欧洲国家和发展中国家的挑战，比如在巴塞尔委员会中，由法德主导的欧盟的影响力不断提升，金融危机后美国主张推行《巴塞尔协议Ⅲ》，但是却因没有得到法德的支持而未实现良好效果。美国为维护其在国际金融监管规则制定上的主导地位，继续保持对巴塞尔委员会等传统国际组织的控制力，打造新的国际平台，重塑国际金融监管规

① 崔洪建．欧美TTIP：由来、目标与影响［J］．国际问题研究，2013（9）：60-72.

则，不断巩固其在全球金融体系中的主导地位①，制定新的战略。其战略可以总结为以下几个方面的内容：

第一，不断寻求主导国际金融监管的国际平台。

首先，金融危机后美国力推新 FSB 的构建。2009 年 G20 的伦敦峰会上，美国力推将 FSF 成员扩展至 G20 的所有成员以及巴塞尔委员会等，并将其从非正式论坛升级成金融稳定委员会（FSB）。

其次，构建国际金融监管新规则——金融市场法人识别码（LEI）系统。2010 年，美国首次建议在全球建立 LEI 系统，这一建议在 2012 年的 G20 峰会上正式获得通过。LEI 主要面对全球收集、共享开放标准化的微观金融数据，这一系统有助于向宏观审慎监管提供数据，进而监控和分析系统性风险。LEI 系统将来有可能成为与巴塞尔协议并行的国际金融监管新框架。

第二，采用多种方式遏制潜在竞争对手。

首先，通过 EPS 的发布提高外资金融机构的成本。2014 年美联储发布《对银行控股公司和外资银行机构的强化审慎监管规则》（EPS），对境内的外资银行实施四档监管要求（见表 5-7），增加其合规成本，进而遏制其发展。2016 年 6 月，德意志银行和桑坦德银行在美联储的 EPS 压力测试中连续两年未通过测试。德意志银行在 IMF 当月的《金融系统稳定性评估》中就被认定为有“重大系统性风险”，使其被市场空头所追逐，投资者的信心受到冲击。

表 5-7　EPS 对外资银行实施四档监管要求　　单位：亿美元

	第 1 档	第 2 档	第 3 档	第 4 档
全球集团并表资产	100~500	大于等于 500		
在美合并资产	小于 500		大于等于 500	
在美非子行资产	小于 500			大于等于 500
监管要求	母国监管，采用监管互认			东道国监管

① 钟震，董小君，等．国际金融监管规则演变的逻辑演绎及我国应对之策［J］．宏观经济研究，2017（1）：31-41.

其次，通过反洗钱和直接制裁进行长臂监管。长臂监管是指美国利用其国际政治地位，用本国国内的法则来管辖其他国的经济金融实体。反洗钱和直接制裁是其实施长臂监管的新工具。在反洗钱方面，美国利用反洗钱金融行动特别工作组（FATF）和《海外账户税收合规法》（FATCA）的规则制定权，不断以巨额罚款惩罚外资金融机构，使这些机构的运营面临很大压力。如2012年英国的汇丰银行和渣打银行被美国以反洗钱名义罚款19.21亿美元和6.7亿美元，严重打击了英国银行业的跨境业务。此外，美国还利用直接制裁方式对英法德等欧洲银行不断进行打压。如美国以操纵LIBOR利率、操纵汇率和隐瞒衍生品交易亏损为理由，对德国德意志银行连续实行巨额罚款，严重打击了德国乃至整个欧洲的银行业务。

二、特朗普就任以来的全球金融治理的发展趋势

自特朗普当选美国总统以来，美国的经济面临逐渐复苏的良好势头，因此特朗普政府并不认为改善全球金融治理是十分重要的，也并未把全球金融治理提至美国优先发展的序列。特朗普对全球金融治理的意愿大大减弱，就任不久就陆续退出TPP、巴黎协定、联合国教科文组织等多个国际多边合作机制。他奉行“美国优先”的政策，认为当前的全球金融治理机制对美国的利益不是维护而是损害。他在承认美国实力相对下降的同时，开始重视全球金融治理中“相对收益”的竞争，而降低了对于“绝对收益”的重视，试图通过打破现有的规则突出实现美国利益的双边谈判技巧或策略。

全球金融治理在本质上是一种多边的合作机制，而特朗普认为美国在多边合作机制中，容易被其他的国家所牵制而很难使自身实力得到发挥，即使最终取得了多边合作的成功，也难以保障美国的最大利益，因而特朗普尤其偏好于单边和双边主义，他认为美国应该避免在多边合作中与其他国家的消耗，而应当通过单边和双边的方式促进国内外经济议题的实现，使美国的大国实力得到更好的发挥，以此迫使其他国家妥协让步，从而使自身可以获取更多谈判优势和利益。这种排斥多边合作的治理态度会成为全球金融治理进一步发展的阻碍。

（一）短期内全球金融治理变革完善的进程面临挑战

全球金融治理的变革完善需要治理主体具有治理意愿与能力这两个必要的条件。从治理意愿来说，世界第一大经济强国的美国是全球金融治理体系的构建者，它的治理意愿的强弱对全球金融体系的变革完善进程是极具影响力的。特朗普政府如果减弱甚至丧失了供给国际公共产品的意愿，变革完善全球金融治理的进程将会受到阻碍甚至停滞。这一背景下，即使有国家愿意主动承担推进全球金融治理变革完善的责任，但缺少了美国的支持与配合，也是很难有效地推进这一进程的①。从治理能力来说，美国政府在供给全球金融治理国际公共产品的进程中，投入了较高的预算与大量的人财物等资源。而2017年特朗普上任后的首份财年联邦预算中，大量减少了投入多边机构的资金预算和那些不利于美国利益的援助预算，其他国家很难在短期内补充上这些减少的资金预算，使得在美国的治理意愿与能力都大幅降低的情况下，变革完善全球金融治理的进程面临很大的困境。

（二）中国的合理定位与重要作用

随着中国经济实力和国际地位的不断提升，其在参与全球金融治理变革的实践中发挥着越来越重要的作用，未来中国会继续支持全球金融治理的深入发展，成为促进其变革完善的新推动力，但短期内中国作用不宜过分夸大。对于参与全球金融治理改革，中国有较为强烈的意愿，也有一定的能力来继续发挥自身积极促进其变革完善的推动作用，努力避免全球金融治理变革完善的进程陷入倒退。但是目前来说，中国仍远远比不上美国的国际地位、作用与实力，中国在短期内还不能独自掌控全球金融治理变革的趋势。因而中国的定位不是要挑战和颠覆现有的秩序，而是要避免受到美国的抵制而使自身的经济发展和推动全球金融治理变革受到阻碍。2018年美国对中国实行贸易保护主义引发两国间的贸易摩擦就是一个实例，中国要有明确合理的战略定位，要在维持现有机制的前提下，团结美

① Lissner, Rebecca Friedman, M Rapp-Hooper. The day after trump: American strategy for a new international order [J]. The Washington Quarterly, 2018 (41): 7-25.

国之外的一些重要国家针对某些具体议题和领域结成新的治理联盟①。

（三）区域与国家层面金融治理机制的较大发展

在全球层次的金融治理意愿与动力不足的情况下，面对各主要国家依然存在的治理需求，区域和国家内部的金融治理将成为全球金融治理变革的重要趋势②，许多有效的区域和国家层面的治理实践都能够为全球金融治理变革提供重要的借鉴。例如，日本、加拿大及其他国家在美国退出TPP之后继续积极推动亚太地区的贸易自由化进程，最终达成了全面与进步跨太平洋伙伴关系协定（CPTPP）。再如中国倡议“一带一路”，并在其框架下成立亚投行、丝路基金等，大力促进亚洲地区金融体系的新发展。此外，在全球层面金融治理变革难以推进的背景下，各国应优先完善国内的金融治理体系。特朗普也非常重视国内的金融治理的改善，改革了税收制度等诸多方面，努力推进本国经济的持续增长。这种治理趋势下，一方面，区域和国内金融治理的成功经验会为全球层面的金融治理提供新的动力；另一方面，如果各国过分侧重于区域和国内的金融治理，而放弃推动全球层面金融治理的努力，对于全球金融治理变革完善的长远发展是不利的。

① 宋国友．中国、美国与全球经济治理［J］．社会科学，2018（8）：27-35.
② 宋国友．后金融危机时代的全球经济治理：困境及超越［J］．社会科学，2015（1）：23-30.

第六章

中国参与全球金融治理变革的实践与挑战

经济金融全球化的发展不断对国际公共产品产生新的需求。一方面，原有的国际公共产品供给不足；另一方面，国际公共产品无法满足新的需求。为解决这一供给困境，需供给新的国际公共产品或对原有国际公共产品进行改革，前者增加了国际公共产品的“量”，被称为“增量变革”，后者则推动了全球金融治理“质”的变化，被称为“存量变革”。

中国参与全球金融治理公共产品供给的进程，大致分为三个阶段。第一阶段是20世纪80年代末以前，中国逐渐融入主流国际金融体系。第二阶段是从20世纪80年代末至2012年，随着综合国力和国际影响力的显著提升，中国更多地参与到以IMF为核心的全球金融治理体系中，同主流的国际金融体系呈现嵌入状态。中国积极参与全球和地区的金融治理事务，在维护国际金融稳定、防范金融风险和促进区域金融合作方面发挥了积极的建设性作用。但这一阶段中国基本是以消费者的角色跟随和参与为主，并初步尝试供给国际公共产品，如人民币国际化、“清迈倡议”、上合组织等。第三阶段是2012年至今，中国供给全球金融治理公共产品的能力和意愿都大幅增加，开始主动承担供给方的功能。在既有的全球金融治理公共产品体系无法满足现实需求、新型公共产品供给难以得到落实的背景下，中国主动以负责任大国的姿态和行动，在“一带一路”重大倡议与亚欧互联互通合作框架下，积极推动建立亚投行、丝路基金等新型国际金融组织公共产品，与既有的主流国际金融体系实现了深度融合。

第一节 中国参与全球金融治理变革的需求与基础

一、中国参与全球金融治理变革的需求

随着全球化的发展，国家之间的相互依赖关系日益紧密，越来越多的全球公共问题的治理与解决所需要的公共产品的供给成本已经超出单个主权国家的承担能力，各国都在寻求“规模经济”的解决办法；全球各主权国家政治经济实力发生变化，美国供给国际公共产品的能力和意愿随着其政治经济实力的相对衰落而不断下降，全球层面的国际公共产品的供给严重不足。美国为维护主导地位、最大化自身利益，将国际公共产品变为谋求私利的“私物”，更加剧了供给的不足与失衡。因而，一方面，全球日益增加对国际公共产品的需求，同时需求强弱、偏好、结构也越来越纷繁复杂；另一方面，国际公共产品的供给不足与失衡等问题却日益加剧。这就使得各国加强合作、寻求解决供给问题的需求日益提升①。中国参与全球金融治理变革的需求主要包括以下几个方面：

首先，民主平等的需求。在生产、消费及供给国际公共产品中，坚持民主平等的需求。单一大国或少数国家是无法解决全部的全球性问题的。因而，全球各国在生产、消费国际公共产品中应该平等协商，合作共赢。其次，多样化的需求。对供给模式、范围等的多样化需求，比如既要有全球层次的，也要有地区、区域层次的国际公共产品；既要有多边合作机制，也要有双边、区域合作机制。全球与区域相互促进、共同发展。最后，变革完善的需求。当前全球金融治理的国际公共产品供给是以美国为核心的西方发达国家主导的机制，反映了这些国家的价值观和自身利益。在2008年世界政治经济格局发生剧烈变化之后，发展中国家和新兴市场国家随着实力的日益增强而强烈要求参与和完善当前的金融治理体系。

① 裴长洪．全球经济治理、公共品与中国扩大开放［J］．经济研究，2014（3）：4-19.

二、中国参与全球金融治理变革的基础

（一）经济实力

1. 经济总量

中国经济实力不断提升，为参与全球金融治理奠定坚实的经济基础。一国经济实力的强弱是该国在全球金融治理体系中所处地位的决定性因素，经济实力的增强必定给一国带来在全球范围内经济影响力的扩张和经济地位的上升。改革开放以来，中国社会生产力得到极大的解放与发展，GDP 年均增长率达到 9.5%，从图 6-1、图 6-2 中可以看出，中国自 2000 年以来 GDP 总额高速增长，2010 年超过日本成为世界第二大经济体。占世界 GDP 的比重持续上升，2017 年末达到 15.18%。

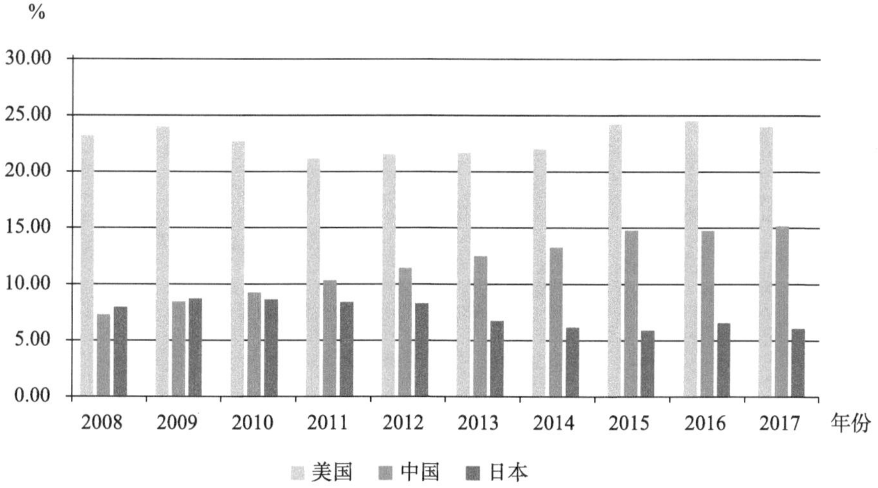

图 6-1　2008—2017 年美中日 GDP 占世界 GDP 比重

资料来源：世界银行。

中国经济的增长也同时对世界经济产生影响，逐渐成为世界经济增长的发动机，对世界经济增长的贡献率逐年增加（见图 6-3），2008 年超出了美日欧三者之和，成为排名第一位的世界经济增长贡献者，2012 年至今，贡献率均超过了 30%，2017 年达到 34%。

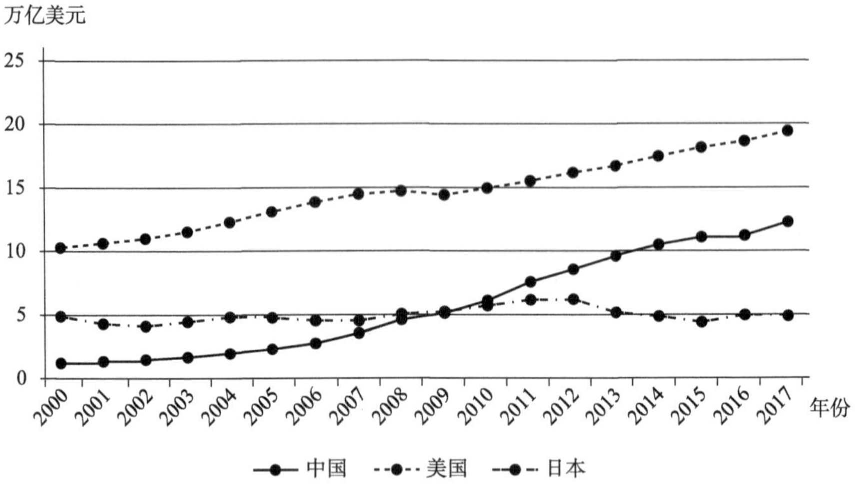

图 6-2　2000—2017 年中美日 GDP

资料来源：世界银行。

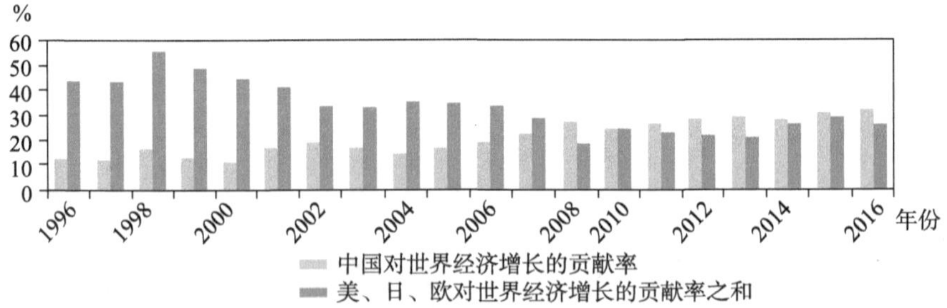

图 6-3　中国与美日欧对世界经济增长的贡献率

资料来源：世界银行。

2. 对外贸易份额

在对外贸易领域，贸易总量体现一国经济实力。在信用货币流通的环境下，货币的价值必须要有强大的实物商品作为支撑，具有优势的货币是建立在优势经济的基础上的。在国际贸易领域占有重要地位的国家，在供给公共产品如实现本币国际化时有着更大的优势和能力。一国对外贸易量越大，产生的外币与本币外汇交易的需求量越大，该国货币成为定价货币的可能性越大。随着中国对外开放的不断扩大和 2001 年加入 WTO，中国货物进出口规模和服务进出口规模持续增长，占世界比重不断提高，1978年居世界第29位，2013年首次跃居世界第一位，2014—2015年保持第一，2017年中国货物进出口贸易规模达到4.1万亿美元，重回世界第一，占世界贸易的比重由1978年的0.8%上升至11.5%，且成为120多个国家的第一大贸易伙伴（见表6-1）。2012—2017年，中国进口总额仅次于美国，位居第二，在世界经济下行的背景下，中国进口需求的增长对世界经济的复苏做出了突出的贡献。

表6-1 世界前十位的国家（或地区）货物进出口总额比较

单位：十亿美元

位次	1978年			2000年			2017年		
	国家或地区	货物进出口总额	世界占比(%)	国家或地区	货物进出口总额	世界占比(%)	国家或地区	货物进出口总额	世界占比(%)
1	美国	331.9	12.5	美国	2041.2	15.5	中国	4104.5	11.5
2	德国	264.2	9.9	德国	1049	8	美国	3956.2	11.1
3	日本	178.1	6.7	日本	858.8	6.5	德国	2615.3	7.3
4	法国	161.2	6.0	法国	666.6	5.1	日本	1370.1	3.8
5	英国	143.7	5.4	英国	633.5	4.8	荷兰	1226.3	3.4
6	荷兰	118.9	4.5	加拿大	521.4	4	法国	1159.9	3.2
7	意大利	112.6	4.2	意大利	479.3	3.6	中国香港地区	1140.2	3.2
8	苏联	102.8	3.9	中国	474.3	3.6	英国	1089	3
9	加拿大	94.7	3.6	荷兰	451.4	3.4	韩国	1052.2	2.9
10	比利时	93.6	3.5	中国香港地区	416.7	3.2	意大利	958.9	2.7

资料来源：WTO数据库，《2018中国统计摘要》。

如表6-2所示，中国服务进出口总额2017年跃居世界第二位。改革开放以来，中国服务进出口总额大幅增长，不断迈上新台阶。1982年中国服务进出口总额居世界第34位，2000年上升至第11位，2013年上升至第3位，2014—2017年稳居第二位。

表 6-2　世界前十位的国家（或地区）服务进出口总额比较

单位：十亿美元

位次	1982 年			2000 年			2017 年		
	国家或地区	服务进出口总额	世界占比(%)	国家或地区	服务进出口总额	世界占比(%)	国家或地区	服务进出口总额	世界占比(%)
1	美国	88	11.4	美国	487.4	16.5	美国	1277.7	12.4
2	德国	65.3	8.5	德国	216.3	7.3	中国	695.7	6.7
3	法国	62	8	英国	214.9	7.3	德国	614.7	6
4	日本	53.9	7	日本	182.2	6.2	英国	572	5.5
5	英国	51.3	6.6	法国	139.7	4.7	法国	492.1	4.8
6	意大利	30.5	4	意大利	110.3	3.7	荷兰	427.4	4.1
7	荷兰	30.1	3.9	荷兰	103.3	3.5	爱尔兰	377.5	3.7
8	沙特阿拉伯	21.9	2.8	比利时	89.9	3	日本	369.1	3.6
9	比利时	19.3	2.5	西班牙	85.1	2.9	新加坡	335.2	3.2
10	加拿大	18.6	2.4	加拿大	82.9	2.8	印度	329.2	3.2

资料来源：WTO 数据库，《2017 中国统计摘要》。

（二）金融实力

1. 从金融机构的角度来看

首先，金融机构中最重要的是商业银行，它构成了一个国家金融实力的基础支撑。从英国《银行家》杂志发布的排名中看出（见表 6-3），2008 年世界银行排名前十位中，中国只有工行、中行两家银行排名在内；而到了 2018 年，中美各占四席，工行、建行、中行、农行这四家中国的银行首次排在世界前四名。中国的银行已经成为世界银行发展的中坚力量，并且正在逐步占据主导地位。

表 6-3　世界银行排名前十位

排序	2008 年		2018 年	
1	美国银行	美国	中国工商银行	中国
2	花旗集团	美国	中国建设银行	中国
3	汇丰控股	英国	中国银行	中国
4	法国农业信贷集团	法国	中国农业银行	中国

续表

排序	2008 年		2018 年	
5	摩根大通	美国	摩根大通	美国
6	三菱日联金融集团	日本	美国银行	美国
7	中国工商银行	中国	富国银行	美国
8	苏格兰皇家银行	英国	花旗集团	美国
9	中国银行	中国	三菱日联金融集团	日本
10	西班牙国际银行	西班牙	汇丰银行	英国

其次，金融投资机构包括投资银行和主权财富基金等。世界投资银行2018 年的排名中，前 20 名内没有一家中国的银行，而前十名里美国有六家且占据了前五名。在金融投资机构的实力方面，中国与美国的差距甚大。不过，中国却有强大的由政府掌握的主权财富基金，中国的中投公司2017 年资产规模超 9000 亿美元，已成为世界第二大主权财富基金。而且中国主权财富基金的总规模排名世界第一。

2. 从金融市场的发展来看

中国的资本市场从 1990 年开始，从无到有，从小到大，不断发展壮大。就中国股票市场来说，2014 年中国股票总市值第一次超过欧洲股市，在世界股票市场中排名第二。2016 年底，中国证交所和深交所的市值分别居全球第四位和第五位。2018 年 6 月，美国著名指数编制公司明晟公司（MSCI）正式将中国 A 股 226 只成分股纳入 MSCI 新兴市场指数 0.73%的权重，这是中国资本市场国际化具有里程碑意义的大事件。2019 年 3 月，明晟公司宣布把 A 股纳入 MSCI 的权重从 5%提高到 20%，这会进一步增加A 股市场的资金流入，扩大股票市场规模。中国债券市场快速发展，2002年占全球的比例仅为 0.9%，而到了 2018 年下半年，这一比例已达 13%。BIS 的数据表明，中国债券市场规模分别约为美国、欧洲、日本债券市场的 30%、45%和 95%。至 2018 年末，中国债券市场存量规模约 86 万亿元人民币，是仅次于美国、日本的全球第三大债券市场。

3. 从外汇储备的规模来看

外汇储备是一国经济金融实力的标志，是一国货币当局用来随时干预外汇市场、弥补国际收支差额、抵御金融危机的资产。它代表国家清算国际收支和干预外汇市场的能力。中国外汇管理体制于1994年进行了重大改革，实行银行结售汇和汇率并轨制度，建立银行间统一的外汇市场，禁止外币在境内的计价流通，外汇买卖限于在指定的金融机构之间进行；1996年开始，外商投资企业也实行结售汇制度，进出口和引进的外资都必须以人民币收购变成外汇储备，这为中国外汇储备高速增长奠定了制度基础。另外，改革开放以来中国经济高速发展，对外开放程度不断提高，使得国际收支持续双顺差，对国民经济影响日益增强，为中国外汇储备高速增长奠定了物质基础。2001年全年外汇储备量突破2000亿美元，居世界第二位。2006年2月底，中国大陆（不包括港澳）的外汇储备总额达到8536.72亿美元，首次超过日本，居全球第一位。图6-4为中国外汇储备年度数据走势，体现了1994年以来中国外汇储备的变化情况。虽然外汇储备的快速积累会面临资产缩水的风险，但巨大的数量能增强中国政府对外汇市场的干预能力和国际清偿能力，是保持人民币的汇率稳定、维持中国国际信誉的物质基础，也为中国供给国际公共产品提供了主要的资金来源。

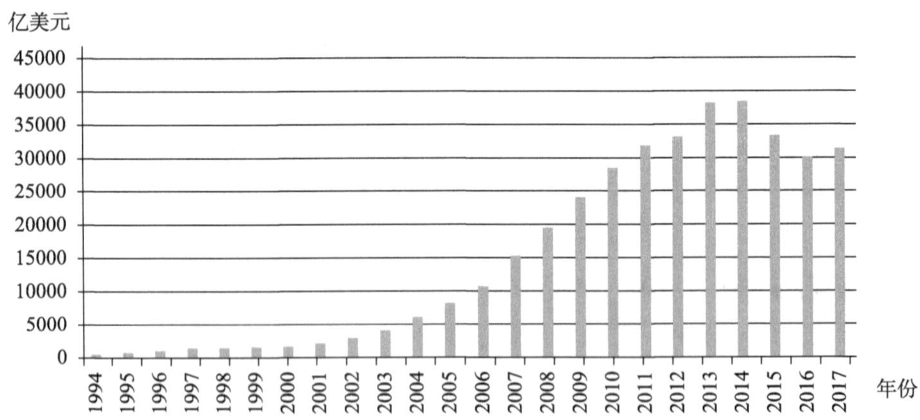

图6-4　1994年以来中国外汇储备规模年度数据

资料来源：中国外汇管理局。

4. 从维持币值的稳定性来看

保持人民币币值的稳定，对中国、周边国家和地区乃至全球的经济金融稳定持续发展都是有利的。1994年1月，中国进行了汇率制度改革，实行以市场供求为基础的、单一的、有管理的浮动汇率制度。2005 年 7 月，再次对人民币汇率制度进行改革，人民币汇率不再单一钉住美元，而改为参考一篮子货币的浮动汇率制度。图 6-5 为 1993—2018 年人民币兑美元平均汇率。

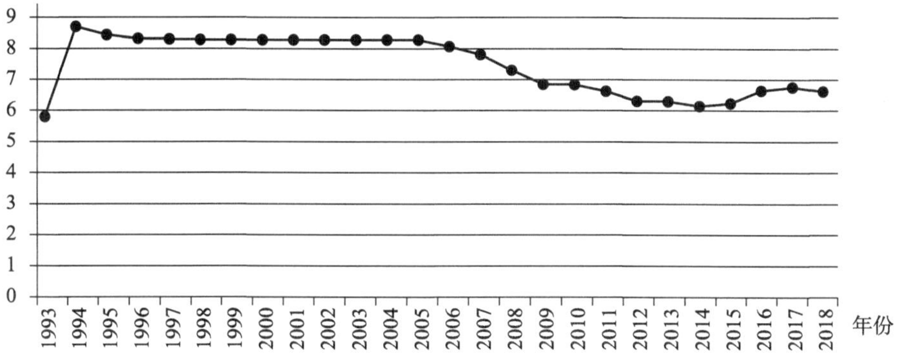

图 6-5　1993—2018 年人民币兑美元平均汇率

资料来源：中国外汇管理局。

第二节　中国参与全球金融治理变革的实践

一、中国参与国际货币体系类国际公共产品供给的实践

如前文所述，建立多元化的国际货币体系是优质化该类公共产品的最佳和最现实的选择，有助于解决当前国际货币体系的“新特里芬难题”，逐渐摆脱对美元的过分依赖，而且可以通过货币的国际竞争，彼此约束、互相制衡，达到改善现行国际货币体系的目的。中国作为世界上经济规模最大的发展中国家，积极推进人民币的国际化，这是中国为弥补现有国际货币体系缺陷、稳定国际货币金融秩序供给的一种特殊公共产品，通过积极推动人民币的国际化进程，使人民币主动参与到主要国际货币的竞争中，让人民币在国际货币体系中发挥应有的作用，积极主动地参与到国际货币体系的改革进程中，对于解决当前国际储备货币的供给难题、维持国际储备货币的偿付能力、保持国际货币体系的稳定发挥着重要的作用。

（一）人民币国际化指数 RII

纵览美元、英镑等货币的国际化进程，可以发现一国货币由国内发展至国际需要经历的历程：先要有强大的经济实力作为保障，加大了对外贸易的需求后，本国货币会随着对外贸易的规模增大而被广泛应用于贸易结算支付中，贸易中的结算支付结余会引发投资需求，等到以该种货币计价的金融产品出现，货币开始由贸易走向金融交易结算，而被广泛应用于国际贸易和国际金融市场的货币又会被各国的中央银行纳入储备货币。随着该货币国际计价支付、投资结算及储备功能的不断提升，最终成为国际化的货币。自 2009 年以来，在中国政府的大力推动下，人民币的国际化程度得到了很大的提高，在人民币发挥国际支付结算、投资交易及储备货币功能方面取得了一系列的成果。在今后一段时间里，人民币国际化如果被证明是一种持续的战略，那么这将是继欧元诞生之后，在国际货币体系改革中最重大的事件，会对全球货币竞争格局产生非常巨大的冲击①。

当前一个衡量人民币国际化程度的重要方法即是选取一系列指标加权构建人民币国际化指数（RII）。RII 由人民币贸易计价结算、金融计价结算和外汇储备全球占比三部分构成。如图 6-6 所示，RII 在 2013 年快速提升，在之后的两年整体平稳，在 2015 年第三季度达到 3.60 的最高值以后就不断降低，到了 2017 年第一季度跌至最低值后开始迅速反弹，至 2017 年末，RII 达到 3.13，同比上升 44.80%，接近 2015 年的最高水平。2010 年中国政府出台大量加快人民币国际化进程的政策，并取得了许多成果，人民币 2010—2015 年走势良好，但之后的两年内由于全球经济的持续恶化及美国经济复苏的压力，中国国内贸易投资严重下滑，RII 显著下降，人民币国际化进程受到阻碍。但 2017 年以来，全球经济复苏向好，贸易投资逐步回暖；中国经济稳健增长，GDP 超预期地实现了 6.9%的增速；人民币汇率企稳回升，人民币兑美元汇率升值超过 6%，结束了此前连续 3 年的贬值趋势；加上"一带一路"建设的全面推进和金融市场的进一步开放，逐步改进了人民币国际化的趋势，但是 2018 年"逆全球化"、中美贸易摩擦等的影响，又使得人民币国际化进程充满不确定性。

① Benjamin J. Cohen. The Yuan tomorrow? Evaluating China's currency internationalization strategy [J]. New Political Economy, 2013 (17): 361-371.

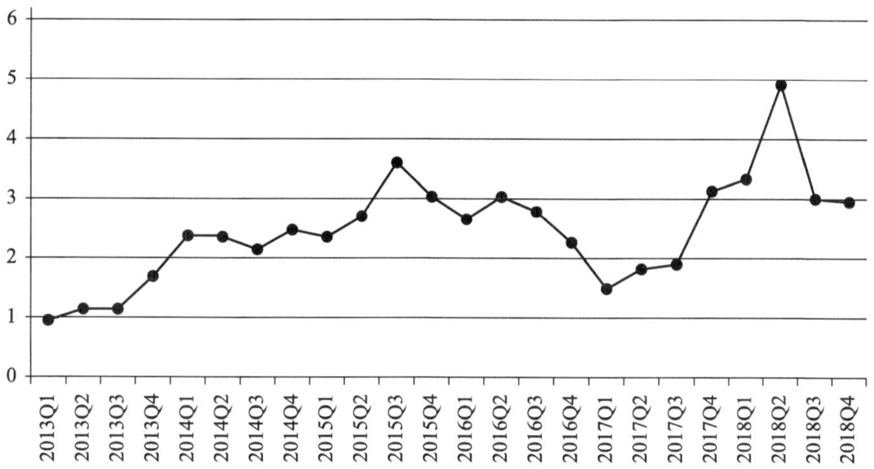

图 6-6　人民币国际化指数（RII）变化趋势

资料来源：中国人民银行《人民币国际化报告 2018》。

（二）人民币国际化进程

1. 人民币国际贸易计价结算

2008 年金融危机引发全球汇率剧烈波动，客观上产生了对新的更稳定的货币的需求。中国抓住了这个机遇，中国人民银行于 2009 年 7 月发布了《跨境贸易人民币结算试点管理办法》，第一次允许进出口商使用人民币进行跨境贸易结算，开启了贸易项下的人民币国际化进程。该试点办法于 2010 年 6 月转为正式的实施办法，逐步扩大了试点与正式实施的范围。这一举措预示着长达 60 年的“人民币国内化政策”正在逐渐走向开放，开启了中国第一次全面正式的人民币国际化安排，人民币开始走上国际舞台①。截至 2018 年 9 月，人民币市场占有率为 1.89%，在全球支付中排名第五，超过加拿大元（1.80%）、澳大利亚元（1.61%）、港元（1.51%）②，如表 6-4 所示。人民币连续 6 年稳居第二大跨境收付货币，一

① 博源基金会．人民币国际化：源起与发展［M］．社会科学文献出版社，2011：25.

② SWIFT RMB TRACKER. Monthly reporting and statistics on Renminbi（RMB）progress towards becoming an international currency［DB/OL］.（2018-10-23）［2018-10-27］. https://www.swift.com/our-solutions/compliance-and-shared-services/business-intelligence/renminbi/rmb-tracker/document-centre.

些大宗商品交易也开始以人民币作为计价货币。2017 年末，已有 195 个国家和地区的超过 25 万家企业和 245 家银行与中国有跨境人民币收付业务。

表 6-4　排名前十位的各国货币国际结算份额　　单位:%

2016 年 9 月		2018 年 9 月	
货币名称	国际结算份额	货币名称	国际结算份额
美元	41.08	美元	38.66
欧元	31.24	欧元	34.65
英镑	7.77	英镑	7.26
日元	3.53	日元	3.53
人民币	2.03	人民币	1.89
加拿大元	1.90	加拿大元	1.80
澳大利亚元	1.57	澳大利亚元	1.61
瑞士法郎	1.45	港元	1.51
港元	1.15	瑞士法郎	1.44
泰铢	1.05	新加坡元	1.03

资料来源：环球银行金融电信协会（SWIFT）。

人民币虽然已成为全球第五大支付货币，但是所占份额依然较少，根据环球银行金融电信协会（SWIFT）的统计数据，截至 2018 年 9 月，美元仍然是贸易结算领域第一大支付货币，以美元计价的结算份额占到全球的 38.66%。欧元所占份额近几年不断增长，从 2016 年 9 月的 31.24%增至 2018 年 9 月的 34.65%。排在其后的英镑和日元所占份额均较小，分别为 7.26%和 3.53%。人民币目前是全球第五大支付货币，所占份额为 1.89%。

在仅考虑跨境支付和剔除欧元区内部交易的情况下，美元和欧元占比将会更高，达到约 81%，人民币只能排第八位，位于加拿大元、瑞士法郎和澳大利亚元之后。

另外，通过分析 2011 年、2016 年的数据，可以发现人民币作为贸易结算和外汇交易的职能出现分化的走势。人民币外汇交易的数量与规模逐年增加，根据 SWIFT 的统计数据，2011 年人民币外汇交易数量有 180 万笔，2016 年人民币外汇交易数量达到 1300 万笔（见图 6-7）。

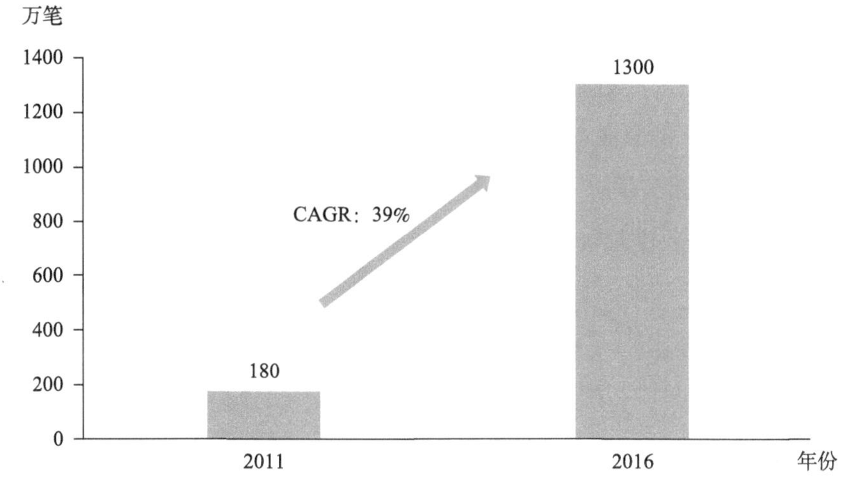

图 6-7 2011 年、2016 年人民币外汇交易数量

资料来源：环球银行金融电信协会（SWIFT）。

而同时期人民币的贸易结算规模的全球份额从 2015 年起开始下滑（见图 6-8）。

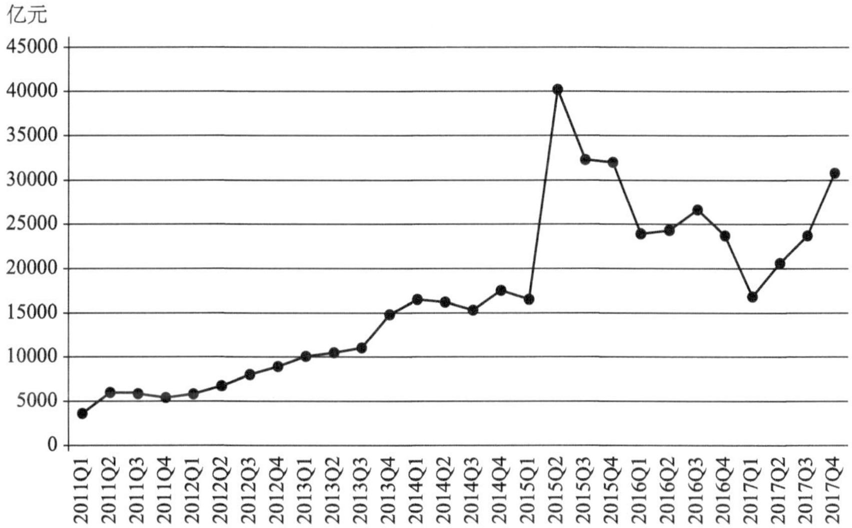

图 6-8 2011—2017 年跨境贸易人民币结算业务金额

资料来源：根据中国人民银行货币政策执行报告整理。

2. 人民币在金融计价结算方面的国际化

2010年，随着贸易项目的开放，人民币从内地流入香港，在香港银行体系内以存款方式形成存款结余。人民币在离岸市场金融体系中大量汇集，但资金用途很有限，于是产生金融交易的需求。此后随着境外人民币产品种类和规模不断增加，人民币金融交易结算的职能得到不断提升（见表6-5）。

表6-5 人民币在金融计价结算方面国际化进程梳理

时间	相关进程
2010年7月	中国人民银行修订清算协议，CNH货币正式诞生
2012年3月	首批RQFII公募基金面世
2014年11月	“沪港通”正式启动
2015年2月	银行间外汇市场推出标准化人民币外汇掉期交易
2015年7月	全面开放境外央行和主权基金投资银行间债券市场
2016年2月	境外私人机构投资者可以进入金融银行间债券市场
2016年12月	“深港通”正式启动
2019年2月	“债券通”一级市场信息平台在中国香港正式上线

资料来源：根据相关公开资料整理。

在金融计价结算方面，主要从跨境投融资和衍生金融工具两个方面来看相关货币的应用。在跨境投融资方面，根据BIS的数据，至2016年末，全球债务融资余额超过21万亿美元，其中以美元计价发行的融资工具余额将近8.3万亿元，占比约39.5%，排名第一；以欧元计价的融资工具所占份额约为32.1%，排名第二；英镑排名第三；以人民币计价的国际债券余额约占全球份额的0.5%，约为1008.3亿美元。在国际债券市场的份额占比中，人民币与美元和欧元仍有较大差距，而且明显低于日元、瑞士法郎、澳大利亚元和加拿大元。全球发行的在衍生金融工具货币构成方面，市场的绝大部分份额被美元占据。至2017年9月，全球利率期权期货的发行本金规模达到85.6万亿美元，其中，以美元计价的衍生产品占比超过70%，以欧元计价的衍生产品占比15.2%，规模约为13万亿美元；其次是英镑、巴西雷亚尔和澳大利亚元，占比分别为8.6%、1.7%、1.6%；人民币利率衍生产品刚刚起步，占比不足全球的万分之三。

3. 人民币作为国际储备货币

从全球层面看，人民币于2016年10月1日被正式纳入IMF的SDR的货币篮子，权重为10.92%，人民币的加入提升了其作为国际储备货币的地位①。在IMF已分配的外汇储备资产中，人民币占比由2016年第四季度的1.08%上升至2017年第四季度的1.23%（见表6-6）。同期人民币外汇储备规模同比增加35%，至1228亿美元，为2016年3月IMF首次公布人民币储备信息以来的最高水平。2018年第三季度，各经济体官方持有的人民币储备规模达1925.4亿美元，较第二季度少4.3亿美元，在整体已分配的外汇储备占比1.80%，略低于第二季度的1.84%，与澳大利亚元、加拿大元相当，高于澳大利亚元的1.69%，略低于加拿大元的1.95%。从区域层面看，欧洲央行在2017年6月将其外汇储备的1%的美元（5亿欧元）转换成了人民币。从国家或地区层面看，已有包括英国、德国、法国及奥地利等欧洲发达国家在内的60多个国家和地区在外汇储备中纳入了人民币。英国政府于2014年10月首次发行人民币主权债券，英国的加入大大提升了人民币作为国际储备货币的声望。

表6-6　各主要货币的全球外汇储备占比　　单位：%

主要货币	2017年第二季度	2017年第三季度	2017年第四季度	2018年第一季度	2018年第二季度	2018年第三季度
美元	63.79	63.5	62.7	62.5	62.3	61.94
欧元	19.91	20	20.1	20.4	20.3	20.48
日元	4.64	4.5	4.9	4.82	4.97	4.98
英镑	4.41	4.5	4.5	4.68	4.48	4.49
加拿大元	1.99	2.0	2.0	1.86	1.91	1.95
澳大利亚元	1.79	1.8	1.8	1.7	1.7	1.69
人民币	1.08	1.12	1.23	1.39	1.84	1.8

资料来源：IMF。

① http://data.imf.org/?sk=E6A5F467-C14B-4AA8-9F6D-5A09EC4E62A4.

4. 人民币国际合作

首先，在本币互换合作方面，具有一定规模和涵盖地域的人民币货币互换网络从2008年末开始已经逐步形成，成为仅次于美元与欧元的世界第三大货币互换网络①。至2018年4月，与中国签订人民币双边本币互换协议的央行或货币当局已达到36个，支撑超过3.3万亿元人民币的资金规模。其次，在本币结算合作方面，本币结算的合作降低了对美元使用的依赖性和交易成本。中国于2009年开始实行本币结算的试点，已与33个国家进行本币结算的合作。其中人民币合格境外机构投资者（RQFII）扩展到18个国家和地区，涵盖17400亿元人民币资金规模，获得核准的机构和资金规模达到96家和6153.62亿元人民币。中国自2010年开始并在2014年加快速度地实现了人民币与除美元外的11种其他货币的直接交易，强化了人民币的便利度。最后，在货币清算合作方面，中国自2013年积极构建人民币海外清算机制，已经与全球的17家中央银行签订了跨国清算备忘录，初步搭建了人民币的海外清算网络，增强了人民币在海外使用的便利度。中国的中农工建交五大行也已在全球的23个国家和地区构建了人民币海外清算机制②。

二、中国参与国际金融机构类国际公共产品供给的实践

当前既有的国际金融组织公共产品存在供给不足、供求错位等结构性困境，无法反映变化了的国际金融利益格局，中国作为后起的发展中大国，为了追求符合自身变化的利益需要和权力诉求，面临两种战略选择：一是推动既有的国际金融组织改革，也即使国际公共产品更加优质化；二是成为新的国际公共产品的供给者，以弥补既有体制的供给困境。2009年以来，中国开始在这两方面“双管齐下”，获得了一系列的成果，也面临着前所未有的挑战。

（一）推动既有国际金融机构类国际公共产品的优质化

1973年布雷顿森林体系解体之后，国际金融体系受到强力冲击，IMF

① 张明．全球货币互换：现状、功能及国际货币体系改革的潜在方向［J］．国际经济评论，2012（6）：65-88.

② 涵盖领域包括东南亚、欧洲、中东、美洲、大洋洲和非洲。

和世界银行无能为力，西方主要发达大国于 1975 年成立了 G7 首脑会议。G7 长期掌控着全球金融事务的主导权，广大发展中国家一直被边缘化①。2008 年金融危机后，全球金融治理实现了 G7 向 G20 的转变，同时中国也实现了全球金融治理的参与②。从此中国在参与全球金融事务中的被动局面得到改变，在全球金融治理中也有了可以发挥自身更大作用的平台。中国在积极倡导增强 G20 的核心地位的同时，力求提高 G20 机制的效率。在 G20 的数次峰会中，中国有越来越明确的立场与目标，中国的建议与主张也越来越被重视。2014 年 G20 的布里斯班峰会上，中国提出的建议占了 15%。尤其是 2016 年中国首次主办包括“杭州峰会”在内的 G20 系列会议，并取得了一系列成果。通过 G20 杭州峰会，中国在国际合作机制中的建设性地位得到了提升，更加有利于中国掌握在国际规则制定中的话语权，凸显了中国的国际地位，推动国际经济金融秩序向更加公平合理的方向发展，如表 6-7 所示。

表 6-7 中国在 G20 峰会的主要倡议（2008—2017 年）

年份	举办城市	中国的主要倡议
2008	华盛顿	提出国际金融改革的方向
2009	伦敦	强调重建国际金融秩序，增加 SDR 份额
2009	匹兹堡	提出坚定不移推进国际金融体系改革
2010	多伦多	呼吁加快建立公平、公正、包容、有序的国际金融秩序
2010	首尔	提出完善金融体系，推动稳定发展
2011	戛纳	就促进世界经济增长和金融稳定提出五点建议
2012	洛斯卡沃斯	参与创建 IMF 新的防火墙基金
2013	圣彼得堡	牵头完成了金砖国家国际储备货币安排机制磋商
2014	布里斯班	提出创新发展方式，建设开放型世界经济，完善全球经济治理

① Robert D Putnam and Nicholas Bayne. Hanging together：The seven-power summits [M]. Cambridge：Harvard University Press，1984.

② 崔志楠，邢悦．从“G7 时代”到“G20 时代”：国际金融治理机制的变迁 [J]. 世界经济与政治，2011（1）：134-154.

续表

年份	举办城市	中国的主要倡议
2015	安塔利亚	增强世界经济发展信心的四点建议
2016	杭州	强调了国际机构对金融风险防范和管理的重要性，重启国际金融架构工作组，落实 IMF 份额改革等
2017	汉堡	强调继续发挥 G20 在宏观政策协调等方面的积极作用，完善全球经济治理，推动世界经济包容联动增长

资料来源：根据公开资料整理。

（二）推动 IMF 和世界银行的改革

1. 份额权（包括与之相关的投票权）改革

份额权对于国际金融机构的成员国来说非常重要①，份额权决定了成员国可以从 IMF 获得的贷款限额。它决定了成员国的代表权和话语权，决定了成员国对机构运行的影响力，关系到每个成员国的切身国际金融利益。美国在 IMF 和世界银行中享有一票否决权和较高的份额权。长期以来中国在这两家机构中被边缘化，自身实力与在传统国际金融机构中的地位不相匹配。2009 年以来，中国积极地通过增资等方式努力提高在 IMF 和世界银行中的份额与投票权。在中国的推动下，2010 年 IMF 和世界银行都进行了份额权的改革，IMF 中中国的份额从 3.994%增加至 6.390%，投票权从 3.803%增加至 6.068%②，中国的份额排名从第六位升到了第三位，中国的国际金融权力获得显著提升。世界银行的投票权改革中，中国的投票权从 2.77%增加到了 4.42%，居美国和日本之后的第三位。另外，中国在 IBRD 中的投票权也增加到 5.25%。2018 年 4 月，向世界银行增资 130 亿美元后，中国的投票权从 4.45%又增加至 5.71%。

① 份额权决定了成员国向 IMF 提供资金的最高限额，成员国在加入 IMF 时必须全额缴纳份额：25%必须以 SDR 或广泛接受的货币（如美元、欧元、日元或英镑）缴付，其余以成员国本币缴付。

② IMF Finance Department. Quota and voting shares before and after implementation of reforms agreed in 2008 and 2010 [EB/OL]. IMF, http://www.imf.org/external/np/sec/pr/2011/pdfs/quota_tbl.

2. SDR 改革

IMF 于 1969 年创建 SDR，其目的是构建一个新的国际储备资产，在美元出现危机的情况下，可以补充国际社会的流动性不足①。SDR 的国际货币地位在 2008 年金融危机后被国际社会广泛关注。有观点主张要以 SDR 作为改革国际货币体系的主要途径。2009 年 3 月，中国央行行长周小川提出"创造一种与主权国家脱钩并能保持币值长期稳定的国际储备货币，从而避免主权信用货币作为储备货币的内在缺陷，是国际货币体系改革的理想目标"，批评美元滥用国际货币的特权，认为 SDR 为国际货币体系改革提供了一线希望②。中国围绕 SDR 的改革做出了坚持不懈的努力。首先是努力提升 SDR 的国际货币职能，力求增加 SDR 的发行规模，强化其作为国际货币的储备、定价和交易的职能。努力强化 SDR 在汇率机制中的作用，推动其成为发展中国家汇率定价的基准。从 2016 年 4 月起，中国央行开始同时使用美元和 SDR 公布中国外汇储备、国际收支和国际投资头寸的数据。其次是努力推进 SDR 货币篮子的扩容改革。从 2001 年开始，SDR 货币篮子包括美元、日元、英镑、欧元和法郎，完全由发达国家的货币构成，不能反映全球金融格局的改变。中国努力推进 SDR 的代表性和合法性，人民币于 2016 年 10 月 1 日正式加入 SDR，这既是对 SDR 改革的重大推进，也是人民币国际化的标志性成就。

3. 人事制度改革

人事制度改革是 IMF 和世界银行治理改革的一个重要方面，两大机构成立之初在人事制度安排方面形成了惯例，即由欧洲人执掌 IMF，由美国人执掌世界银行。时至今日，这种制度安排也没有改变。管理层中其他国家人士，如拉丁美洲、非洲、亚洲，特别是亚洲人非常稀少，使得这些机构更重视西方发达国家的利益而不关注发展中国家的相关需求。这与新兴

① Christopher M D Wilkie. Special Drawing Rights (SDRs): The first international monetary [M]. Oxford: Oxford University Press, 2012.

② 周小川. 关于改革国际货币体系的思考 [J]. 中国金融, 2009 (9): 8-9.

市场发展中国家日益重要的经济金融地位的变化明显不相匹配，在参与度上不具备国际公共性。在这方面，中国不断努力向两大机构输送更多的高级职员，积极推动其人事权改革。如林毅夫担任世界银行的副行长和朱民担任 IMF 的副总裁，这都是中国推动人事改革的积极成果。更多的中国籍人士的加入有助于将中国的理念和成功经验带入这些机构，增强这些机构对亚洲和新兴市场的了解，为世界经济发展提供新的思路，也在一定程度上提升了中国在国际金融领域的话语权①。

（三）中国参与主导供给的新型国际金融机构

中国主动供给国际金融组织公共产品的意愿与能力日益上升，开始绕开既有的制度体系而另寻出路，金砖新开发银行、亚洲基础设施投资银行、丝路基金等的提出和成立，就是利用发展中国家的资金、理念、发展模式和经验等，主导新公共产品的供给，从而促进全球金融治理的民主化，改善其供给困境。

1. 金砖国家新开发银行

2006 年，巴西、俄罗斯、印度、中国等四国开始商讨合作事宜。2009 年，金砖国家领导人在叶卡捷琳堡举行了首次峰会，宣布金砖国家合作机制的确立（简称金砖机制），标志着金砖机制从一个经济概念开始成为具有实际影响力的国际合作机制。中国积极参与主导金砖机制，不断通过该机制促进全球金融治理的改革。2010 年，随着南非的加入，“金砖四国”变为“金砖五国”，金砖国家合作的代表性和影响力得到进一步增强。金砖国家占全球 1/3 的面积、世界 40%以上的人口和全球 22%的 GDP 总量。2001—2017 年，金砖国家整体经济的年均增速达到 7. 1%，高出世界经济增速 3. 3%，对世界经济增长的贡献年均达 46%。自首次峰会以来，金砖国家在货币体系的多元化倡议、国际金融组织的推动改革、区域货币合作的强化、国际货币政策加强协调、建立开发性金融机构等方面取得了一系列成果。

---

① 李巍，孙忆．理解中国经济外交［J］．外交评论，2014（4）：18-19.

首先，推动国际金融机构改革。金砖国家推动了 IMF 2008 年和 2010 年的份额与投票权改革（见表 6-8）。金砖国家于 2012 年共同在 IMF 中增资 750 亿美元①。2015 年 4 月，世界银行的股权份额改革中，中国的投票权从 2.77%增加到 4.42%，投票权排名跃居第三位。此外，2015 年人民币被批准加入 SDR 货币篮子，人民币获得了 SDR 的 10.92%的权重，美元在 SDR 中的权重从 41.9%降低至 41.73%。

表 6-8 IMF 份额与投票权改革前后对比

时间	份额（%）		投票权（%）	
	G7	金砖国家	G7	金砖国家
2008 年改革前	42.5	10.6	43	9.76
2008 年改革后	45.3	11.5	43	11
2010 年改革前	45.3	11.5	43	11
2010 年改革后	43.4	14.83	41.2	14.18

资料来源：IMF Finance Department，July 2011。

其次，金砖国家开发银行和应急储备机制的建立。2013 年，金砖国家在第五次领导人峰会上探讨成立新开发银行和应急储备库的可能性。2014 年金砖五国宣布成立金砖国家新开发银行（简称金砖银行）和金砖国家应急储备安排。金砖银行于 2015 年 7 月正式开业，初始注册资本 1000 亿美元，由创始成员国平等认缴资本 500 亿美元。应急外汇储备基金 1000 亿美元②，总部设在上海，首任银行行长是来自印度的瓦曼卡马特。创始成员国人口占世界人口的 42%，GDP 占世界 GDP 的 20%。金砖银行和应急储备是金砖机制取得的最重要的成果，是金砖国家进入务实金融合作的重要标志③。金砖银行坚持“互尊互谅、主权平等、民主包容”的宗旨，比如金砖银行由各国平均分配出资比例；由各国轮流任职关键岗位进行内部治

① 其中，中国增资额为 430 亿美元，俄罗斯、印度、巴西各自增资 100 亿美元，南非增资 20 亿美元。

② 中国、俄罗斯、印度、巴西、南非分别出资 410 亿美元、180 亿美元、180 亿美元、180 亿美元、50 亿美元。各国投票权与承诺出资额挂钩，有 5%的基本票五国均分。中国投票权为 39.95%，印度、巴西、俄罗斯各为 18.10%，南非为 5.75%。

③ 卢静．后金融危机时期金砖国家合作战略探析［J］．国际展望，2013（6）：102-116.

理；融资贷款的服务对象除了金砖国家还包括其他新兴市场与发展中国家。2016 年 4 月，金砖银行第一批 8.11 亿美元的贷款项目投向了巴西、中国、印度和南非的绿色可再生能源项目。2016 年 7 月，成功发行了第一单 30 亿元由境外机构发行的人民币债券“绿色熊猫债”。截至 2018 年底，金砖银行批准的贷款项目达 80 亿美元。应急储备安排在金砖国家成员国国际收支或流动性困难时，可提供帮助和支持，助其化解金融危机。此外，应急储备安排降低了金砖国家对 IMF 和世界银行的依赖，有助于增加金砖国家在全球金融治理中的话语权。

最后，推动货币互换与本币结算，开展证券市场合作。中国与其他金砖国家贸易额增加的同时货币结算量也在大幅增加，为防范美元汇率波动带来的结算风险，金砖国家加强了在本币结算、货币互换等方面的金融合作。2010 年 12 月，俄罗斯的莫斯科银行间外汇市场首次挂牌交易人民币；2011 年中俄又签订了双边本币结算协定，把本币结算范围扩展至一般贸易；2013 年至 2015 年，中国与巴西、俄罗斯和南非分别签订了 1900 亿元人民币、1500 亿元人民币和 300 亿元人民币的本币互换协议①。同时，金砖国家还开展了债券市场的合作。例如，中俄共同推进俄罗斯在中国发行人民币债券。2011 年 10 月，中国香港交易及结算所有限公司、巴西证券期货交易所、印度孟买证券交易所、莫斯科银行间外汇交易所和南非约翰内斯堡证券交易所在南非举行国际证券交易所联会，成立了金砖国家联盟，并于 2012 年 3 月起在各自的交易平台上互挂买卖各成员交易所的基准股市指数衍生产品，致力于代表金砖国家的新股市指数有关产品的开发和其他资产有关产品及服务的合作发展。

2. “一带一路”框架下的新型国际金融机构

2013 年 9 月习近平主席出访中亚四国和印度尼西亚时提出共建“丝绸之路经济带”和“21 世纪海上丝绸之路”的倡议，即“一带一路”倡议。“一带一路”主要涉及东南亚、南亚、西亚、中亚、北非、中东欧以及俄

① http：//www.pbc.gov.cn/huobizhengceersi/214481/214511/214541/2967384/2016072010054297624.pdf.

罗斯地区，总贸易量达12569亿美元，涉及能源、金融、投资、经贸、通信、交通、农业等诸多领域，覆盖人口约44亿人，占全球人口的63%，GDP总量23万亿美元，占全球GDP的29%。“一带一路”倡议是中国在新时期的重大战略，不仅顺应了世界经济金融发展新格局的要求，也顺应了我国全面深化改革、拓展全方位对外开放、加快经济结构调整的需求。

“一带一路”倡导具有强大的包容性和互动性的全方位、多层次的互联互通，资金融通是其中的重要支撑。“一带一路”沿线国家大多数是发展中国家，这些国家普遍存在基础设施建设资金短缺、融资难等问题。中国庞大规模的外汇储备能为“一带一路”沿线国家提供资金，并助其完善投融资结构和质量，亚投行和丝路基金就是在“一带一路”框架下中国向国际社会提供的新型公共金融产品，是“一带一路”建设的重要资金来源。

（1）亚洲基础设施投资银行的成立

在中国主导供给的国际金融机构类公共产品中，最引人注目的就是亚投行。相较于金砖银行，亚投行有更深的中国烙印。为促进整个亚洲地区的基础设施建设以及经济发展，2013年10月，中国国家主席习近平提出了成立亚投行的倡议并得到了亚洲各国的广泛支持。2014年10月，包括中国和印度等在内的亚洲21国在北京签署了备忘录，共同决定成立亚投行。截至2015年4月，亚投行的意向创始成员国共有57个，分别来自亚洲、大洋洲、欧洲、南美洲和非洲五大洲。2015年6月29日，《亚洲基础设施投资银行协定》在北京正式签署，2016年1月，亚投行正式开业运营。到2018年12月，亚投行成员总数增加至93个，几乎涵盖各大洲，这表明亚投行全球多边金融合作的发展方向和其在国际金融领域的作用得到加强。亚投行有1000亿美元的创始资本，所有创始成员国同等分配15%的投票权。这一制度设计保证了亚投行的合法性。亚投行是在全球金融治理中真正由发展中国家发起和主导供给的国际公共产品，其成立与发展对改革和完善全球金融治理具有非常重要的意义。

首先，满足亚洲基础设施巨大的融资需求。基础设施是经济发展的前提和保障，世界银行的数据表明，一个国家1%的基础设施存量的增长会带动 GDP 1%的增长①，因而各国都在为促进经济的增长而力求增大基础设施投资②。亚洲地区的基础设施长期以来一直面临供不应求的局面，而落后的金融体系又很难带动储蓄和私人资本投入基础设施领域，而世行、亚开行等现有的多边开发金融机构也难以满足亚洲基础设施投资的资金需求，亚洲基础设施建设面临巨额资金短缺的困境。2009 年亚洲开发银行预测，2010—2020 年亚洲对基础设施投资的需求为 8 万亿美元（见表 6-9）。亚投行为亚洲地区提供了基础设施投融资的平台，有助于补充其巨额融资缺口。亚投行成立 3 年来，批准贷款总额 75 亿美元，业务涵盖了东亚、东南亚、非洲等 6 个地区 13 个国家，带动其他投资近 400 亿美元。

表 6-9　2010—2020 年亚洲国家基础设施投资需求　　单位：亿美元

部门	新增能力	维护和更新	总计
能源（电力）	31764. 37	9122. 02	40886. 39
电信	3253. 53	7303. 04	10556. 57
运输	17616. 66	7044. 57	24661. 23
供水和环卫设备	1554. 93	2257. 97	3812. 90
总计	54189. 49	25727. 60	79917. 09

资料来源：亚洲开发银行研究院．基础设施建设［M］．社会科学文献出版社，2012：112.

其次，解决全球金融利益分配失衡的问题。重构全球金融新秩序的一个关键问题是金融利益分配失衡问题。近年来亚洲地区的经常项目顺差积聚了大量外汇资源，亚洲的外汇储备资产规模约占全球的 2/3，然而，这些外汇资本却被投入在低收益的美元资产上。亚洲大量储备和储蓄资金都流入美国的金融市场，然后再从这些地方投资到亚洲。由于美元的低风险和美元对其他货币不断贬值，1952—2014 年，美国持有外国资产的投资者平均收益率要远高于持有美国资产的外国投资者，收益率的差异说明全球

① World Bank. World development report 1994, infrastructure for development [M]. New York: Oxford University Press, 1994.

② International Monetary Fund. World economic outlook: Uneven growth short and long term factors [R]. International Monetary Fund, 2015.

金融利益存在分配失衡，也表明了亚洲地区有效投融资机制的缺乏。亚投行能够引导亚洲巨额的外汇储备和储蓄投入生产性投资，通过提供中长期金融支持和高效率利用资本来加快亚洲的经济发展。表 6-10 为部分亚洲经济体国内储蓄与外汇储备。

表 6-10 部分亚洲经济体国内储蓄与外汇储备 单位：百亿美元

国别	2005 年			2014 年		
	外汇储备	国内储蓄	国内储蓄占 GDP 比率（%）	外汇储备	国内储蓄	国内储蓄占 GDP 比率（%）
中国	82.15	108.25	48	385.92	473.81	51.3
日本	83.43	119.05	26	123.10	107.04	21.8
韩国	21.03	30.12	33.5	35.88	48.65	34.6
印度	13.19	28.08	33.7	30.35	59.96	31.8
新加坡	11.6	5.51	43.3	25.66	16.03	46.9
泰国	5.07	4.91	27.8	15.13	12.33	28.5
印度尼西亚	3.31	7.44	26	10.88	30.12	30.7
菲律宾	1.59	5.49	52.9	7.21	4.94	43.2
越南	0.91	1.99	34.5	3.42	5.61	30.2
马来西亚	6.99	5.28	36.8	11.46	11.43	30.4

资料来源：世界银行 WDI 数据库。

最后，推动全球金融治理体系的改革。第一，创新全球金融治理理念。亚投行虽由发展中国家主导成立，但其成员不只局限于新兴市场和发展中国家，还包括发达国家，体现了开放包容、求同存异、共商共建、合作共赢的治理理念。亚投行以金融合作的方式为亚洲地区基础设施互联互通提供金融支持。中国承诺，不附加任何政治经济条件，不强制任何国家接受中国的标准，要在相互尊重的基础上共商、共建、共享。亚投行开业以来高标准、规范性的治理结构与运营模式，被全球三大评级机构评定为 3A 级，被巴塞尔银行监管委员会评定为零风险。第二，增强全球金融治理的代表性与效率。一是治理结构的广泛代表性。其治理结构既借鉴了传统的国际金融机构，又充分体现了中小成员国基本需求。在成员国 GDP 比重的基础上进行股权分配，投票权是基本投票权、股份投票权和创始投票权的混合，所有成员平均分配占12%的基本投票权，每个成员持有的股份数构成了股份投票权，每个创始成员都有600票的创始投票权，这种方式体现了均衡平等的治理结构。二是有助于推动治理效率的提高。IMF等现有国际金融组织存在程序烦琐、官僚主义、效率低下等问题，亚投行的良性竞争可以激励其优化流程和提高效率。另外，目前现有国际金融组织缺乏专门服务于基础设施投融资的机制，无力推动发展中国家的基础设施建设，而亚投行的开发金融新模式有助于形成新的基础设施融资体系，提高全球金融治理效率。

（2）丝路基金

①丝路基金的定位

丝路基金于2014年12月在北京成立有限公司，首期注册资本100亿美元。丝路基金是“一带一路”框架下的中长期开发投资机构，以中国资本为主导，通过以股权投资为主的多种投融资方式开展业务，主要服务于“一带一路”的经贸合作与互联互通，基础设施、资源开发、产能与金融合作等是其重点支持的项目。它是用来带动大量民间投资资金的重要杠杆。丝路基金开始运营后取得了丰富的成果。至2018年5月，丝路基金已签订了总投资800亿美元的19个项目，涵盖了“一带一路”沿线的主要国家和地区。2017年5月，丝路基金增资1000亿元人民币用以增进对“一带一路”的资金支持。

②丝路基金的特点

第一，投资方式多样化。除了主要的股权投资，还有债权、贷款、基金等多样化的方式。规模大、期限长的基础设施、产能合作等建设主要依靠股权投资。丝路基金中的股权投资的比例达72%。对于资金需求量大的项目，丝路基金采取“股权+债权”的方式投资，兼顾风险与收益。目前，丝路基金探索了一种全新的基金投资，主要有三种方式：利用现有机制和管理安排，中外双方共同协商建立专项合作基金；联合其他多边机构共同设立基金；直接参与投资成熟的商业基金[①]。

① 杨捷汉．丝路基金对推进“一带一路”建设的作用［J］．区域金融研究，2017（7）：8-11.

第二，市场化运作原则。丝路基金不是政策性、援助性基金，实行盈利性原则，坚持市场化运作，投资于有效益的项目，实现较好的投资回报和中长期财务可持续。

第三，投资范围广、多元化。投资地域广，丝路基金并不受限于“一带一路”，凡是对互联互通有利的项目都可以投资。投资涵盖基础设施、资源开发、产业合作和金融合作等广泛的领域。合作伙伴多元化，丝路基金目前已与 IFC、欧洲投资银行（EIB）、欧洲复兴开发银行（EBRD）、非洲开发银行（ADB）等国际开发机构，国内的国家开发银行、进出口银行、四大商业银行等金融机构，国内的中国化工集团、中国石油、中国能建、三峡集团、哈尔滨电气集团等企业进行了投资合作。

③丝路基金的相关成果

2015 年 4 月，丝路基金与三峡集团、巴基斯坦私营电力基础设施委员会签署合作备忘录，参与投资卡洛特水电站。6 月，丝路基金支持中国化工集团收购意大利倍耐力轮胎生产商；随后，丝路基金又出资 20 亿美元与哈萨克斯坦出口投资署设立中哈产能合作基金；与俄罗斯诺瓦泰克公司交换了购买俄罗斯马尔液化天然气一体化项目部分股权的框架协议；与沙特阿拉伯国际电力和水务公司签署共同投资开发阿联酋、埃及电站的谅解备忘录；与哈电集团合作投资迪拜 Hassyan 清洁燃煤电站项目；联合葛洲坝集团等中方投资者，与塞尔维亚政府签署关于开发塞尔维亚能源项目的谅解备忘录。2016 年作为基石投资人投资了专注于投资科技、医疗等新兴行业的中法 FC Value Trail 基金。

3. 升级“10+3”机制金融合作

（1）推动清迈倡议多边化机制的发展

与中国有着紧密经济与地缘关系的东亚地区对于中国来说有着重要的战略意义。东亚各国在 1997 年东亚金融危机后构建了“10+3”合作机制，其中就包括金融货币的合作。2000 年东亚“10+3”在泰国清迈共同签订了构建区域性货币互换网络的协议，即《清迈倡议》（CMI），通过彼此的双边货币互换来解决短期流动性不足的问题。东亚各国在金融危机后很难从

IMF 等国际金融机构的附带严苛条件的救助贷款中得到真正的帮助，双边货币互换则发挥了有效的补充作用①，然而 CMI 本身仍存在互换额度受限、互换币种依赖美元等缺陷。中国从 2003 年开始，就积极促进东亚金融合作不断升级，努力推动《清迈倡议》的多边化发展。2009 年 12 月，东亚“10+3”财长与央行行长签署了清迈协议多边化（CMIM）的协议，把原来所有的双边互换协议集中在一起，构建一个 1200 亿美元总额的外汇储备库。2010 年 3 月，为调节域内国家的国际收支和流动性需求问题，正式创建了东亚外汇储备库，中日韩三国出资占 80%，东盟为 20%，其中中国和日本是最大的出资国，各出资占总额 32%的 384 亿美元。2012 年中国推动东亚外汇储备库增加了一倍的规模，由 1200 亿美元增至 2400 亿美元，且降低与 IMF 贷款条件相连的比例至 70%。与此同时，中国推动东亚不断完善金融监督机制，2011 年东亚“10+3”宏观经济研究办公室（AMRO）在新加坡成立，监管估测域内国家的宏观经济运行。在东亚 13 国的推动下，2013 年将 AMRO 从有限公司升级为国际组织，且已在 2016 年 2 月生效。这有利于增强东亚自身的监督能力，降低对 IMF 等国际金融监督机制的依赖，标志着东亚 13 国在监测宏观经济、管理和预防危机等方面的合作水平得到了提升②。

（2）推动亚洲债券市场发展

亚洲金融危机暴露出了亚洲银行业的期限与货币错配的缺陷，这一缺陷使流动性脆弱的东亚银行业很难有效处理信贷紧缩和本币贬值。2003 年，亚洲 18 个国家在“亚洲合作对话”的非正式外长会议上首次提出了成立亚洲债券市场的构想；同年，东盟“10+3”财长会议发布了构建亚洲债券市场的倡议（ABMI），力求发展高效、高流动性的亚洲债券市场，以求更好地将亚洲的高储蓄转化为投资。与此同时，2003 年和 2005 年东亚央行行长会议组织成员国与 BIS 合作，先后推出了两期亚洲债券基金（ABF），投资于成员国发行的美元主权债和本币计价的企业债，亚洲债券

---

① Randall W Stone. The conditionality of IMF conditionality ［J］. International Organization，2008（62）：589-620.

② http：//news. xinhuanet. com/fortune/2016-02/19/c_ 1118098509. Htm.

市场开始进入了实际操作阶段。2008 年 5 月，“10+3” 财长会议决定创立区域内的信用担保与投资机构，为进一步推进亚洲债券市场的发展服务。2010 年 11 月，“10+3” 与亚开行合作建立信用担保与投资基金（CGIF），主要为“10+3” 的投资公司发行本币债券提供信用担保，为公司发行长期本币债券提供服务，用以增强金融系统应对跨境资本流动和危机冲击的能力。亚洲债券市场得到了快速的发展，东亚新兴经济体在 2016 年的本币债券市场规模已占据区域 GDP 的 68. 5%，达到 10. 2 万亿美元，远高于 2003 年的 1. 2 万亿美元①。

4. 上合组织金融合作

（1）中国推动上合组织金融合作的定位

2001 年 6 月，中国发起设立上海合作组织（简称“上合组织”），该组织前身是 1996 年中国发起的“上海五国”会晤机制。上合组织成员国都是“一带一路”沿线国家，包括俄罗斯、哈萨克斯坦、乌兹别克斯坦、吉尔吉斯斯坦、塔吉克斯坦、巴基斯坦和印度等。经过 20 年的发展，上合组织已经发展为世界上覆盖地域最广、人口最多的区域型国际组织，成员国覆盖了欧亚大陆面积的 60%和世界人口的 40%，扩容以后从欧亚扩展到南亚，从北冰洋连接到印度洋。中国目前最重要的石油、天然气进口来源地均在上合组织地区，该区域也是中国通过实施货币互换推进人民币国际化的重点区域和“一带一路”建设的重要区域。在经历了金融危机的打击后，新兴经济体更加意识到，只有强化区域金融合作，才能有效应对危机和防范风险。事实上俄罗斯与中亚各国都希望中国能引导促进上合组织的金融合作，以金融合作的发展来增进彼此的经贸合作，从而加快本国经济的发展。中国一直认为上合组织的金融合作具有巨大的潜力，而且已成为“一带一路”资金融通的重要组成部分。

（2）中国推动上合组织金融合作的发展

第一，推动上合组织银行联合体的发展。上合组织银联体是 2005 年由上合组织的成员国各自选出一家代表性的政策性或开发性银行共同组建

① Asian Development Bank. Asian bond monitor march 2017 [M]. ADB Publication, 2017.

的，全方位服务于成员国的金融合作、银行战略对接、区域经济合作等，已成为上合组织金融合作最重要的投融资平台。

第二，推动上合组织国家间的货币合作。中国自2008年以来积极促进与上合组织各成员国央行或货币当局之间的本币互换合作。双边本币互换合作不仅能够通过本币的使用避免汇率风险，还能弥补成员国流动性不足的困境，稳定金融市场以深化金融合作。截至2017年7月底，中国已与俄罗斯、哈萨克斯坦、塔吉克斯坦、巴基斯坦签署了总额1700亿元人民币的双边本币互换协议，与白俄罗斯、蒙古、土耳其和斯里兰卡等上合观察员国以及对话伙伴国签署了440亿元人民币的本币互换协议。

第三，创建中国—欧亚经济合作基金。2014年9月，习近平主席在上合组织元首峰会上宣布启动建立由中国进出口银行和中国银行共同发起的中国—欧亚经济合作基金，于2015年12月正式投入运营。它是“一带一路”倡议发展的重要股权投资平台，第一期投入10亿美元，总规模达50亿美元，用以支持农业开发、物流、基础设施等领域建设，力求实现建设丝绸之路经济带、强化欧亚国家投资合作、推动欧亚地区经济发展等目标。

三、中国参与国际金融监管类国际公共产品供给的实践

长期以来，国际金融监管的顶层设计、议题设定、标志规则制定等各方面的话语权牢牢掌握在以美国为主的发达国家手中，“全球金融规则”的制定主要反映了发达国家的利益诉求。以中国为代表的发展中国家在金融危机爆发前一直处于国际金融监管的边缘地位，在监管标准、规则的制定方面几乎没有话语权①。2008年金融危机的爆发暴露了全球金融治理中金融监管体系的内在缺陷，其无法反映变化了的世界政治经济格局，而新兴市场与发展中国家随着经济金融实力的快速提升，在危机后逐渐开始参与国际金融监管体系的改革。中国通过G20和FSB等监管平台在推进国际

① Walter, Andrew. Governing finance: East Asia's adoption of international standards [M]. Cornell University Press, 2008.

金融监管改革中发挥重要积极的作用，逐渐增强了自身在此领域的地位与话语权。中国经济的高速增长、不断扩展的金融资产规模和加快的金融改革开放，为中国代表发展中国家积极参与国际金融监管奠定了坚实的基础。

（一）在 G20 框架下深度参与国际金融监管改革

2008 年的 G20 华盛顿峰会决定深入改革全球的金融体系，G20 推动那些制定国际金融监管标准的关键性机构（如 BCBS 和 FSF）将成员扩展至更多的发展中国家。它们积极制定、完善相关标准与准则，引领全球金融监管体系进行一系列重大改革，中国通过 G20、FSB 和 BCBS 等平台深入参与了改革国际金融监管的各项政策的制定工作。尤其是 2016 年杭州峰会，中国作为 G20 主席国，积极推动金融部门改革和金融监管规则制定实施，推动建立开放的具有抗风险能力的全球金融体系，为全球金融稳定贡献了中国智慧。

1. G20 框架下国际金融监管改革方向的确定

G20 在 2008 年的华盛顿峰会上开始探讨完善国际金融的监管问题。在其推动下，FSF 将成员国扩展至更多的新兴经济体和发展中国家，又于 2009 年升级为更正式规范的 FSB。G20 伦敦峰会同意构建一个强大的、统一的、高标准的国际金融监管框架，发表了《加强金融系统》的宣言，要求 FSB 与 IMF 进行合作，共同采取行动建立金融危机预警和解决机制；要求 FSB 与 BIS 以及 IOSCO 等制定国际监管标准的机构进行合作；将全球所有重要的金融机构、对冲基金、金融产品和市场等都包含在国际金融监管规则的限制以内。G20 匹兹堡峰会上，美国将 FSB、IMF、世界银行和 WTO 称为国际经济的四根支柱，并制订了全球金融监管的计划。会议还提出对金融高管薪酬进行改革、把金融衍生品纳入管理和实行跨国金融监管等建议。

2. 推动宏观审慎政策的有效实施

原有的国际金融监管体系过分重视对单一金融机构的监管，缺乏系统性的规避全球风险的机制。G20 首尔峰会要求对宏观审慎工具进行研究，为设计和实行宏观审慎政策框架奠定基础。全球主要的国家开始改革自身的金融监管体系，强化宏观审慎监管，中国也提出了有效的防范系统性风险的宏观审慎监管框架。G20 成员面临全球经济增长乏力、国际投资流动风险加大、大宗商品价格加剧波动等困境，普遍认识到宏观审慎政策框架和工具有效使用的必要性。中国通过与 G20、FSB 合作，共同研究宏观审慎政策的可行性与有效性，并进行相关的实践以为他国提供借鉴。IMF、FSB 和 BIS 共同发布《有效宏观审慎政策要素：国际经验与教训》，对宏观审慎政策的含义、目标、功能等方面进行系统的研究与总结，对下一步如何实施宏观审慎政策、防范系统性风险提出了建议与意见。

3. 构建有效的金融风险处置机制

具有庞大规模和复杂结构的系统重要性金融机构（SIFIs）一旦在金融危机中经营失败，将会给整个金融体系带来剧烈冲击。针对 SIFIs“大而不能倒”的问题，G20 要求 FSB 与标准制定机构研究制定 G-SIFIs 的评估方法和监管要求，并承诺落实 FSB 发布的《金融机构有效处置机制核心要素》，使这些机构在必要时“大而能倒”。G20 在 2015 年的安塔利亚峰会上，进一步推进银行“大而不倒”问题的解决，构建了 G-SIFIs 的总损失吸收能力（TLAC）国际标准。中国对 G-SIFIs 的认定与监管工作深度参与并高度重视构建金融机构处置机制，四大国有银行中、工、农、建先后进入全球 G-SIBs 名单，平安保险入选全球系统重要性保险机构（G-SIIs）。中国自 2016 年以来，不断强化与 FSB 的协调沟通，积极推动 G20 成员落实改革国际金融监管的具体工作。

4. 广泛参与《巴塞尔协议Ⅲ》的制定、推广与执行

在 G20 的推动下，2010 年 BCBS 发布以资本和流动性监管改革为核心的《巴塞尔协议Ⅲ》，内容包括更加严格的资本的要求、构建国际统一的流动性监管框架、设立逆周期资本缓冲等，以防止银行体系的顺周期性等。中国于 2004 年开始正式实行资本监管。在 2009 年中国加入巴塞尔委员会以后，按规定的时间与发达国家一起制定、推广与实行 BCBS 的监管规则。2016 年杭州峰会后，BCBS 进一步修订了更简单、具有可比性和风

险敏感度的资本监管风险计量方法。2017 年，BCBS 发布《巴塞尔Ⅲ：后危机改革的最终方案》，力求通过优化内部模型来减少过度差异性的风险加权资产，尽量避免银行进行资本套利，强化银行监管资本的可比性，逐步树立巴塞尔资本监管的信誉。

（二）跨境监管交流

发展中国家在跨境资本流动出现不正常时，应当强化跨境金融监管力，避免发生汇率风险。中国通过签署本币互换协议、双边监管谅解合作备忘录等形式，开展广泛的跨境监管交流。

1. 双边本币互换协议

货币互换协议可以为两方贸易提供短期流动性支持，规避汇率风险，降低汇兑费用，维持双边金融稳定。货币互换不仅是人民币国际化的必要手段，也是强化中国与周边国家的金融监管合作、建立地区金融安全网的重要途径。自 2008 年开始，与中国签订双边本币互换协议的已有 24 个国家或地区（见表 6-11），涉及规模为 33612 亿元人民币。货币互换的区域，既包括中国香港地区、韩国和日本等贸易伙伴，印度尼西亚等新兴市场国家，还包括土耳其和阿联酋等关键地区枢纽国家，以及新西兰、澳大利亚、英国、加拿大等西方发达国家。

表 6-11　2008 年以来中国人民银行签订的双边本币互换协议

国家（地区）	时间	金额	有效期
韩国	2008 年 12 月	1800 亿元人民币/36 万亿韩元	3 年
	2011 年 10 月	3600 亿元人民币/64 万亿韩元	3 年
中国香港地区	2009 年 1 月	2000 亿元人民币/2270 亿港元	3 年
	2011 年 11 月	4000 亿元人民币/4900 亿港元	3 年
马来西亚	2009 年 2 月	800 亿元人民币/400 亿林吉特	3 年
	2012 年 2 月	1800 亿元人民币/900 亿林吉特	3 年
白俄罗斯	2009 年 3 月	200 亿元人民币/8 万亿卢布	3 年
印度尼西亚	2009 年 3 月	1000 亿元人民币/175 万亿印尼卢比	3 年
阿根廷	2009 年 4 月	700 亿元人民币/360 亿阿根廷比索	3 年
冰岛	2010 年 6 月	35 亿元人民币	3 年

续表

国家（地区）	时间	金额	有效期
新加坡	2010 年 7 月	1500 亿元人民币/300 亿新加坡元	3 年
	2013 年 3 月	3000 亿元人民币/600 亿新加坡元	3 年
新西兰	2011 年 4 月	250 亿元人民币	3 年
乌兹别克斯坦	2011 年 4 月	7 亿元人民币	3 年
蒙古国	2011 年 5 月	50 亿元人民币	3 年
	2012 年 3 月	100 亿元人民币/2 万亿图格里特	3 年
哈萨克斯坦	2011 年 6 月	70 亿元人民币	3 年
泰国	2011 年 12 月	700 亿元人民币/3200 亿泰铢	3 年
巴基斯坦	2011 年 2 月	100 亿元人民币/1400 亿卢比	3 年
阿联酋	2012 年 1 月	350 亿元人民币/200 亿迪拉姆	3 年
土耳其	2012 年 2 月	100 亿元人民币/30 亿土耳其里拉	3 年
澳大利亚	2012 年 3 月	2000 亿元人民币/300 亿澳大利亚元	3 年
乌克兰	2012 年 6 月	150 亿元人民币/190 亿格里夫纳	3 年
巴西	2013 年 3 月	1900 亿元人民币/600 亿巴西雷亚尔	3 年
英国	2013 年 6 月	2000 亿元人民币/200 亿英镑	3 年
	2015 年 10 月	3500 亿元人民币/350 亿英镑	3 年
	2018 年 11 月	3500 亿元人民币/400 亿英镑	3 年
俄罗斯	2014 年 10 月	1500 亿元人民币/8150 亿卢布	3 年
卡塔尔	2014 年 11 月	50 亿元人民币/208 亿里亚尔	3 年
加拿大	2014 年 11 月	2000 亿元人民币/300 亿加拿大元	3 年
日本	2018 年 10 月	2000 亿元人民币/34000 亿日元	3 年

资料来源：中国人民银行。

2. 双边监管合作谅解备忘录或合作换文

中国原银监会截至 2017 年末已与全球 70 个国家或地区的金融监管机构签署了双边监管合作谅解备忘录和监管合作协议，其中包括 27 个“一带一路”国家。对于“一带一路”沿线没有构建监管合作机制的国家，中国原银监会继续快速推进双边监管合作谅解备忘录签署的进程，构建有效的、高质量的双边监管合作机制，扩大各国进行信息共享的领域，强化应对跨境风险和解决危机的制度安排，进一步增强跨境监管的日常沟通。中国证监会自 1993 年以来至 2018 年初，已经与 61 个国家或地区的证券期货监管机构签署了67份证券期货监管合作谅解备忘录，加强了与这些国家在资本市场方面的金融监管合作。

第三节 中国参与全球金融治理变革的挑战

一、人民币国际化的挑战

（一）“逆全球化”的挑战

1. 强化了人民币国际化进程中的外部风险

“逆全球化”改变了全球整体的政治经济环境，也使得人民币国际化进程难以避免地面临更加严重的外部风险。2016年英国宣布“脱欧”，全球股市深受打击，英国、法国、德国的股市下跌了3.2%、8%、6%，中国股市也遭受较大冲击，当日沪指下跌1.3%。这是“逆全球化”在全球资本市场上的直接反映。随着全球化进程加快，各国间的国际合作更加频繁和密切，彼此的相关利益更加错综复杂，中国是欧盟与英国的第二大和第四大贸易伙伴，与之有着非常密切的经济贸易关系，因而“逆全球化”会同时给彼此带来很大的冲击和影响。加上中美两国不断增多的贸易摩擦事件，使中国的资本市场发生剧烈的波动①。

2. 阻碍了人民币国际化的进程

首先，中国贸易进出口规模短期内会受到“逆全球化”的不利影响。从图6-9所示的中国进出口总额的变化趋势中可以看出，中国进出口总额受春节的影响在每年2月都会出现猛烈下降，然后在3月又快速提升，但受到中美贸易摩擦的不利影响，2018年3月的进出口总额并没有显著提升，反而相比同期减少了2.5%。通过对贸易摩擦的积极应对，中国进出口总额至2018年第三季度末相比同期提升了9.9%。

① 陆岷峰，等．“逆全球化”影响下人民币国际化不确定因素与成长之路［J］．云南师范大学学报（哲学社会科学版），2019（1）：76-84.

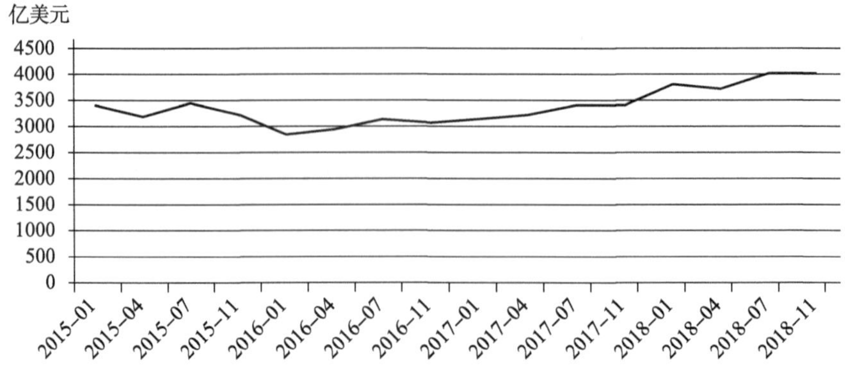

图 6-9　中国进出口总额变化趋势

资料来源：中国海关总署《全国进出口月度总值表》。

其次，对人民币跨境结算的影响力造成不利影响，使得贸易中人民币跨境结算的表现不尽如人意。图 6-10 显示，中国跨境贸易人民币结算数额和其占贸易进出口总额的比例自 2015 年开始持续降低，表明人民币跨境结算近几年的国际影响力有一定程度的降低。

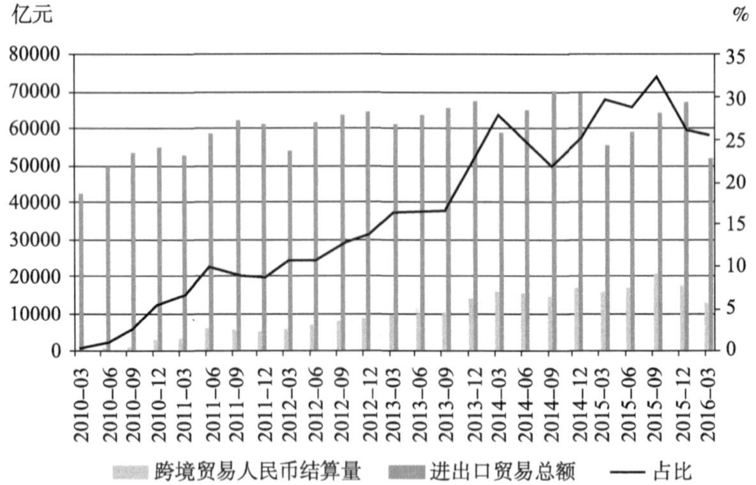

图 6-10　2010—2016 年跨境贸易人民币结算量、进出口贸易总额及占比

资料来源：中国人民银行《月度金融统计数据报告》；中国海关总署《全国进出口月度总值表》。

（二）货币竞争的挑战

人民币在推进国际化的进程中，不可避免地会对现有国际货币体系中的美元、欧元、英镑和日元的国际货币地位带来一定影响，而这些国家会随时警惕极力维护自身货币的地位与份额。当前美国、欧洲国家、日本等主要国家逐步退出了危机后的量化宽松政策，这对全球金融市场的汇率、利率等带来的影响很大，也增加了短期流动性资金的风险传染性和不确定性，强化了全球金融的脆弱性，从而使货币竞争更加激烈。当前美元仍是最核心的国际货币，随着欧洲经济的复苏，欧元所占份额不断扩大，英国受到“脱欧”的不确定性影响，减缓了经济增长速度，也给日元加快国际化进程提供了条件。人民币国际化面临激烈的货币竞争格局。

首先，对美国来说，中国不断提升的经济实力和政治地位会推动人民币国际化进程，对美元的强势地位可能造成威胁①。美国需要一个更加开放的中国资本市场，因而其对人民币的国际化进程并未反对甚至还公开持支持态度，但在实际行动中并未采取真正支持人民币国际化的行动，例如美国一直消极拖延在美国建立人民币清算中心②。其次，对日本来说，日本不愿看到人民币在亚太地区增强影响力，虽然其与中国有着密切的贸易关系、共同的合作利益，并且进行本币结算能够减少汇兑成本，但日本与中国的货币合作却非常滞后。人民币的国际化不可避免地会在东亚地区与日元形成激烈的竞争。最后，对欧元来说，欧元的份额最有可能被人民币的国际化所挤占，法、德等国为维持欧元世界第二的地位，不会对人民币国际化持积极的支持态度。对英镑来说，英国力求维持英镑的传统地位，而人民币国际化力求使人民币成为美元、欧元这样的国际货币，所以英国对人民币并不完全支持。这些都促成了人民币国际化进程中与既有的国际

---

① Subramanian A. Eclipse：Living in the shadow of China's economic dominance [J]. Political Science Quarterly，2013（4）：692-693.

② 截至2015年12月31日，有17个国家和中国建立了人民币的清算机制，它们分别是新加坡、德国、英国、卢森堡、法国、韩国、卡塔尔、加拿大、马来西亚、澳大利亚、泰国、瑞士、智利、匈牙利、南非、阿根廷、赞比亚。美国和日本缺席。直到2016年第八轮战略与经济对话，中美才达成一些有助于推动人民币国际化的合作措施。

货币间的激烈竞争。

（三）国内金融体系不完善的挑战

1. 开放金融市场的挑战

中国金融市场的开放是实现人民币国际化的必要条件，然而放开金融市场要比放开商品市场的风险和影响更大。而中国的金融体系还不完善，例如，在金融机构方面还存在大而不强的国有银行和小而分散的证券投资机构；在制度方面还存在着不充分的股票市场监管和缺乏整合的政府债券市场；在人才方面，金融监管机构以及银行等金融机构都急需高水平的专业人才。

2. 人民币金融产品体系不完善

首先，发展离岸人民币市场需要多样化、频繁交易的产品。而2017年离岸人民币资金池仍处于初级阶段，流动性紧缩，利率提高，对人民币国际化进程起到阻碍作用。其次，国内的人民币金融产品市场规模较小、流动性和开放度受限，水平远低于美元、欧元金融产品，对汇率风险的管理方式也不能满足需要。

3. 资本流动管理的限制

面对复杂多变的全球金融形势，为防范金融风险，中国加强了资本项目下的管理。2017年1月，国家外汇管理局发布推进外汇管理改革的多项措施，完善真实合规性审核，资本流动“宽进严出”，从而奠定了全年资本账户管理趋严的基础。这不可避免地在一定程度上阻碍了人民币跨境流动，资金进出增加了手续和难度，人民币跨境流动不顺畅给跨境和离岸使用人民币带来了负面影响。

4. 人民币国际支付基础设施建设水平低

当前人民币国际支付基础设施（CIPS）建设相对滞后于中国经济金融发展水平和国际社会对人民币的使用需求。CIPS存在处理业务量达不到预期、业务品种相对单一、证券清算结算存在割裂、证券交易与资产服务缺乏统一对接的国际惯例流程与策略等诸多问题，除此之外，在货币政策传导、优化资金周转和金融监管经济预测等方面，与国际先进的支付基础设施相比，还存在着明显的差距。

二、中国参与国际金融机构类国际公共产品供给的挑战

中国参与供给国际金融机构是新兴国家如何将日益增长的经济实力转化为国际政治影响力的一种实践，有利于它们在重大的国际金融问题上共同应对来自西方的压力，推动国际金融旧秩序的变革。中国已经在推动国际金融体系改革、IMF 和世界银行结构性改革、各国宏观经济政策协调、完善金融危机应对机制、加强金融监管等很多方面取得了显著的成果，给传统国际金融机构体系带来了竞争压力，促使它们进行改革，提高运行效率。但从目前情况来看，中国参与供给国际金融机构仍不可避免地面临内部和外部的各种挑战。内部面临自身在国际化治理结构和国际化运营模式方面的挑战，外部面临新旧国际金融机构供给竞争、美日大国的阻挠等地缘政治经济挑战。

（一）美日大国的地缘政治经济挑战

1. 美国的挑战

美国并不愿意看到其主导的金融治理体系发生根本性的变革，因此对中国参与国际金融机构变革完善的实践，要么是拖延、消极应对，要么是或明或暗地抵制，借此维持其原有的主导地位。具体表现在：

首先，逐渐减少对 G20 的支持。在金融危机爆发后，G20 在集体应对危机的过程中发挥了积极作用，但从 2013 年开始，美国因与中国、俄罗斯的政治矛盾而开始故意忽略 G20，阻碍中俄在全球金融治理中发挥作用。失去美国支持的 G20 机制有发展为“清谈馆”的可能性，G20 近年来的几次峰会都未通过一些务实的决议也与缺少了美国的支持有关。

其次，不愿对份额权、人事权进行实质性改革。美国一直或明或暗地阻挠中国等新兴经济体推动 IMF 的份额权改革。2010 年 IMF 达成了份额权与人事权的改革协议，但其表决通过的进程却被美国政府和国会长期拖延，被延迟了 5 年之后，到 2015 年末才在美国参众两院通过。

再次，反对 SDR 的改革。虽然美国支持构建了 SDR，但作为一种超主权的国际货币，SDR 对于美元的国际货币地位存在着很大的威胁。这是美国一直不愿 SDR 进一步深入发展的原因。实际上，SDR 自创建以来，并没有发挥国际货币的实质性作用。美国一直消极对待人民币“入篮”的计划，而且由于美国的暧昧态度，IMF 评估人民币是否“入篮”的决定在 2015 年下半年被多次推迟。

最后，反对中国发起的亚投行。美国从最开始就认为中国成立亚投行是为了减弱世界银行和亚开行的影响力，是中国的一个政治工具①。美国制造亚投行“威胁论”，认为亚投行对美国主导的全球经济金融秩序发出了挑战，不仅对亚投行进行公开批评，还大力阻止盟友加入亚投行，比如游说日本、韩国和澳大利亚。在美国的胁迫下，美国的关键盟友日本直到目前也未加入亚投行，而韩国和澳大利亚也是在 2015 年英国宣布加入亚投行之后，才公开表态决定加入。

2. 日本的挑战

首先，日本对亚投行的反对。日本一直在政治上受制于美国，为求得美国的支持，日本表示不着急加入亚投行。日本公开指责亚投行存在与亚开行作用重复、缺乏治理的公正性和透明度、损害股东利益等的缺陷②。面对战略布局，日本运用竞争与分化的策略应对中国亚投行的成立：2015 年 5 月，日本宣布将斥资 1100 亿美元成立“亚洲基建基金”，同时以提供 ODA 的低息贷款吸引泰国政府，开启与中国的高铁出口竞争；2015 年 7 月，日本计划以 2400 亿日元投资菲律宾铁路建设，同时又与菲律宾签署工业合作行动计划。除了经济上的竞争，日本还以南海等问题挑拨中国与周边国家的关系，给中国带来不利影响。

其次，中日政治互信问题是东亚金融合作的重要障碍。日本在 2005 年的 GDP 是中国的两倍，中日两国 2010 年的 GDP 基本持平，到了 2014 年，

① Jane Perlez. U. S. opposing China's answer to World Bank [N]. The New York Times, 2014-10-10.

② Eiichi Sekine. Aims and prospects of the Asian Infrastructure Investment Bank proposed by China [J]. Nomura Journal of Capital Markets, 2015 (4): 1-14.

中国的GDP已变成了日本的两倍。在2010年，中日关系由于撞船事件而逐渐趋于紧张，紧张的双边关系使得2012年中国对日本出口损失313亿~318亿美元，日本的损失为368亿~379亿美元①。

（二）新旧国际金融机构类国际公共产品供给竞争加剧的挑战

近些年来，新型国际金融组织在为全球或区域提供公共产品的过程中，不可避免地与美国主导的传统国际金融体系产生供给竞争，这种竞争态势日益明显，表现在治理理念、业务开展和主导权争夺等很多方面。一旦供给竞争走向制度互斥，将会给全球金融治理带来很大的不确定性，而从目前来看，走向竞争互斥的可能性正不断加大。

首先，两者在奉行的治理理念和规则上存在较大差异。新型机构突破了狭隘的“区域主义”，体现了行为主体多元、开放包容、求同存异、共同治理、合作共赢的理念，如金砖新开发银行奉行平等、开放理念，亚投行奉行公平公正、包容、合作发展的治理理念等，并将这些理念应用到股权份额、投票权、治理结构和决策机制上，充分体现了其代表性和合法性。传统金融机构一开始就有西方价值标准的烙印，这种以发达国家为本位，要求其他国家让渡国家主权、牺牲本国社会福利的西方价值理念，导致了其代表性、合法性的不足。新旧理念产生强烈的竞争和冲突。

其次，在业务开展上的竞争也日益明显。如亚投行要得到国际社会的认可，必须要达到亚开行和世界银行的国际经营标准；亚投行与亚开行同为多边开发银行机构，亚开行致力于扶贫，与亚投行存在业务交叉，即使没有竞争，一旦亚投行经营不善，基础设施项目会自动流向效益较好的机构，两者在争取基础设施项目上存在显著竞争。亚洲是世界银行资助的重点地区，在这方面其也与亚投行有一定的业务竞争。如果三者之间不考虑加强彼此的分工合作、共同致力于亚洲地区发展，就会陷入恶性竞争的局面。此外，亚投行还与东盟基础设施基金和亚太基础设施投资基金的业务存在重叠、交叉，进而可能导致竞争。

最后，争夺主导权的冲突和竞争。例如，亚投行由中国倡议并主

---

① 徐奇渊，陈思翀．中日关系紧张对双边贸易的影响［J］．国际政治科学，2014（1）：1-24.

导建立，亚开行是由美日所主导，美日不加入亚投行，还阻碍其他国家加入，鼓吹亚投行“威胁论”，以维护其在亚太乃至全球的霸权利益。在两种机制存在明显竞争的情况下，如果各主导国之间难以达成有效的制度平衡，可能会加剧全球金融治理体系的碎片化现象，导致金融治理无效，进而降低全球金融公共产品的供给水平，威胁全球金融体系的稳定。

（三）新型国际金融机构面临的诸多挑战

1. 经济金融实力不足，难以具备挑战传统国际金融体系的能力

比如金砖新开发银行，金砖国家在经济高速发展的同时，仍然没有解决其在经济结构、经济发展模式等方面的问题，尤其是金融领域，国内金融体系发展滞后，抗风险的能力较弱，金融市场规模小，金融人才缺乏，等等，与发达国家相比还存在很多先天的弱势，存在着巨大差距。尤其2014年以来，世界经济缓慢复苏，逆全球化、多边贸易体制被边缘化等使得金砖国家的贸易经济受到较大冲击，经济增速放缓。2015年巴西和俄罗斯的经济增长分别衰退1个百分点和3.8个百分点。美日欧等发达国家货币政策的转向，降低了全球大宗商品的价格，并使得国际资本市场剧烈震荡，俄罗斯和巴西由于出口结构单一、依赖资源出口，受到较大冲击，巴西经济自1930年来首次出现连续两年负增长，俄罗斯经济也由于油价大跌和西方的制裁而严重萎缩。此外，金砖国家存在不平衡的经济实力与关系。比如中国的经济规模超过了其他四个国家的总和，再如俄罗斯与中国的贸易总量很大，约为600亿美元，但俄罗斯与南非的贸易总额却很少，只有约2亿美元。

2. 各成员国利益冲突的挑战

例如，在金砖银行中，金砖国家发展的较大差异导致其具有不同的政策偏好，从而成为深入合作的阻碍。金砖国家虽然在国际金融等领域具有明确的共同利益，但由于成员之间的利益冲突，金砖机制的整体力量可能被削弱，从而难以发挥一个强大整体的能力。比如在工业制成品方面，金砖国家有贸易冲突，中国的产品在印度经常被实行反倾销政策，在巴西也

逐渐遭受其贸易保护的干预；在铁矿石等全球大宗商品的定价权方面，中巴、中俄经常开展价格谈判；印、巴两国强烈要求人民币升值，以减轻它们国内本币升值的通胀压力；在改革国际金融秩序的途径方面，中国认为应当在继续承认美元主导地位的基础上逐渐减少对美元的依赖，而俄罗斯、巴西等国则认为应当通过快速、激进的途径减少对美元的依赖。再例如，亚投行的成员国大部分是亚欧非国家，其中有一些是发达国家，但亚投行的业务、政策主要针对发展中国家，而发展中国家与发达国家经济利益的巨大差异会降低亚投行的工作效率。

3. 在制度安排、治理结构、治理决策及运营管理等方面的挑战

就金砖新开发银行来说，它与成熟的国际金融机制相比存在很多问题：首先，机制缺乏稳定性，采用成员国轮流举办领导人会晤的形式，没有设立秘书处等常设机构，这种“软机制”使得整体合作机制比较松散，难以及时应对国际形势的变化；其次，缺乏规范性，各成员国在意识形态、政治经济制度及发展程度上均存在差异，各国对参与机制的热情和参与度也不同，利益诉求不一致，在重大问题上缺乏解决争议的正式的机制，势必会影响彼此之间的交流与合作；最后，该机制主要采用论坛式的交流方式，以对话、讨论为主，没有纲领性、法律性质的规章制度，不具有约束性和强制性，导致达成的协议难以有效贯彻。

就亚投行来说，在治理决策方面，由于成员国存在发展程度、制度安排和个体利益等方面的巨大差异以及地缘政治的矛盾，个别成员国甚至并不十分相信亚投行的创建意图，从而加大了亚投行协调重大问题决策的难度。在运营管理方面，亚投行在贷款项目运营、融资模式选择及拓展融资渠道等方面都缺乏成熟先进的经验，需要向现有的传统国际金融机构学习借鉴。在治理结构方面，亚投行面临如何保证治理结构兼具透明度和公正性、设立能高效运营的行政机关与管理层制度的挑战，面临如何既突破传统机构局限又充分体现成员国话语权和利益的挑战。在运营方式方面，亚投行在贷款项目方面既要借鉴传统机构的经验，又要摒弃那些不符合亚洲自身发展的规则。在融资门槛方面，亚投行既要为实现亚洲地区基础设施

的投资需求而降低其融资门槛，还要扩展融资途径与完善财务结构，力求带动更庞大的资金支持亚洲地区的基础设施建设。

三、中国参与国际金融监管类国际公共产品供给的挑战

美国以国际组织为平台，凭借自身国际政治地位，将符合自身利益的监管规则扩展至全球金融领域，试图操纵全球金融资源的再分配。尤其是金融危机以来，国际金融监管规则进一步强化，使作为发展中国家的中国等国家的金融利益受到威胁与挑战。

（一）强化的金融监管使整体金融业竞争力受到削弱

拉大了中国与发达国家之间的差距。金融危机后，国际金融监管规则的强化导致参与监管的合规成本增加，降低了金融业的利润水平，削弱了中国整体金融实力。首先，合规成本大幅增加。中国为履行国际监管规则要付出高昂的内部费用。2013 年荷兰的《财经报》估算，金融危机后金融机构监管合规成本达到危机前的 3 倍。随着《巴塞尔协议Ⅲ》和美国 EPS 等一系列宏观审慎监管规则的出台和执行，中国银行业的资本面临更加严格的监管要求，而且中国的 4 家大型银行被选入全球系统性重要银行，这需要满足额外的资本金要求。同时，在反洗钱方面，国际监管日益严格，中国境外金融机构稍有不慎就会被制裁和处罚。根据律商联讯对中国、中国香港地区、马来西亚、新加坡、泰国和印度尼西亚六个国家（地区）反洗钱合规成本的评估，银行业每年反洗钱合规预算达到 15 亿美元，其中中国最高，而且每年都在增加。其次，中国金融业的境外利润水平偏低。中国银行业的境外业务仍以传统业务为主，银行资本和资金来源过度依赖母国集团，由于金融危机后合规成本的增加和较弱的国际化竞争力，短期内发展中国家金融业境外利润水平总体较低的状况难以改善。最后，境外并购成本和风险增加。近年来，中国金融业境外并购面临冗长的审查流程、不透明的审查环节等困境，导致并购成本增加和成功的概率较低。即使成功并购，也可能因为不当的投资时机和投资者权益保护不足而面临亏损的局面。比如，中国的民生银行曾两次投资美国联合银行，因其倒闭亏损

8.24 亿元人民币，平安集团投资富通集团亏损 228 亿元人民币。

（二）金融机构境外经营受到约束

限制了中国对境外企业的金融支持能力。随着中国企业“走出去”步伐不断加快，一些境外企业因资信或担保条件等难以达到国外银行融资条件，尤其需要本土银行的金融支持。而金融危机之后，发达国家实施严格的金融监管规则，中国金融机构在境外受到经营规模、流动性、直接制裁等方面的约束，使其对境外企业的金融支持和覆盖面大大滞后。首先，受到经营规模约束。美国的 EPS 中的第 4 档监管旨在限制外资银行在美国的经营规模，类似于历史上美国主导《巴塞尔协议 I》通过提高资本金成本来限制日德银行同业的跨境经营的发展规模。其次，受到流动性监管约束。较弱的获取本地资金的能力，使得中国境外金融机构借短贷长，资产负债期限高度错配，尤其在美国退出量化宽松之后其流动性更为趋紧，难以从容应对日益严格的流动性监管要求。最后，受到直接制裁约束。比如 2012 年 7 月，美国宣布两项制裁伊朗的措施，而中国昆仑银行因与伊朗有业务往来也被列入制裁名单中，其金融往来业务也被列入反洗钱名单中。又如 2016 年 2 月，中国工商银行因涉嫌洗钱在西班牙被搜查，这一事件极大影响了其他中资金融机构及其境外分支机构的声誉。

（三）中国参与国际金融监管的话语权仍较低

虽然金融危机后国际金融监管体系进行了改革，但仍不能反映世界经济金融格局的改变。首先是不平衡的会员构成和权力分配，如 IMF 于 2010 年提出的改革计划直到 2015 年末美国国会才给予通过，欧盟也被批评在 BCBS、FSB 的指导委员会中占有过多的席位。这类事件在其他国际监管机构中是常见现象。其次是国际金融监管机构的领导层长期由西方发达国家担任。最后是国际金融监管的机构通常在北大西洋地区设立总部，这使得其监管效果与政策制定等都不利于发展中国家。国际金融监管的既得利益者（美国和欧洲）希望维持现状，而发展中国家一直缺乏改革国际金融监管体系的强烈诉求和实质行动，而是更关注于推进本国的金融监管改革。

（四）非公平待遇和不对称开放

现存的国际监管规则是由美国等主要发达国家及其控制的国际组织制定的，并未考虑发展中国家的利益，有些规则的制定并无发展中国家的参与，而且有些制定规则的金融活动在发展中国家尚未得到充分发展，如《巴塞尔协议Ⅱ》中的内部评级法和LEI体系等。金融危机后，发展中国家还面临着新旧规则并行，甚至一些规则自身充满矛盾的境况，比如，《巴塞尔协议Ⅱ》和《巴塞尔协议Ⅲ》之间间隔四年，内部评级法退回标准法的争论使前期投入大量成本的发展中国家重新回到起点。此外，发达国家对发展中国家金融领域的不对称开放影响发展中国家的利益。美国要求全球金融市场对自己开放，却很少对发展中国家开放金融市场。比如，中美两国在金融机构准入方面并未实现互惠平等的原则，在1981年至2008年金融危机前，中国仅有交通银行和招商银行两家银行进入美国市场，而美资银行在中国超出十家。金融危机后，美国迫于经济压力对外开放金融市场，这才相应增加了中资银行的入驻。

第七章
中国参与全球金融治理变革的策略选择

第一节 中国参与全球金融治理变革的战略定位

全球金融治理体系是一个既有的秩序模式，中国参与全球金融治理面对的是一个需要改变，但仍在发挥不可替代作用的现存全球金融治理秩序，中国在这种背景下参与全球金融治理必须要有合理而清晰的战略定位。

一、要有明确的身份定位

只有明确自身的角色定位，中国才能知道自己到底如何对全球秩序的全球或地区产品做出贡献以及贡献多少①。

首先，中国作为经济快速发展的新兴大国的身份定位。随着改革开放和现代化建设的不断推进，尤其是中共十八届三中全会以来加快了全面深化改革的进程，中国经济实力和综合国力进一步增强，区域和国际事务主导影响力进一步上升。逐步缩小与其他强国特别是美国的实力差距，并且开始对世界力量格局、国际秩序和国际行为准则产生一定的影响，这样一个新兴大国的身份定位要求中国的对外政策应以周边国家为外交重点，以此作为抵御外部压力的重要国际基础，继续推进与周边国家的区域经济合作，有效改善我国的国际环境，在承担更多的国际责任的同时提升中国在国际事务中的话语权与制定国际规则的权力。有效提供区域公共产品仍然

① 庞中英．全球治理与世界秩序［M］．北京大学出版社，2012：204.

是我国经济外交的重点之一。

其次，中国作为发展中大国的身份定位。中国经济的快速发展并没有改变中国作为发展中大国的本质属性。中国在人均收入、科技水平、产业结构等方面与美国等实力强国仍然有很大的差距①。经济社会发展阶段和国力现状决定了中国难以承担超出自身能力范围的国际责任，中国必须要以发展中国家的身份，来维护中国与其他发展中国家的共同利益，实现权利和义务的平衡，推动全球金融治理的变革。这样做有利于减少西方发达国家对中国的敌意及其他发展中国家对中国的猜忌，求同存异，共同推进全球金融治理变革向公平有效的方向发展。

二、中国作为现有秩序的补充者的定位

现存的全球金融治理体系代表的是以美国为核心的发达国家的利益格局，从制度进化的角度看，这种治理格局是一个必经的环节，而且客观上是一个相对公平和有效率的治理结构。从制度演进的角度看，最优路径是通过存量和增量改革，使这个治理机制在进化中不断发展完善，而不是推倒重来。中国代表发展中国家参与全球金融治理变革，在现阶段以及未来很长一段时间内，都是作为一个改良者的身份出现，是一种补充和完善的力量，对旧体制进行改良和修补。在当前美国主导权发生战略收缩时，中国不能急于弥补美国不再涉及的战略领域与空间，不要挑战美国的全球地位和影响力，更不要主动承担与自身权力不匹配的国际公共产品的供给，过度消耗国家实力与战略资源。中国和美国等西方发达国家在全球治理层面仍然存在诸多共同利益和需求，要争取求同存异、务实合作。当前中国的最优策略就是积极务实地推进亚投行、“一带一路”、金砖国家金融合作机制等增量改革，补充完善现有的全球金融治理体系。

中国参与全球金融治理的目标就是追求全球金融治理的民主性、公平性和全局性原则，追求超越霸权思维的、终极的全球金融治理格局。中国

---

① 张茉楠．新型全球治理框架中我国的角色转变及参与对策［J］．宏观经济管理，2017（7）：15-18.

供给的以亚投行为代表的国际公共产品本身就是在行为上与现存体系展开竞争，在功能上对现存治理机制进行补充，最终目标是建立开放、共享、民主、共治的全球金融治理新格局。

第二节　中国参与全球金融治理变革的策略选择

一、在某些优势领域发挥“大国先行”的作用，率先供给国际公共产品

随着经济的快递增长，成为世界第二大经济体的中国具有强劲的经济增长势头、旺盛的进出口需求、强大的基础设施建设能力、国内高储蓄率和巨额外汇储备等优势。在参与全球金融治理国际公共产品供给过程中，中国要发挥优势、扬长避短，在某些具有区域或全球优势的领域，率先提供国际公共产品，努力成为这些领域的引领者和规则制定者，进而提高自身在全球金融治理中的话语权与作用。比如，中国在绿色金融、基础设施建设投融资方面具有一定的优势，可以在这些领域利用庞大的市场潜力和强大的基础设施建设能力，率先提供满足国际社会需求的国际公共产品。

首先，基础设施投资有利于促进全球经济增长和可持续发展。麦肯锡《2016 年全球基础设施投资缺口》报告中指出，2016—2030 年，要实现预期的经济增长需要每年在基础设施建设方面投资 3.3 万亿美元，其中新兴经济体的需求占 60%，且每年将有 3500 亿美元的需求得不到满足。若要完全实现联合国的可持续发展目标，则缺口将会是 7000 亿美元。从全球层面来看，基础设施投融资的供不应求是迫切需要解决的问题。生产要素跨境流动的主导模式在未来很长一段时间仍是跨境资本投资，强国需要通过对外投资帮助其他弱国发展，同时实现自身的经济增长。由中国提出的“一带一路”倡议，秉承“开放、包容、多元和互利共赢”等合作理念，基础设施建设的领域涵盖整个亚欧非大陆、澳大利亚、新西兰、北美与南美。“一带一路”沿线大部分是基础设施落后的发展中国家，实施“一带一路”倡议能够提供新的融资渠道和基建技术帮助这些国家加快基础设施

建设和实现经济增长。亚投行、丝路基金等就是中国在“一带一路”框架下供给的基础设施建设投融资的主要国际公共产品，它们不仅是在亚洲，而且要突破亚洲，促进亚洲与其他区域的共同发展。至2019年1月，亚投行以基础设施互联互通项目为重点，覆盖东亚、东南亚、南亚、中亚、非洲等6个地区13个国家，带动近400亿美元的其他投资进入相关基础设施投资项目。

其次，引领绿色金融的发展。随着全球日益严峻的生态问题的出现，绿色金融越来越成为关注的焦点。绿色金融是为应对气候变化和改善环境，同时提高资源利用效率而进行的金融活动。2016年，中国人民银行等七部委出台了《关于构建绿色金融体系的指导意见》，成为全球首个系统性推动绿色金融发展的最完整的政策框架。中国绿色金融的发展提升了中国在全球层面这一领域的领导力、影响力和话语权。通过G20平台在全球推广绿色金融，2016年，中国抓住作为G20轮值主席国的机会，首次将绿色金融纳入了G20杭州峰会的重要议程和议题，也为中国在绿色金融发展领域提升国际制度性话语权打下了良好的基础。同时，中国引领了全球绿色金融债券市场的发展，2016年，中国建立的绿色债券市场占据了全球市场份额的40%，成为最大的绿色债券市场，而且在软实力和制度建设方面成为全球领导者。绿色金融已经成为金融高质量共建“一带一路”的重要着力点。“一带一路”的参与国具有的巨大基础设施投资需求，为新一代绿色金融产品与技术提供了广阔的市场，发展绿色金融大有可为，也是大势所趋。因此，应在“一带一路”框架下推动绿色金融的国际交流与合作。

二、在推进全球金融治理“存量改革”的同时，重点推进“增量改革”

中国虽然在国际货币体系、国际金融机构、国际金融监管等方面推动了全球金融治理的“存量改革”，话语权在一定程度上得到了提高，但美元在国际货币体系中地位仍然稳固，IMF和世界银行等主要国际金融机构和国际金融监管规则仍然被美国主导的西方国家所控制。中国推动全球金融治理的存量改革，虽然取得了一定成果，但进展非常缓慢，中国难以在既有的全球金融治理体系中主导规则的制定。

全球金融治理体系不是哪个国家可以独自控制的，它是一种国际性的公共产品，其变革和完善要由全球各国来共同推动。对全球金融治理的改革，中国一直强调并不是对现有的机制推倒重来，也不是另起炉灶重建新机制，而是要对现有体系进行创新完善，以便于更好地反映国际政治经济格局的改变，更广泛地反映大多数国家的意愿和诉求。在当前全球金融治理改革难以推进的背景下，中国积极探索务实创新，开启了全球金融治理体系增量改革的进程，人民币国际化、成立亚投行、金砖金融合作、上合金融合作、绿色金融发展等“增量改革”，在很大程度上已经对全球金融治理体系的存量改革形成了倒逼压力。美国前财政部长雅各布·卢认为，美国国会之所以最终通过了 IMF 的 2010 年的份额改革计划，就是因为中国成立了亚投行以及欧洲盟友不顾美国反对加入亚投行的举动①。国际智库布勒哲尔高级研究员尼古拉斯·维纶更是认为，全球金融治理体系需要一个“中国梦”，不应只是依靠中国的积极主动性来提升其自身的话语权，更要主动改革自身结构，给予中国符合其重要性的地位与角色②。中国要在推进全球金融治理“存量改革”的同时，重点推动全球金融治理国际公共产品供给的“增量改革”，推动全球金融治理理念创新发展，提高中国在全球金融治理中的话语权和国际影响力，为完善全球金融治理贡献中国智慧、中国力量。

三、以供给区域国际公共产品为重点，逐步向全球层次过渡

如前文所述，区域国际公共产品有着“小集团”供给的优势，有利于增强信息交流、减少合作成本，使供给的集体行动更容易达成。中国是亚洲地区最重要的区域性大国，是影响地区政治经济格局的重要力量。中国应积极推动区域国际公共产品的供给，发挥应有的作用，以供给区域国际

① 高攀．中国角色，推动全球金融治理格局演进的正能量［N］．中华工商时报，2016-01-04（003）．

② Nicolas Veron．金融监管：G20 缺失的中国梦［J］．新金融评论，2016（3）：57-71．

公共产品为重点，逐步向全球层次过渡。

首先，从能力方面看，中国当前还无法改变全球金融规则与标准的制定，还是全球金融规则的学习者、维护者，因此，中国还很难主导全球性国际公共产品的供给。但在区域层面上，中国可以通过供给区域性国际公共产品而主导区域性规则与标准的制定。2014 年 8 月，习近平主席在访问蒙古期间，明确地提出了中国愿意为周边国家提供共同发展的机遇和空间，周边国家可以“搭中国的便车”。严格来说，在能力范围之内，中国向周边国家提供的主要是满足需求的区域性国际公共产品，比如为弥补欧亚地区基础设施投资不足而倡议成立的亚投行、即将成立的上合组织发展银行等公共产品。这也是根据中国实际情况提供与自身能力相符合的区域公共产品。以中国的综合实力和政治地位，应当满足国际社会的期待，在地区事务中充当更重要的角色。但中国是发展中国家，有很多自身问题和现实挑战需要面对，因而，中国在供给区域公共产品时，要进行客观的定位，不能过度地承担超出自身能力的责任①。中国与周边国家的经济已存在着较深的相互依存关系，如果超过自身能力来供给区域公共产品，不仅会拖累自己，对区域经济的可持续稳定发展也是不利的。因而中国供给区域国际公共产品的原则应是，以在亚洲地区发挥引导作用为主，重点关注周边地区尤其是邻近国家，推动中国与周边国家的经济金融一体化，奠定中国供给全球性国际公共产品的区域基础。

其次，中国应根据全球政治经济格局的发展变化，逐步由提供区域性国际公共产品向全球性国际公共产品层次过渡。当前全球政治经济格局受 2008 年金融危机影响的变化还未完全显现，作为世界第二大经济体的中国，肩负着促进世界经济增长与共同繁荣的重要责任，同时中国又与全球其他国家具有广泛而深刻的共同利益。中国应抓住历史机遇，为供给全球性国际公共产品做出更大贡献。亚洲事务并非独立存在，具有“全球性”的特点，因而中国不可能脱离全球性的大背景来供给区域性公共产品，20

① 樊勇明，钱亚平，饶云燕．区域国际公共产品与东亚合作［M］．上海人民出版社，2014：245-246.

世纪90年代以来，亚洲更聚集了全球主要大国的利益，尤其是东亚地区。2008年金融危机后全球政治经济格局的变化更加显现了亚洲在全球金融治理中的重要地位，各主要大国的利益进一步汇聚到亚洲①。这一背景下，中国在亚洲或亚太地区供给的区域性公共产品必然具有显著的全球性特点。

第三节 中国参与全球金融治理变革的具体措施

一、以人民币国际化推动国际货币体系多元化发展

在当前"一超多元"的国际货币格局下，人民币要想突破国际社会对美元、欧元的惯性使用路径以及面临的各种约束，最终被广泛使用，获得与中国经济实力相匹配的国际货币地位，仍然需要持续不断地努力。本书认为，应当从以下几个方面继续推进人民币国际化的进程：

（一）加强中美多层次政策沟通与协调

人民币国际化的进程会促使当前"一超多元"国际货币体系的格局加速调整，因而会给美元的主导地位带来威胁，人民币与美元的竞争会引发美国对人民币国际化进程的全方位的政策抵制。因而中国需要处理好与美国的全方位的关系，做到控制风险、守住底线，为人民币国际化、经济金融稳定发展争取必需的机遇和空间。

美国、中国作为全球两个最大的经济体国家，对全球经济增长的贡献之和超过其他所有国家的总和，两国能够承担大国责任、促进双方自身和全球经济金融稳定发展，是国际社会的普遍期盼。当前中美两国的关系面临着新的挑战，中国应当全面预测中美贸易摩擦和政策差异的负面影响，增强中美经济战略机制下的深度沟通与政策协调，提升双方对政策的理解和接受程度，减少误解和不当行为的风险。例如通过发挥中国在商品贸易

① 樊勇明，钱亚平，饶云燕. 区域国际公共产品与东亚合作［M］. 上海人民出版社，2014：245-246.

方面，美国在服务贸易、知识产权方面的比较优势来增加两国人民的福利。双方要加快调整国内储蓄投资与消费结构，谋求解决两国长期贸易不平衡的困局。根据美国民主政治的现实，要关注私人领域的工作，尤其是美国商界和工会，创造公众和社会舆论支持的基础，以减少中美贸易分歧并促进双方的贸易发展。

历史表明，中国和美国相合则两利，相斗则两伤，双方应在协调合作的基础上共同推动中美关系的发展。美国应该放弃零和博弈的意识，与中国在互利共赢的过程中形成良性的竞争，在深化合作中实现共同发展。有研究发现，在中美的货币政策竞争中，中美如果选择不合作或美国领导中国跟随的方式，则两国的货币政策将无法实现效应最大化。

（二）努力营造有利于人民币国际化的政策环境

不断完善跨境人民币的政策框架，在“一带一路”等倡议下，促进跨境人民币在投融资方面的深入发展，以更好地推动实体经济的发展。

1. 完善人民币汇率市场化形成机制

中国人民银行将进一步完善人民币市场汇率形成机制，将人民币汇率稳定在合理均衡水平。从中长期来看，为了保持汇率的稳定，中国要加快供给侧结构性改革，完善法律制度和市场体系，使经济基础更大更强；要稳定宏观经济运行，创造更透明、更公平、更可测的投资环境，扩大对外开放的力度，不断扩大吸引外资的规模，提升中国吸引外资的能力和水平。

2. 在“一带一路”框架下推进人民币国际化

第一，凭借新的国际产业分工和对中国消费增长的巨大需求，随时调整国际收支政策，从“一带一路”沿线国家大幅增加进口，对其保持一定规模的贸易逆差，并增强贸易项目和资本项目之间的互动调节，用来保证有足够的人民币在国际社会流通。

第二，跨国合作以“一带一路”沿线为主，持续推动国内外投资的双向便利化，增加人民币作为投融资货币在“一带一路”国家的应用。这有利于提升人民币结算计价的功能。不断拓展“一带一路”跨境合作的广度和深度将会为满足人民币的国际需求提供有力支撑，也有利于改变仅靠贸易结算促进人民币国际化的单一性，不断扩大人民币的离岸交易市场与使用的数量、地区，使人民币使用更加常态化，促进更多国家将人民币列入官方储备货币。

第三，提升“一带一路”框架下金融服务的实力，通过资金融通的金融服务加速推进“一带一路”的贸易畅通和设施联通。鼓励中资的银行、证券公司和互联网金融公司改善海外业务布局，用以提升金融服务的可得性。积极推动“一带一路”区域债券市场的发展，努力形成多层次的、产品多元化的债券市场，使人民币金融资产工具更加有吸引力。同时促进人民币离岸市场的发展，使人民币在国际社会的使用更加灵活和便利。

第四，在“一带一路”框架下，推进区域金融合作机制的建设，争取与“一带一路”的参与国更多地签订双边本币互换协议，增加双边货币的直接交易和兑换，签订边境贸易和一般商业投资的本币结算协议。鼓励更多的“一带一路”参与国的金融机构加入人民币跨境支付系统，完成人民币结算和清算的全覆盖。

（三）推动中国金融市场进一步改革开放

1. 稳步有序实现人民币资本项目开放

作为开放型经济的重要组成部分，资本项目的开放必须服务于国家经济发展和对外开放的战略。应符合经济发展的阶段、金融市场条件、金融稳定情况等，了解改革的方向、步伐和重点，逐步有规律地推进。通过关键领域和关键环节促进改革，关键是促进开放少数无法兑换的项目，协调交易与汇兑的互动关系，提升可兑换项目的便利程度并增加交易环节的开放程度。

2. 推动金融市场更高层次的开放

促进资本项目的可兑换性，促进其双向开放性和可兑换性的相互融合。按照“成熟一项，开放一项”的理念逐渐扩大开放。鼓励金融市场的双向开放，改革和完善制度化的机构投资者管理体系（QFII、RQFII、QDII、RQDII 等）。债券市场方面，促进和规范外国机构的债券和货币市场工具（熊猫债券）的境内发行。逐步扩大互联互通的业务范围，优化债券通业务，加快“沪伦通”的实施，进一步扩大基金识别产品的范围。鼓励中国的金融机构参与国际金融市场，包括鼓励中资投资者参与离岸人民币市场、证券期货公司进行跨境交易、增加证券公司结售汇试点等，对外资参与上市公司进行规范。允许境内上市公司的外国股东直接参与上市公司的设立和发行，促进外籍员工直接参与上市公司的股权激励项目。

3. 建立健全开放的、有竞争力的外汇市场

进一步通过人民币汇率市场化改革和推进人民币国际化两个方面提升外汇市场的广度、深度和灵活度。进一步改善基于市场供需的、参照一篮子货币的有管理的浮动汇率制度，提高汇率灵活性，使外汇市场资源配置效率得到提升。解释实际需求外汇交易原则的内涵，并谨慎开放实际不需要的交易。增加市场参与者，鼓励非银行金融机构和公司进入银行间外汇市场，鼓励外资机构管理国内股票市场投资和融资的汇率风险。逐渐增加外汇资产的品种，优化套期保值的功能和外汇市场产品体系。完善基础架构并创建一个全面、有竞争力且监管有效率的交易清算平台。增强市场参与者的风险管理意识。

（四）提升货币合作水平

继续与符合条件的国家或地区开展货币合作，支持境外中央银行将人民币纳入外汇官方储备。增加与周边国家的银行结算渠道，促进周边国家货币与人民币的直接清算工作，促进建立以人民币为中心的区域外汇交易市场，继续扩大金融合作广度和深度，促进周边国家对人民币的使用。拓展货币合作的内容，增加货币互换机制的使用范围，升级货币互换机制，使其发展成全球流动性的必要补充，用以降低对美元的依赖。

中国可以通过金砖国家金融合作、东亚（10+3）金融合作、上合组织金融合作等区域性平台展开货币合作，尝试在亚洲地区建立货币基金体系，促进人民币与合作区域内其他货币的货币互换和本币直接结算平台的建立与发展。此外，建立支持人民币互换的基金池，在人民币与多种其他货币的互换、结算平台中大力发展其清算功能，首先完成人民币在亚洲地

区的区域性国际化，进而进一步推动人民币的全球性国际化进程。同时中国还要持续增加与欧盟各国、周边国家等的货币合作，为人民币的国际化奠定扎实的基础。

（五）完善人民币国际化的基础设施

在离岸人民币市场的建设方面，通过发挥人民币海外清算行的积极作用和增加离岸人民币金融工具的品种，来完善离岸人民币市场的规模与范围，使其健康稳定发展。对于人民币跨境支付系统（CIPS），要加快其第二期的建设，继续优化其功能，使 CIPS 成为人民币跨境清算的主渠道。截至 2018 年 3 月底，CIPS 已有境内外 31 家和 695 家直接与间接的参与者，业务领域已扩展至 148 个国家和地区。第一期的 CIPS 完成的业务笔数与金额 2017 年比 2016 年分别上升了 99%和 234%，其直接参与者已把绝大部分跨境业务转移至第一期的 CIPS。2018 年 5 月 2 日，第二期的 CIPS 全面投入生产，主要为国内外的直接和间接参与者提供跨境人民币清算与结算服务。目前已对第一期 CIPS 进行了改善和优化，比如通过延伸现有时区完成对全球金融市场各时区的全覆盖、满足国际标准的业务种类、参与者的多样化等。

第二期的 CIPS 能够满足当前中国金融发展的需要，更好地为实体经济与对外开放服务，也满足了人民币国际化发展的必然需求，是人民币国际化的最重要金融基础设施。第二期的 CIPS 符合市场参与主体的需求，支撑全球人民币的使用。今后要在结算体系、流动性保障、业务时间、参与主体的种类与管理等方面，努力涵盖全球范围的金融市场，满足多样化的需求。第二期的 CIPS 启用之后，业务涵盖的范围进一步扩大，全球各金融市场的时区差别基本被消除，流动性占用被大大减少，进而使人民币跨境交易的效率得到提高，全球人民币清算中心在全球范围内完成人民币无缝交易。

二、继续推动全球金融治理的“存量”变革

（一）继续发挥 G20 全球金融治理核心平台的重要作用

G20 在过去的十年里，在推进世界各主要国家宏观政策的协调、促进

全球经济的增长与改善全球经济金融治理机制等方面均起到了非常重要的作用，已是中国等发展中国家参与全球金融治理的核心平台。但我们要看到，G20 机制本身也具有一定的缺陷，并且面临一系列的挑战：首先，G20 是一种经济论坛，而非正式的机构，这使得 G20 达成的共识不具有法律约束力和问责制度，共识形成后往往面临难以实施与执行的困境。其次，当前的世界政治经济形势与 2008 年金融危机时不同，没有了应对全球金融危机的紧迫性，全球经济逐步回归正常轨道，在此背景下的西方主要发达国家可能更加重视 G7 从而弱化 G20 机制。最后，当前的 G20 协调机制具有级别高、层级多、部门多的特点，其议题覆盖的范围也逐步扩展，会议的结构也更加庞大复杂，虽然这些特点有利于 G20 解决不同领域的全球性问题，但同时也在一定程度上降低了其效率，减弱了其针对性，如专业部长会议的内容有所交叉、一些会议工作组的职能重叠等。当前，作为世界经济增长重要推动力的中国，要积极主动地发挥自身的作用，在制度、政策、技术等方面为 G20 的完善发展献上更多“中国智慧”。应从以下几个方面推进中国在 G20 峰会中发挥金融治理的作用：

1. 推动 G20 加强机制建设

一是进一步探索如何增强 G20 共识成果实施与执行的法律约束力和有效性，加大各成员国对 G20 共识的实施与行动的力度与责任。二是加快推进 G20 由短期的危机处理机制向长效治理机制的转型，要愈加关注全球层面的长期政策，将 G20 打造成为全球金融治理的最可靠、最重要平台。G20 绝不是“清谈馆”，而要作为全球首要经济论坛，对完善全球金融治理和应对全球金融风险发挥关键作用①。例如，推动全球治理结构性改革的进一步发展，完善优化全球金融治理体系，尤其是完成 IMF 份额改革和世界银行投票权改革。三是要更加清晰地认识 G20 机制的定位和功能，在 G20 各成员国资源受限的背景下，合理利用现有全球治理体系的资源，平衡其广泛性和有效性之间的关系。

① 胡振虎 . G20 应继续发挥国际经济合作重要平台作用［N］. 中国经济时报，2018-12-06（5）.

2. 妥善处理好与其他主要全球金融治理机制的关系

首先，进一步增强与其他主要国际金融机构的协调与合作。G20 机制具有缺乏常设机构、只靠“三驾马车”机制的内在缺陷，而 IMF、世界银行和 FSB 等国际金融机构作为全球金融治理体系的主要平台，为 G20 提供了大量的人财物的支持，一定程度上弥补了 G20 的不足，G20 与这些国际金融机构之间是合作竞争的关系。可以采取 G20 与这些国际金融机构轮流“坐庄”的方式，基于平等协商解决当前一致关注的全球金融问题并达成共识与建议。中国要积极推进 G20 机制与这些重要国际金融机构之间的合作，并努力协调有关的政策建议、主张措施等。

其次，进一步增强 G20 与金砖合作机制的协调与合作。中国在 G20 机制中增强与新兴经济体国家在议题方面的沟通、协调与合作，能够在议题领域达成更多的共识，有助于中国推进 G20 峰会取得有效的成果，同时使中国在全球金融治理中的话语权得到提升。金砖合作机制与 G20 机制的共同点是：都是促进全球金融治理的非正式平台，都侧重于新兴经济体的贸易投资增长问题，都在解决贸易争端等方面提出指导建议等。金砖国家在制定策略与实施执行方面有较强优势，进一步推动 G20 与金砖合作机制的协调与合作有助于使中国协调在这两个机制中的作用力，在促进新兴经济体共同稳定发展的同时，完成 G20 的全球发展目标。

最后，进一步增强 G20 与新国际开发机构的协调与合作。G20 可与那些新国际开发机构达成某些特定领域的共同治理合作协议，旨在促进这些新国际开发机构的行动和多边纪律具有更强的约束力。比如，促进 G20 与亚投行、金砖新开发银行的合作，进一步增强新国际开发机构与既有机构的合作，发挥其重要的完善和补充作用。

3. 积极做好 G20 成员之间的协调工作

首先，积极处理好中美两国的分歧，共同面对全球性的问题与挑战。中美两国在 G20 的历次峰会中，曾就一些关键议题携手合作，共同推进 G20 峰会达成共识并取得务实的成果，发挥了两个大国的关键作用。作为世界上两个最大的经济体，中美两国要站在历史的高度，积极处理两国的冲突与矛盾，努力建立新型大国关系，合作共建公平、合理、有序的全球金融新秩序①。

其次，积极建立支持中国的盟友圈。虽然很多冲突与分歧仍在发达国家之间广泛存在，但2018年G7峰会后很短的时间内，美国就与欧盟发表构建双方零关税的贸易区、暂时停止贸易战的联合声明。美国白宫国家经济委员会主任拉里·库德洛就此表示："美国将与欧盟结盟，对付打破世界贸易体系的中国。"② 美国与加拿大本在G7峰会上是充满矛盾的两方，但却于2018年10月达成《美墨加协定》，初步实现双边贸易合作，还共同对中国设定了"毒丸条款"。在IMF和世界银行2018年的年会上，中国受到有些国家所谓中国有不公平贸易行为的攻击。这些事实说明，主要发达国家之间尽管存在矛盾与冲突，但它们有可能在针对中国的某些议题上暂时放下自身矛盾而共同反对中国。因此中国要尽力争取在一些可能的议题领域团结支持者，建立中国的盟友圈，特别是要防范在有些议题领域出现"集体反华"的现象，防止美欧日等国在一些重要议题上一起对中国施加压力。

（二）继续推进传统国际金融机构的改革

尽管中国在IMF、世界银行等既有的传统国际金融机构中越来越受到重视，但当前传统国际金融机构仍然被以美国为中心的发达国家所控制，中国等新兴国家获得更大的话语权与影响力将是一个长期的过程。中国一方面要循序渐进地通过各种方式进一步提高在传统国际金融机构中的投票权和决策权，对其发挥维护和修复的作用；另一方面要主动参与到国际金融规则的改革中，明确地提出自己的建议和立场，促进传统国际金融机构更具合法性与有效性、更加公开公平公正。

1. 推动实施增资和份额公式的改革

未来传统国际金融机构改革的重点是进一步增资和改革份额公式。

① 贾英姿．全球发展走到新十字路口，G20肩负更大使命和责任［N］．第一财经日报，2018-12-03（A11）．

② S A Miller，Larry Kudlow. E. U. now backs trump's trade fight with China［N］. The Washington Times，2018-07-26.

Mohan 和 Kapur 认为，IMF 的资金规模应结合全球 GDP 总量、贸易和金融交易规模来确定，还认为金砖国家、美国的份额都比其在全球 GDP 总量中的占比要低，而欧洲的份额则过高，应该在未来调整两者的份额比重。新份额公式中应当去除开放度变量或降低其权重，同时将经济脆弱性权重的一部分用于增加购买力平价计算的 GDP 变量。Ocampo 也认为，应将开放度和经济脆弱性两个变量去除，并将其原有的权重用于增加以购买力平价计算的 GDP 变量的权重①。再以世界银行为例，世界银行于 2015 年通过了改革份额、投票权和执行董事会的权力结构的方案，如使用新的简单透明的、基于高质量数据的动态份额公式；份额检查每五年进行一次，保证投票权的平衡，并促使 IBRD 的执行董事全部由选举产生②。

2. 完善职能，更新理念

对于完善 IMF 的监督职能，Kruger 等认为，IMF 应增强对全球金融市场和金融机构的监督③。IMF 也表示在未来会进一步加强监测和评估各成员国的金融体系的稳定性，2017 年重点监测英国、德国、爱尔兰、墨西哥和俄罗斯等成员国，2018 年实施对中国和西班牙的评估④。对于多边开发金融机构，Kawai 等提出，世界银行和各地区开发银行要构建连续的活跃的分工机制，世界银行主要为实现全球目标而提供广泛的贷款援助服务，如联合国千年发展目标等项目，并且提供的贷款要努力服务于降低全球的负外部性，如全球金融危机等项目；而区域开发银行主要为本地区经济发展提供区域公共产品；同时扩大世界银行对区域开发银行的支持力度⑤。Kruger 等提出未来 IMF 的改革一方面要重视增加贷款资源，提升贷款效

---

① J A Ocampo. The governance of the international monetary system [R]. WIDER Working Paper, 2015/046, May, 2015.

② Development Committee. 2015 shareholding review report to governors (DC2015-0007) [EB/OL]. 2015-09-28, http://search.worldbank.org/devcomm?_foldid_exact=Documentation.

③ M Kruger, R Lavigne and J Mc Kay. The role of the international monetary fund in the Post-Crisis World [R]. Bank of Canada Staff Discussion Paper, 2016.

④ 国际货币基金组织. 国际货币基金组织 2016 年年报：共同寻求解决之道 [EB/OL]. 2016-10-31, http://www.imf.org/external/chinese/index.htm.

⑤ Kawai M, Petri P A, Sisliciamarra E. Asia in global governance: A case for decentralized institutions [R]. Adbi Working Papers, 2010.

率；另一方面关键是要减少主要发达国家控制贷款条件与方向的行为，同时还要避免 IMF 的分析与政策受到发达国家的政治干扰，加强其贷款的独立性①。

3. 提高代表性、公平性

这类改革主要围绕 BIS 和 FSB 两个机构展开。在成员代表性的提升方面，Griffith Jones 和 Ocampo 等认为，BIS、巴塞尔银行监管委员会和 FSB 要提高代表性，必须要纳入更多新兴经济体和发展中国家。Wouters 和 Odermatt 认为，虽然 FSB 近年来已吸纳了包括发展中国家在内的更多的经济体，但其代表性与其他国际金融机构相比仍有限，特别是在全球层次的实施标准和细则的制定方面，其合法性多受质疑，因而改革 FSB 的重要内容就是提升其代表性②。在制定标准与规则的公平性上，Ocampo 认为，关键的国际金融监管机构在标准和规则制定过程中应当兼顾中小国家的利益和需求③。Wouters 和 Odermatt 则认为应当使国际金融监管机构规则和标准的制定过程更加透明、更加公平④。

4. 推动 SDR 发行与分配机制改革，扩大 SDR 的使用

对于 SDR 的发行，斯蒂格利茨提出了两种可行的方案：一是使每年发行 SDR 的数量等同于全球经济增长导致的外汇储备需求的预计增加量；二是使用逆周期的手段调节 SDR 的发行量，也就是在世界经济实际增长低于潜在增长时要增大发行量，这样发行有利于 IMF 在经济金融危机期间发挥更加有效的作用。对于 SDR 的分配，他们认为，目前以份额为基础的 SDR 分配机制要加以改变，建议按照外汇储备的需求量大小进行 SDR 的分配，或者将所有 SDR 都分配给发展中国家以实现促进发展的目标，并通过多边

① Weiss M A. The global financial crisis: The role of the International Monetary Fund (IMF) [J]. Current Politics & Economics of Europe, 2010 (8).

②④ Wouters J, Odermatt J. Comparing the "Four Pillars" of global economic governance: A critical analysis of the institutional design of the FSB, IMF, World Bank, and WTO [J]. Journal of International Economic Law, 2014, 17 (1): 49-76.

③ Portes R. Governance of the international monetary system [J]. Review of International Political Economy, 2012 (5).

开发银行发行债券的方式扩大 SDR 的使用①。埃森格林则主张为了增加 SDR 的吸引力，要构建 SDR 可交易的、广泛的和流动性丰沛的市场②。

SDR 改革包括货币职能和货币结构改革两个方面。首先，改革的核心是提升其国际货币职能。SDR 是记账货币，发行量小，不能够满足世界经济贸易对国际货币的定价、交易等需求。SDR 只有具备定价功能，才能在国际货币体系中发挥更大作用，如果 SDR 在汇率安排中起作用，就能成为主权货币汇率定价的基准，成为一种国际货币而被广泛接受和使用。SDR 的汇率波动幅度较小，其作为发展中国家货币的一种定价基准具有重要的价值，可以提议尝试建立发展中国家以 SDR 为定价基准的汇率安排。比如可以选择某个发展中国家，让其从钉住一篮子货币改为钉住 SDR，同时能获得 IMF 提供的特定的融资支持。其次，SDR 的货币结构完全由发达国家货币组成，不能代表当前全球经济发展的总体现状，为增强 SDR 的代表性和合法性，必须要增加货币篮子的币种，尤其是经济发展迅速的新兴经济体的货币。人民币于 2016 年 10 月 1 日正式加入 SDR，即是对 SDR 改革的重大推进，这一历史性事件将会加快全球金融治理改革的进程。

三、重点推动全球金融治理的“增量”变革

重点推动全球金融治理的“增量”改革，使中国能够避免既有体系的既得利益者的阻碍和挑战，主导国际金融规则与标准的制定，在中国的优势领域，发挥“大国先行”的重要作用，主动承担供给国际公共产品的责任，同时允许其他国家“搭中国的便车”，在“共商共建共享”的原则下为实现共同利益而努力。

（一）促进金砖金融合作机制的发展

1. 金砖机制必须要有合理的定位

金砖国家在完善全球金融治理体系的同时必须意识到，G20 是当前最

① ［美］斯蒂格利茨．后危机时代的国际货币与金融体系改革［M］．江舒，译．新华出版社，2011：207-210.

② ［美］巴里·埃森格林．嚣张的特权：美元的兴衰和货币的未来［J］．陈召强，译．中信出版社，2011：169.

合适的全球金融治理的核心平台，金砖机制是在G20机制下的一个次级协调平台，而自身的意义就是在G20中协调新兴经济体国家的立场。金砖国家必须清晰地意识到，如果没有发达国家的参与和支持，仅靠自身的力量难以推进全球金融治理的改革，因而金砖机制必须要有合理的定位，它并不是一个与发达国家对抗的机制，而是一个寻求与发达国家有效合作方式的机制①。此外，在议题方面，金砖机制需要争取议题的集中性。这方面可以借鉴G7的经验，G7在议题选择上一直避开那些自身难以承担的问题，在扩大成员国方面和议题选择上均相当谨慎，一直将讨论集中在经济领域，在政治方面并不对联合国的地位造成挑战。在一些关键的政治议题上，金砖国家存在不同的立场，因而，金砖机制的议题应主要集中于经济金融领域，要争取与G20保持高度的一致。如果涉及过多的政治议题，一方面会分散成员国的注意力，另一方面也会使其失去功能性机制的制度优势。金砖机制的核心任务应当是推动全球金融治理体系的改革与完善。

2. 强化区域性的货币金融合作

金砖机制要通过多种金融合作手段尝试建立多层次的金融合作机制，如继续推进双边贸易本币结算和本币贷款，推进本币国际化的同时降低对美元、欧元的依赖，从而有效发挥金砖国家在全球金融治理中的作用。中国当前应当在金砖国家中发挥引领者的作用，引领金砖国家加强与非洲开发银行、泛美开发银行、加勒比开发银行等区域性多边开发机构的协调合作，争取提高金砖国家的话语权和影响力。积极引领金砖国家探索多样化的合作手段，积极利用其他多边开发机构的重要资源，努力促进金砖国家的金融机构和公司“走出去”以及加强它们与各开发机构的协调合作。最后，在具备条件时，金砖国家还可以突破地区空间范围的限制，在条件成熟的情况下，主动吸收那些经济体量、发达程度、共同利益相似的国家或地区成为自身的成员，最终争取建立起一个“凝聚共识、加强协调、深化合作”的亚全球型网络结构。同时寻求货币互换、本币结算、增加储备货币币种、本币相互挂牌等方式的货币合作。此外，鼓励金砖新开发银行贷

① 李巍．金砖机制与国际金融治理改革［J］．国际观察，2013（1）：33-40.

款项目的多样化发展，以服务于新兴市场和发展中国家的基础设施建设和经济发展。从全球角度看，世界各地都有许多开发性金融机构，金砖各国在各自所在的地区都有区域性开发银行，因此，金砖银行的独特战略定位就显得特别重要。金砖银行与其他开发性金融机构的最大区别是具有更大的包容性，金砖新开发银行的资助项目不仅包括能源水电等基础设施领域，还包括人力、金融、科技和信息技术等重点项目。

发挥金砖银行和应急储备安排的稳定器作用以稳定金砖国家的币值。近年来，金砖国家的外汇储备规模虽然不断增大，但由于受限的投资方式，其回报率并不高，不同国家外汇储备的变化也表现出强烈的不稳定性和协同作用，一旦面临危机，会更具传染性。因而，在出现危机时，金砖国家为防止危机国陷入衰退应该以稳定为目标，要有效地隔断危机的传播，减少东道国的道德风险。这需要增强透明度和监督，制定明确的救援标准和目标并限制援助条件。

（二）推动亚投行对全球金融治理的改革

1. 构建开放包容、公平高效的治理机制

在亚投行的制度与规则制定中，中国应当充分保证其公开公平与透明性，更要提高亚投行决策的实施执行效率，确保其治理的有效性。尤其在投票权安排、人事制度等较为敏感的决策中要争取使各方利益最大化，甚至可以为了长远的发展而放弃短期利益的谋取。为保证亚投行将来运营的高效性，要充分借鉴既有多边开发金融机构的成功经验，在维护自身国家利益的条件下，按照当前亚洲发展中国家的不同发展阶段和差异化的融资需求，设定合理的制度规则与运营标准，在充分维护发展中国家利益的同时又能兼顾全体成员国的利益。在制定多边合作规则和处理全球金融事务中，中国仍缺乏相关的经验，因而要在实践中学习全球金融治理机制中的先进经验，如可以借鉴 FSB 的做法，成立亚投行的专家或私人部门咨询委员会，把各成员国中不同领域的专家学者或私人部门集中起来，就治理运营中的具体问题进行沟通与交流，给出咨询报告和政策建议。这种非正式交流的形式把不同国家、不同层次的问题交流聚集起来，有利于最终达成

多边共识。当前与亚投行签署合作备忘录的成员国已经延伸到亚洲以外地区，这是亚投行开放、包容理念的充分体现。随着更多西方发达国家的加入，亚投行各参与国将在相关制度规则的约束下积极携手合作，充分借鉴传统国际金融机构的有效经验并按照自身实际情况加以改善创新，力求建设一个更加公开公平、透明高效的新型多边开发金融机构。

2. 构建国际化运营模式

第一，就融资结构而言，亚投行要丰富其资金来源的渠道，设立健全的财务架构，在充分利用资金杠杆的同时减少其财务成本，合理利用资本、债权、信贷、信用保险、PPP 和其他各种融资模式。此外，为提升亚投行的融资能力，可以联合主权财富基金、养老、保险资金和私人部门资金等进行共同投资，在促进亚洲基础设施投融资基础上实现共同发展、收益分享和“双赢”合作。第二，可以借鉴世界银行和亚开行的 PPP 运作模式，以及联合融通资金和为项目提供担保的模式，吸纳多双边机构与金融机构的资金。这种融资模式把政府与私人部门的资金充分调动起来，共同为项目融资以弥补资金的缺口，是资金融通的催化剂和桥梁，不仅能减轻政府公共支出的压力，还提高了管理公共产品和配置资本的效率。此外，亚投行要先导性地创造出可盈利的项目和产品，设立 PPP 重点项目库，也可为提高流动性实行跨境资产的证券化。第三，就项目管理而言，为最小化运营风险，需要对亚投行的项目产品的规则与标准进行严格的规范。加快贷款评估制度的建立，对借款人必须要满足的条件进行必要的规定，主要从技术、经济效益和环境角度评估项目是否可行，最初主要承担各成员国政府申请的贷款项目，项目在贷款获批后可向所有成员国公开招标，最终认定项目承包商和相关的建设条款，同时对项目的建设进程开展监督和评估。在投资项目的方式方面，主要提供长期的低息贷款，先供应项目的启动资金，采用利息补贴、技术援助的模式引导私人投资加入，贷款利率可以浮动且有利息宽限期。

3. 妥善处理地缘政治风险

合理的外交手段和运营理念有利于亚投行妥善处理其面临的地缘政治

风险。亚投行成立之后面临日本和美国的一系列战略遏制措施，如美国以亚投行在环境保护、人权、治理透明度等方面不能达到国际最高标准为借口阻碍亚投行的成立。亚投行的目标并不是IMF、世界银行等传统国际金融机构的所谓“最高标准”的简单复制，也不是降低“最高标准”，而是设计更加合理的标准，美国与日本不该将亚投行的成立视为对“最高标准”的威胁。面对亚太地缘政治新格局，中国为避免美日对中国的制衡，应当坚持国家利益的底线，以“互利共赢”为理念，强化与韩国、俄罗斯等国的战略伙伴关系；同时，通过强化中欧全面战略伙伴关系抵制美国亚太战略对中国的遏制。受制于中国目前的政治经济实力，中国要对合作伙伴“晓之以理、许之以利”，谋求在共同利益的基础上共同发展。中国对周边国家的外交活动要更加灵活务实，尽可能多地联系各种政治力量，让周边国家深刻了解中国的“一带一路”倡议。在“一带一路”框架下亚投行会力求开展促进沿线国家经济发展的项目，减少贫困，改善当地人民的生活和就业状况。

4. 加强与其他多边或双边金融机构的合作

发展中国家基础设施投资缺口巨大，现有资金远不能满足需求。2017年亚洲开发银行的研究报告表明，2016—2030年，45个亚太地区的发展中国家在基础设施建设方面需要约26万亿美元的投资资金，每年平均达1.7万亿美元。这种巨额的投资资金的需求是任何一个国家或私人部门都不可能独自满足的，即使当前主要多边机构共同提供资金也无法满足这一需求。亚投行、丝路基金与其他多边开发金融机构之间虽有竞争但不是相互替代的关系，而是一种良好的互补与合作的关系。多边开发金融机构的联合融资能够更好地协调合作，能够突出重点地帮助借款国家发展基础设施建设、协调宏观经济政策与改善其投资环境。

亚投行自开业以来先后与世界银行、亚洲开发银行、欧洲复兴开发银行、欧洲投资银行等机构进行合作，同时非洲开发银行、伊斯兰发展银行、泛美开发银行也表示了强烈的合作意愿。丝路基金与国际金融公司（IFC）合作促进新兴市场国家的产业投资。亚投行与世界银行联合融资完成了 8 个项目，与 IFC、亚开行分别联合融资各完成了 3 个项目，与欧洲投资银行、欧洲复兴开发银行分别联合融资各完成了 1 个项目。亚投行要在未来继续强化与其他多边开发金融机构在项目的联合融资、信息共享、人员交流等方面的协调合作，在国别、次区域和区域层面展开合作的同时，激发促进亚洲区域一体化、私人资本合作等方面的合作潜力，积极参与“一带一路”倡议、中亚区域经济合作机制（CAREC）、大湄公河次区域经济合作机制（GMS）下的项目融资和政策对话合作。

（三）积极促进区域金融合作机制建设

1. 提升东亚“10+3”金融合作水平

（1）加强政治互信，处理好大国关系

东亚区域国家之间的互信程度面临历史与现实的挑战。东亚国家之间存在的政治互信问题一方面产生于历史问题，另一方面产生于东亚经济格局的变化。中国 2005 年的 GDP 大约是日本的一半，到了 2010 年，中国的 GDP 经过快速增长已与日本持平，而 2014 年中国的 GDP 总量已是日本的两倍。2010 年，由于撞船事件的发生，中日之间的关系开始趋于紧张，而之后 2012 年钓鱼岛事件的出现使这种紧张关系再次升级。中日关系政冷经热的状态开始改变，双方在经济方面的合作也开始不断恶化。有学者估算，2012 年中日双方这种紧张的关系致使中国对日本的出口减少 313 亿~318 亿美元，日本对中国的出口减少 368 亿~379 亿美元[①]。作为东亚地区政治经济方面最重要的两个国家，要想推动东亚金融合作，中日两国必须处理好双方的政治经济关系。此外，东亚区域内的政治互信问题不仅是区内问题，还要考虑美国这样的区外大国。亚太地区是美国重要的战略布局点，美国在亚太地区不仅有军事力量和政治影响力，最主要的是对东亚金融产生深刻影响的 IMF 和世界银行等最主要的全球金融治理机制一直是由美国主导，此外美国还通过双边金融合作影响亚太地区的金融形势，成为东亚金融合作的最大的区外影响因素。美国不愿意看到东亚建立起高效的

① 徐奇渊，陈思翀．中日关系紧张对双边贸易的影响［J］．国际政治科学，2014（1）：1–24.

金融合作机制从而摆脱自己的掌控，更不愿意看到中国在东亚金融合作中担任领导角色①。中国需要秉持正确的地区主义理念，在增强自身实力的同时积极发展与周边国家的伙伴关系，突破美国的遏制，找到适合自身的发展途径。

（2）加强全球与区域金融机制协调合作

作为维护东亚地区金融稳定的重要货币合作机制，CMIM可以帮助危机国及时获得必要的流动性支持，防止出现系统性风险带来整个金融体系的崩溃。CMIM是东盟"10+3"机制设立的共计1200亿美元的共同资金储备池，它的动用要与IMF比较严苛的贷款条件相联系，导致有些成员国不愿使用该资金池，影响了其作用的发挥。此外CMIM本身还存在资本充足性不足、组织结构不完善、救助机制有待完善等问题，因而要加强与其他全球或区域的金融机制的协调合作，使其发挥有效作用。未来要促成IMF与CMIM的联合演练，探索全球和区域金融合作机制在危机救助中加强协调合作的途径。联合演练有助于CMIM实用性的提升，促进东盟"10+3"进一步深入的货币金融合作。此外，今后还要积极促进东亚区域金融安全网的建设；构建东亚地区可控风险的、稳定可持续的金融保障机制；提高防范与应对东亚区域金融风险的能力；积极鼓励倡导在亚洲债券市场和CMIM的基础上成立东亚货币基金，用以维持东亚地区的金融稳定。

2. 促进上合组织金融合作

促进上合组织金融合作的务实开展，以更好地服务于能源、基础设施建设等领域的上合组织多边经贸合作。进一步深化合作，如上合组织应在扩展本币结算领域、加强货币互换合作、在建设国际金融中心方面互相学习借鉴，为进一步完善全球金融新秩序做出积极的贡献。

（1）开展务实的货币互换合作

不断拓展双边贸易本币结算业务至一般和非贸易领域，尽快完善上合

① 刘建平．东亚的中国：地区政治经验与地区主义思想［J］．世界经济与政治，2011（6）：52-68.

组织的金融基础设施。通过增加货币互换的规模和延长期限，提升上合组织的货币合作水平；促进货币的双边互换向多边互换机制的转变，通过货币互换合作、多边货币挂牌交易与相互贷款等，建立上合框架内的多层次货币合作机制，促使上合区域内的贸易投资合作更加便利化。

（2）推进反洗钱和反恐怖融资合作

2004 年 10 月 6 日，欧亚反洗钱与反恐融资小组（EAG）在莫斯科成立。强化 EAG 的作用有利于在区域层面整合其成员国进行国际反洗钱和反恐怖融资，继续增加与其他国际组织的互动与合作。联合国就反洗钱和反恐怖融资问题一方面与有关国家和国际组织协调国际合作和技术援助，另一方面分析其发展趋势并就各国的先进有效的做法进行经验交流。

（3）建立区域性国际金融中心的合作

中国到 2020 年将把上海打造成“与中国经济实力和人民币国际地位相适应的国际金融中心”，俄罗斯打算将莫斯科、哈萨克斯坦打算将阿斯塔纳打造为国际金融中心，巴基斯坦的卡拉奇、印度的孟买等，都打算继续扩展国际金融中心的建设。各国在进行国际金融中心的建设中可以加强相互学习和借鉴，增加彼此的沟通与交流，旨在更好地服务于本地区经济金融的发展。

四、加强国际金融监管合作

在新型的全球金融治理模式下，多边主义应成为国际金融监管改革的指导思想。当前，国际金融监管体制标准是根据美国主导的西方发达国家的利益所制定的。而当前的现实表明，如果忽略新兴市场和发展中国家的利益，那么相关国际政策会很难继续推行。中国是新兴市场国家中规模最大的发展中国家，不管是为了自身利益，还是代表新兴市场和发展中国家的利益，都应当努力推动全球金融监管体系的变革。①

① 陈玲芳 . G20 主导下的全球金融治理变革与中国的战略应对［J］. 福建农林大学学报（哲学社会科学版），2016（19）：52-58.

（一）提高自身金融监管能力

1. 加强国内金融监管

首先，要构建国家层面的统计金融信息的统一的机制。对金融数据的全面掌控是防范系统性金融风险的先决条件，然而中国之前“一行三会”的统计模式对全面及时地掌握金融数据是不利的。构建统一全面的金融数据统计机制，建立汇集所有金融数据的专业部门并及时发布金融数据的信息，有助于金融监管部门更早地识别、发现金融风险，以及更早地对金融风险进行预警和处置。其次，为增强金融系统的弹性，要把微观审慎和宏观审慎两种监管模式结合起来。就微观审慎监管来说，要强化对个别金融机构的资本充足率、杠杆率、拨备率和流动性等方面的监管。就宏观审慎监管来说，有必要充分发挥国务院金融稳定发展委员会的职能，增强中国人民银行在宏观审慎管理中的地位；对大中型商业银行开展年度压力测试，以评估其抵御风险的能力；对具有系统重要性的金融机构进行监管，尤其是流动性监管，不但要严格监控资产负债率、流动性覆盖率及存贷比，还要监督其拆出资金流动的方向与数量；要防止这些金融机构出现“大而不倒”的现象。最后，需要尽快将监管重点从机构监管转向功能监管。目前的机构监管模式很难适应混业经营的深化发展，容易受到监管真空和监管套利的影响。功能监管中判断商业行为的监管界限，能有效减少监管套利，促进公平竞争。

2. 多管齐下，防范外汇风险

对于可能由美国去监管政策引起的外汇流出的影响，中国必须加以防范并积极解决。一方面，要进一步强化宏观审慎的金融监管的保障措施，健全跨境资金流动的监测机制，做好防范日常风险的工作。就制度安排来说，要发挥国务院金融稳定委员会的牵头统筹作用，强化对资本在金融市场跨境流动的统一监管，增强不同监管部门的协调与合作，弥补监管空白，避免监管交叉重叠，进而使监管效率提升；就风险预警来说，要进一步完善监测资本流动的预警机制，提升其提前监测并预警的效率；就应急措施来说，要进一步完善应急方案来应对风险，如果出现跨境资本流动的严重失衡，应及时启动应急方案和必要的应对措施，以稳定金融市场并防止金融危机的爆发。另一方面，要不断增强自身经济实力和资本吸引力。金融市场的基础是实体经济的运行，健康稳定的实体经济的发展是稳定跨境资本流动的保障。中国对内要继续强化供给侧结构性改革，尤其是要不断降低企业的融资、交易成本以及企业的税负，增加企业的投资收益率，刺激其投资的积极性。总的来说，一方面要强化对跨境资本流动的监管，另一方面要刺激实体经济的活力，提升经济发展实力，增强国内市场对外资的吸引力，以尽可能地减轻美国金融去监管政策对中国跨境资本流动的负效应。

（二）加强区域金融监管合作

区域合作中协调、交易的低成本，使得各国在区域监管合作中较易实现一致目标。比如，在全球金融监管规则的历史演变中，美国、英国在直接融资方式方面的一致性使得两国的多次联合具有历史必然性。鉴于此，中国要争取与同中国发展模式相似的印度、巴西等国，以及同中国政治诉求相似的俄罗斯、德国、法国等国，结成战略伙伴关系，通过“一带一路”等中国倡议的区域合作平台，强化区域金融监管合作，积极推动国际金融监管的新一轮变革。中国人民银行要在未来不断强化东盟和中日韩（10+3）、上合组织银联体等区域金融监管合作机制的职能，努力推动这些合作机制下的沿线国家在金融监管透明度和协调金融政策等方面达成深度共识。中国银保监会、证监会等金融监管机构要不断与“一带一路”沿线国家签署双边合作谅解备忘录，通过建立双边金融监管的合作机制的方式，实现对多边金融监管合作机制的有效补充，从而促使区域金融监管合作机制更加成熟与完善。同时，金砖银行与亚投行还要继续发挥引导作用，把区域金融监管合作的关键性议题提升为 G20 的议题，以便提高地区大国在国际金融监管中的话语权并维护其利益。

第一，通过构建信息共享平台来促进区域监管合作机制的完善。为共同建立共享的互联互通的信息平台，需要有层次分步骤地拓展信息共享的领域，在信息共享平台的基础上构建重点区域与项目的征信系统，从而有效支持区域金融监管合作机制的建立。第二，通过构建风险评估系统促进金融风险预警机制的完善。进一步有效地分析、监测与预警区域内的各类金融风险，以制度安排和技术保证的强化来促进金融风险预警机制的完善。对实施风险预警机制的主体要加以明确，对区域内不同国家与不同投资项目的信用、汇率和流动性方面的风险进行合理的等级划分，参考区域内有关国家的金融风险评价系统，建立包含微观审慎和宏观审慎监管指标的金融预警机制的框架。第三，通过设立区域金融安全网来完善金融危机救助机制。首先，促进区域国家的货币互换机制的逐步完善，在既有的双边合作谅解备忘录的背景下使金融监管机构在母国和东道国的救助责任进一步细化，并争取就金融监管机构如何获取母国和东道国的流动性救助资金等有关问题达成共识。其次，不断强化与 IMF 和亚洲区域外汇储备库等区域救助机制的合作，制定多种救助危机的可能性预案，建立多国相关部门联合应对危机的监管合作机制。第四，通过构建健全的法律制度促进金融机构市场退出机制的完善。在日常的区域金融监管合作中，要及时发现存在高风险的金融机构，先对其进行整改或救助；对于整改失败以及违法违规的金融机构，必须对其实施强制退出金融市场的处罚，尽可能地降低发生金融风险的可能性。此外，完善最后贷款人和存款保险制度，减少金融机构退出机制对债权人带来的损失。

（三）进一步提升发展中国家在监管标准制定中的作用

在 2008 年金融危机之后，FSB、BCBS 扩大成员范围至所有的 G20 国家，使发展中国家第一次参与到这些国际金融监管标准的主要制定机构中。G20 推动 FSB 于 2011 年成立了六个区域磋商小组（RCG），对全球金融监管改革等问题在成员与非成员之间交流了意见。有研究表明，发展中国家对国际金融监管的参与度较低，其官方和私营部门的参与度只有 20%。由于发展中国家缺乏金融监管的相关经验和能力，以及 IFSSB 的议题设定大多侧重于发达国家的金融监管问题，对新兴市场国家所面临的复杂的监管环境并未过多关注，所以 IFSSB 的内外协商模式是不平等的。需要注意的是，随着跨国银行业务的持续扩大，新兴市场和发展中国家在金融监管标准的制定上逐步与国际标准保持一致。虽然巴塞尔协议的银行监管标准有较简化的方案，但参与国际经济金融合作的必要性推动着发展中国家倾向于实行更复杂的监管标准，目的是可以快速进入国际金融市场。

（四）积极参与并影响国际金融监管标准的制定

中国要运用作为 G20、FSB、巴塞尔委员会等成员国的多重身份，通过多种合理的方式参与并积极影响国际金融监管标准的制定，维护自身与新兴市场和发展中国家的共同利益。作为全球第一大经济体的美国领导全球政治、经济及金融规则的地位是短期内无法改变的，中国没有足够的实力也没有必要去挑战美国在金融监管规则制定中的主导权威。可以借助 G20 平台，在美国主导的金融监管模式下，适时提出符合自身利益的合理的诉求，通过沟通、谈判协调的方式，努力实现自身利益的最大化。

中国在参与并影响国际金融监管标准的制定过程中，首先，对美国滥用“长臂管辖”权的监管行为要进行有力的回击。从当前现实来看，美国在反洗钱、消费者权益保护、监管是否合规等方面都进行了“长臂管辖”，尤其是自特朗普就任美国总统以来，奉行“美国优先”的主导思想，在对外的金融监管领域会不断增加摩擦。在这样的背景下，中国要把及早制定应对的方案提升到国家战略的高度，合理运用国家贸易、金融等领域的资源，做好金融数据的安全防范工作，对美国滥用“长臂管辖”权的监管行为给予有力的回击。其次，中国要积极参与全球金融市场 LEI 系统的构建与筹划准备工作以及各类标准细则的制定工作，及时在标准细则的筹备阶段明确表达出自身的利益诉求。

参考文献

[1]［英］亚当·斯密．国民财富的性质和原因的研究［M］．商务印书馆，1974.

[2]［美］查尔斯·金德尔伯格．1929—1939年世界经济萧条［M］．宋承先，等，译．上海译文出版社，1986.

[3]［美］杰拉尔德·M. 迈耶．世界货币秩序问题［M］．王槐安，等，译．中国金融出版社，1989.

[4]［美］吉尔平．国际关系政治经济学［M］．杨宇光，译．经济科学出版社，1989.

[5]［美］约翰·穆勒．政治经济学原理及其在社会哲学上的应用［M］．赵荣潜，译．商务印书馆，1991.

[6]［美］科斯．论生产的制度结构［M］．上海三联书店，1992.

[7]［美］约翰·伊特韦尔，皮特·纽曼，默里·米尔盖特，等．新帕尔格雷夫经济学大辞典［M］．经济科学出版社，1996.

[8]［美］保罗·A. 萨缪尔森，威廉·D. 诺德豪斯．经济学（第十四版）［M］．胡代光，等，译．北京经济学院出版社，1996.

[9]［美］R. 尼布尔．道德的人与不道德的社会［M］．贵州人民出版社，2009.

[10]［美］布坎南．民主财政论［M］．穆怀朋，译．商务印书馆，1999.

[11]［美］埃莉诺·奥斯特罗姆．公共事务的治理之道［M］．上海三联书店，2000.

[12]［美］埃莉诺·奥斯特罗姆．制度分析与发展的反思：问题与抉择［M］．商务印书馆，2001.

[13]［美］罗伯特·基欧汉．霸权之后：世界政治经济中的合作与纷争［M］．苏长和，等，译．上海人民出版社，2001.

[14]［美］罗伯特·蒙代尔．国际货币：过去、现在和未来［A］//蒙代尔经济学文集（第六卷）［M］．向松祚，译．中国金融出版社，2003.

[15]［美］亚洲开发银行．东亚货币与金融一体化发展前景［M］．经济科学出版社，2005.

[16]［美］史黛芬妮·格里菲斯—琼斯．全球化之道——全球公共产品的提供与管理［M］．张春波，译．人民出版社，2006.

[17]［美］英吉·考尔．全球化之道：全球公共产品的提供与管理［M］．人民出版社，2006.

[18]［美］汉斯·摩根索．国家间的政治［M］．杨岐明，等，译．商务印书馆，2006.

[19]［美］保罗·肯尼迪．大国的兴衰［M］．国际文化出版社，2008.

[20]［美］巴里·艾肯格林．资本全球化：国际货币体系史［M］．上海人民出版社，2009.

[21]［西］安东尼·埃斯特瓦多道尔，［美］布莱恩·弗朗兹，谭·罗伯特·阮．区域性公共产品：从理论到实践［M］．张建新，等，译．上海人民出版社，2010.

[22]［美］约瑟夫·E. 斯蒂格利茨．全球化及其不满［M］．机械工业出版社，2010.

[23]［美］巴里·埃森格林．嚣张的特权：美元的兴衰和货币的未来［M］．中信出版社，2011.

[24]［美］尼尔·弗格森．帝国［M］．中信出版社，2012.

[25]［日］石田護．关于东亚共同体的重新思考：从功能性路径到制度性路径［J］．国际经论，2014（3）.

[26]［美］奥尔森．集体行动的逻辑［M］．格致出版社，2014.

[27]［美］欧威廉，等．人民币的崛起：全球货币新体系的兴起［M］．格致出版社，2016.

[28] 张宇燕. 利益集团与制度非中性 [J]. 改革, 1994 (2).

[29] 梁小民. 经济学大词典 [M]. 团结出版社, 1994.

[30] 刘宇飞. 当代财政学 [M]. 北京大学出版社, 2000.

[31] 苏长和. 全球公共问题与国际合作 [M]. 上海人民出版社, 2000.

[32] 刘贞晔. 国际政治视野中的全球市民社会——概念、特征和主要活动内容 [J]. 欧洲, 2002 (5).

[33] 蔡拓, 刘贞晔. 全球市民社会与当代国际关系 [J]. 现代国际关系, 2003 (1).

[34] 高文燕. 论世界贸易组织、全球公共产品 [D]. 北京工业大学, 2003.

[35] 张维迎. 博弈论与信息经济学 [M]. 上海人民出版社, 2004.

[36] 樊勇明. 西方国际政治经济学 [M]. 上海人民出版社, 2006.

[37] 曾国安, 吴琼. 关于国际公共物品供应的几个问题 [J]. 经济评论, 2006 (1).

[38] 秦颖. 论公共产品的本质——兼论公共产品理论的局限性 [J]. 经济学家, 2006 (3).

[39] 张宇燕. 全球化与中国发展 [M]. 社会科学文献出版社, 2007.

[40] 黎文龙. "拯救" 还是 "干预": 国际货币基金组织的悖论分析 [J]. 东南亚纵横, 2008 (5).

[41] 张新建. 国际公共产品与地区合作 [M]. 上海人民出版社, 2009.

[42] 林钟高, 于鑫, 吴玉莲. 全球会计治理框架下的会计准则国际趋同分析 [J]. 会计之友, 2009 (1).

[43] 刘青建, 刘杨军. 国际合作的相对收益问题——对西方主流国际关系相关理论的评析与修正 [J]. 中国人民大学学报, 2009, (2).

[44] 周小川. 关于改革国际货币体系的思考 [J]. 中国金融, 2009 (9).

[45] 李慧. 公共产品供给过程中的市场机制 [D]. 南开大学, 2010.

[46] 时永明. 奥巴马的东亚政策与地区构建 [J]. 和平与发展, 2010 (1).

[47] 穆良平, 张静春. 难以实现预期目标的国际金融监管改革——基

于政治经济学的分析 [J]. 国际经济评论，2010 (5).

[48] 陈绍峰，李永辉. 全球治理及其限度 [J]. 当代世界与社会主义，2001 (6).

[49] 杨伊，苏凯荣. 国际公共品供给的集体行动博弈路径——对金砖国家开发银行的思考 [J]. 江西社会科学，2015 (10).

[50] 杜朝运，叶芳. 集体行动困境下的国际货币体系变革——基于全球公共产品的视角 [J]. 国际金融研究，2010 (10).

[51] 中国人民银行国际司国际清算银行处. 促全球央行合作　做金融标准中枢——写在国际清算银行成立 80 周年之际 [J]. 中国金融，2010 (12).

[52] 余治国. 世界金融五百年 [M]. 天津社会科学院出版社，2011.

[53] 博源基金会. 人民币国际化：源起与发展 [M]. 社会科学文献出版社，2011.

[54] 崔志楠，邢悦. 从"G7 时代"到"G20 时代"：国际金融治理机制的变迁 [J]. 世界经济与政治，2011 (1).

[55] 庆幸. 国际金融危机后中国在国际金融公共产品供给中的角色变化 [J]. 国际关系学院学报，2011 (1).

[56] [日] 星野昭吉. 全球治理的结构与向度 [J]. 南开学报（哲学社会科学版），2011 (5).

[57] 白钦先，禹钟华. 国际货币体系改革的国际政治视角分析 [J]. 区域金融研究，2011 (6).

[58] 刘建平. 东亚的中国：地区政治经验与地区主义思想 [J]. 世界经济与政治，2011 (6).

[59] 谢世清. 后危机时代国际货币基金组织的职能改革 [J]. 国际贸易，2011 (11).

[60] 周宇. 全球经济治理与中国的参与战略 [J]. 世界经济研究，2011 (11).

[61] 庞中英. 全球治理与世界秩序 [M]. 北京大学出版社，2012.

[62] 贺平. 区域性公共产品与东亚的功能性合作——日本的实践及其

启示［J］. 世界经济与政治，2012（1）.

［63］李晓，冯永琦. 国际货币体系改革的集体行动与二十国集团的作用［J］. 世界经济与政治，2012（2）.

［64］刘重力，杨宏. 美国重返亚洲对中国东亚地区 FTA 战略的影响——基于 TPP 合作视角的分析［J］. 东北亚论坛，2012（5）.

［65］岳华，赵明. 国际货币基金组织治理机制改革的新设计［J］. 经济问题探索，2012（7）.

［66］庞珣. 国际公共产品中集体行动困境的克服［J］. 世界经济与政治，2012（7）.

［67］谢世清，曲秋颖. 国际清算银行与国际货币基金组织之比较研究［J］. 宏观经济研究，2012（9）.

［68］徐秀军. 新兴经济体与全球经济治理结构转型［J］. 世界经济与政治，2012（10）.

［69］［荷］亨克·奥弗比克，来辉. 作为一个学术概念的全球治理：走向成熟还是衰落？［J］. 国外理论动态，2013（1）.

［70］李巍. 金砖机制与国际金融治理改革［J］. 国际观察，2013（1）.

［71］马学礼. 东亚经济合作中的区域公共产品供给研究［D］. 吉林大学，2016.

［72］［德］克劳斯·丁沃斯，菲利普·帕特伯格，晓谢. 如何“全球”与为何“治理”？全球治理概念的盲点与矛盾［J］. 国外理论动态，2013（1）.

［73］鲁茉莉. 试论国际金融安全网的加强［J］. 国际观察，2013（1）.

［74］秦亚青. 全球治理失灵与秩序理念的重建［J］. 世界经济与政治，2013（4）.

［75］李巍. 中国金融崛起的国际环境与战略应对［J］. 国际安全研究，2013（4）.

［76］张瑾. G20 框架内的国际货币基金组织改革［J］. 国际观察，2013（3）.

［77］卢静. 后金融危机时期金砖国家合作战略探析［J］. 国际展望，

2013（6）.

［78］崔洪建．欧美 TTIP：由来、目标与影响［J］. 国际问题研究，2013（5）.

［79］斯蒂芬·格罗夫. 区域基础设施互联互通对亚洲的意义［J］. 杨意，译．博鳌观察，2013（4）.

［80］黎杰生，洪小芝．新型全球金融治理模式下的中国选择［J］. 南方金融，2013（10）.

［81］樊勇明．区域国际公共产品与东亚合作［M］. 上海人民出版社，2014.

［82］陈伟光，申丽娟．全球治理和全球经济治理的边界：一个比较分析框架［J］. 战略决策研究，2014（1）.

［83］徐奇渊，陈思翀．中日关系紧张对双边贸易的影响［J］. 国际政治科学，2014（1）.

［84］陈伟光．全球治理与全球经济治理：若干问题的思考［J］. 教学与研究，2014，48（2）.

［85］裴长洪．全球经济治理、公共品与中国扩大开放［J］. 经济研究，2014（3）.

［86］洪小芝，黎杰生．金融全球化背景下多边主义金融治理模式的现实可行性分析［J］. 上海金融，2014（4）.

［87］王冠群．加强我国参与全球金融治理能力建设［J］. 全球化，2014（5）.

［88］张春．国际公共产品的供应竞争及其出路——亚太地区二元格局与中美新型大国关系建构［J］. 当代亚太，2014（6）.

［89］蔡拓．全球治理变革与国际法治创新［M］. 中国政法大学出版社，2014.

［90］肖育才，谢芬．中国参与全球公共产品供给面临的挑战及应对策略［J］. 公共经济与政策研究，2014（1）.

［91］吴成良．拖延 IMF 改革，美国遭“最后通牒”［N］. 人民日报，2014-04-14.

［92］方芳，辛向媛．后危机时代金融监管国际合作的新动向和思考［J］．教学与研究，2014，48（6）．

［93］蒋奕．国际金融机构的政治经济学［N］．第一财经日报，2014-11-10．

［94］洪小芝，张文兴．论新型全球金融治理模式的构建［J］．上海金融，2014（12）．

［95］金砖国家领导人布宜诺斯艾利斯非正式会晤新闻公报（全文）［EB/OL］．新华网，2018-12-01，http：//www.xinhuanet.com/world/2018-12/01/c_1123794．

［96］陈伟光，钟华明．制度变迁、国际货币改革与中国的选择［J］．金融教育研究，2015（1）．

［97］朱红宇．货币伙伴外交与人民币崛起的战略支点国［J］．外交评论（外交学院学报），2015（1）．

［98］潘庆中，李稻葵，冯明．“新开发银行”新在何处——金砖国家开发银行成立的背景、意义与挑战［J］．国际经济评论，2015（2）．

［99］胡海峰．后危机时代美国霸权在全球金融治理体系的发展趋势展望［J］．教学与研究，2015，49（2）．

［100］綦相．国际金融监管改革启示［J］．金融研究，2015（2）．

［101］章玉贵．全球金融公共产品供给与中国金融资本力锻造［J］．国际观察，2015（2）．

［102］高海红．布雷顿森林遗产与国际金融体系重建［J］．世界经济与政治，2015（3）．

［103］张宇燕，任琳．全球治理：一个理论分析框架［J］．国际政治科学，2015（3）．

［104］李娟娟，樊丽明．国际公共品供给何以成为可能——基于亚洲基础设施投资银行的分析［J］．经济学家，2015（3）．

［105］李娟娟，樊丽明．金砖国家开发银行成立的经济学逻辑——基于国际公共品的视角［J］．中央财经大学学报，2015（5）．

［106］王达，项卫星．亚投行的全球金融治理意义、挑战与中国的应

对［J］. 国际观察，2015（5）.

［107］羌建新．金融全球化、全球金融治理改革与国际金融安全——基于信息科技革命的视角［J］. 国际安全研究，2015（6）.

［108］蔡伟宏．国家博弈、制度形成与全球金融治理［J］. 国际经贸探索，2015（8）.

［109］黄薇．国际货币基金组织份额与投票权改革及其决策权力分析［C］. 2015 新兴经济体论坛文集，2015.

［110］张礼卿，谭小芬．全球金融治理报告（2015—2016）［M］. 人民出版社，2016.

［111］高海红．透视国际货币基金组织份额改革［J］. 清华金融评论，2016（3）.

［112］张发林．全球金融治理体系的政治经济学分析［J］. 国际政治研究，2016（4）.

［113］熊爱宗，张斌．中国参与全球金融治理策略［J］. 开放导报，2016（5）.

［114］程永林，等．全球经济治理：制度变迁、演进机理与战略评估［J］. 青海社会科学，2016（6）.

［115］程永林．霸权衰退、公共品供给与全球经济治理［J］. 世界经济与政治，2018（5）.

［116］许志平．全球经济金融治理的中国角色［N］. 金融时报，2016-08-29.

［117］陈伟光，王燕．全球经济治理制度性话语权：一个基本的理论分析框架［J］. 社会科学，2016（10）.

［118］陈玲芳．G20 主导下的全球金融治理变革与中国的战略应对［J］. 福建农林大学学报（哲学社会科学版），2016（6）.

［119］向松祚．新资本论［M］. 中信出版社．2016.

［120］林跃勤．金融合作深化与新兴国家共同崛起——基于金砖国家的一个视角［J］. 河海大学学报（哲学社会科学版），2016（2）.

［121］王红缨．中国在国际金融体系中的崛起：进展与局限性［J］.

中国国际战略评论，2016（6）.

［122］高杰英，王婉婷．国际金融治理机制变革及中国的选择［J］.经济学家，2016（8）.

［123］袁健，王家艺．全球金融公共产品供给视角下的中国资本项目开放研究［J］.河北企业，2016（8）.

［124］张红力．国际金融的全球治理与中国贡献［J］.中国科学院院刊，2016（9）.

［125］上海发展研究基金会课题组．全球金融治理：挑战、目标和改革——关于 2016 年 G20 峰会议题研究［J］.科学发展，2016（89）.

［126］张伟．亚投行对国际金融治理的贡献、挑战与发展建议［J］.国外理论动态，2016（11）.

［127］张翎，陈莎．全球金融安全网的现状、问题与政策建议［J］.海南金融，2016（11）.

［128］钱亚平．金砖银行与全球金融治理体系改革——国际公共产品的视角［J］.复旦国际关系评论，2016（18）.

［129］白力．“一带一路”的全球金融治理意义及挑战［J］.商业经济研究，2016（18）.

［130］盛斌，宗伟．为全球治理提供发展新导向［N］.中国社会科学报，2016-12-23.

［131］中国人民银行．2017 年人民币国际化报告［M］.中国金融出版社，2017.

［132］王飞．金砖国家金融合作：全球性公共产品的视角［J］.新金融，2017（1）.

［133］曾繁荣．全球金融安全网的充足性与有效性分析［J］.国际金融，2017（2）.

［134］张嘉明．国际货币基金组织份额公式改革的进展与对策［J］.学习与探索，2017（3）.

［135］熊爱宗．如何完善全球金融安全网［J］.金融评论，2017（3）.

［136］黄海洲，张广斌．全球经济增长动力变化与全球货币体系调整

[J]. 国际经济评论，2017（4）.

[137] 乔依德．“一带一路”和全球金融治理 [N]. 第一财经日报，2017-04-19.

[138] 张建平．“一带一路”金融治理话语权 [N]. 经济观察报，2017-05-16.

[139] 陆婷．东亚经济金融合作的回顾和展望 [J]. 东北师大学报（哲学社会科学版），2017（6）.

[140] 项南月，刘宏松．二十国集团合作治理模式的有效性分析 [J]. 世界经济与政治，2017（6）.

[141] 张茉楠．我国参与全球公共产品供给的机制与路径 [N]. 上海证券报，2017-06-09.

[142] 刘洪钟，周帅．金砖国家金融合作的定位与包容性的提升——基于国际金融公共产品的视角 [J]. 亚太经济，2017（7）.

[143] 董小君，钟震．国际金融监管规则演变呈现新特征 [N]. 中国经济时报，2017-09-21.

[144] 李巍．从“追随者”到“引领者”，中国在全球治理中华丽转身 [N]. 华夏时报，2017-11-13（29）.

[145] 黄剑，黄卫平．国际货币多元化趋势及对世界经济的影响——基于中国的视角 [J]. 江淮论坛，2018（2）.

[146] 陈宇．新兴经济体、二十国集团与全球治理多元化的未来 [J]. 当代世界与社会主义，2018（3）.

[147] 叶芳．集体行动逻辑下的金砖国家金融合作机制——基于区域间国际公共产品视角 [J]. 财政研究，2018（4）.

[148] 张发林．全球金融治理体系的演进：美国霸权与中国方案 [J]. 国际政治研究（双月刊），2018（4）.

[149] 程永林，黄亮雄．霸权衰退、公共品供给与全球经济治理 [J]. 世界经济与政治，2018（5）.

[150] 周帅．全球金融治理变革研究——基于国际金融公共产品的视角 [M]. 社会科学文献出版社，2018.

［151］李俊久. 论人民币的国际公共产品属性［J］. 经济学家，2018（6）.

［152］李若愚. 发达国家货币政策正常化的前景及其影响［N］. 上海证券报，2018-07-25.

［153］盛斌，马斌. 全球金融治理改革与中国的角色［J］. 社会科学，2018（8）.

［154］谢世清，刘晓璇. 国际货币基金组织（IMF）能力建设及其改革［J］. 国际贸易，2018（8）.

［155］曲双石. 守住底线：全球金融安全网及中国作为［M］. 机械工业出版社，2018.

［156］王胜邦. 后危机时期国际金融监管改革［J］. 中国金融，2018（9）.

［157］贾英姿. 全球发展走到新十字路口，G20 肩负更大使命和责任［N］. 第一财经日报，2018-12-03.

［158］胡振虎. G20 应继续发挥国际经济合作重要平台作用［N］. 中国经济时报，2018-12-06（005）.

［159］陈四清. 完善全球金融治理［J］. 中国金融，2018（15）.

［160］钟震. 金融监管协调：通道理论的提出及应用［J］. 财贸经济，2018（39）.

［161］陆岷峰，等. "逆全球化"影响下人民币国际化不确定因素与成长之路［J］. 云南师范大学学报（哲学社会科学版），2019（1）.

［162］Albert M，Hahnel R. Quiet revolution in welfare economics［J］. Economic Journal，2017（6）.

［163］Archibugi D，Filippetti A. Knowledge as global public good［J］. Social Science Electronic Publishing，2015（10）.

［164］Baker A. The G-7 as a global "Ginger Group"：Plurilateralism and four-dimensional diplomacy［J］. Global Governance，2000，6（2）.

［165］Bank A D. Strengthening the international financial architecture［J］. ASEAN Economic Bulletin，1999（2）.

［166］Bhattacharyay B N. Estimating demand for infrastructure in energy，transport，telecommunications，water and sanitation in Asia and the Pacific：

2010-2020 [J]. Adbi Working Papers, 2010 (248).

[167] Bill, Foundation M G . Developing successful global health alliances [J]. Bill & Melinda Gates Foundation, 2002 (10) .

[168] Borio C. Towards a macroprudential framework for financial supervision and regulation [R]. BIS Working Paper, 2011.

[169] Brunnermeier M, Crocket A, Goodhartc, et al. The fundamental principles of financial regulation [J]. Geneva Reports on the World Economy, 2016 (11).

[170] Campbell J C. Hanging together: The seven-power summits [J]. Foreign Affairs, 1984.

[171] Carlos M Pelaez. International financial architecture: G7, IMF, BIS [J]. Debtors and Creditors, Palgrave, 2005, 10 (7) .

[172] Charles W Calomiris. Blueprints for a new global financial architecture [J]. American Enterprise Institute for Public Policy Research, 1998, 7 (2) .

[173] Chin G, Helleiner E. China as a creditor: A rising financial power? [J]. Journal of International Affairs, 2008, 62 (1).

[174] Christopher M D Wilkie. Special Drawing Rights (SDRs): The first international monetary [M]. Oxford University Press, 2012.

[175] Claessens S, Underhill G R D, Zhang X . The political economy of basle Ⅱ: The costs for poor countries [J]. World Economy, 2008, 31 (3).

[176] Cohen B J, Benney T M . What does the international currency system really look like? [J]. Review of International Political Economy, 2014, 21 (5).

[177] Cohen B J . Will history repeat itself? Lessons for the Yuan [C]. Asian Development Bank Institute, 2014.

[178] Cooper R N . Exorbitant privilege: The rise and fall of the dollar and the future of the international monetary system [J]. Quantitative Finance, 2011, 11 (2).

[179] David Pilling. The brics bank is a glimpse of the future [J].

Finical Times, 2014 (8) .

[180] Derian J D. National security strategy of The United States of America [M]. National Security Strategy of the United States, White House, 1990.

[181] Development Committee. Poverty reduction and global public goods: Issues for the World Bank in supporting global collective action [EB/OL]. DC2000-16. 2000, http://search.worldbank.org/devcomm? _ foldid_ exact=Documentation.

[182] Development Committee. New world, new world bank group [J]. The World Bank Synthesis Paper, 2010 (2).

[183] Drulak P. Book review: Walter mattli, the logic of regional integration: Europe and beyond (Cambridge: Cambridge University Press, 1999, 205 pp. no price given pbk.) [J]. Millennium-Journal of International Studies, 2000, 29 (3).

[184] Development Committee. 2015 shareholding review report to governors (DC2015-0007) [J]. September 28, 2015.

[185] Development Committee. Dynamic formula-report to governors at annual meetings 2016 (DC2016-0010) [EB/OL]. 2016-09-20, http://search.worldbank.org/devcomm? _ foldid_ exact=Documentation.

[186] Eric Helleiner. Special forum: Crisis and the future of global financial governance [J]. Global Governance, 2009 (15).

[187] Farhi, Emmanuel, Gourinchas, Pierre Olivier and Rey Helene. Reforming the international monetary system [Z]. CEPR, 2011.

[188] Finnemore B, Martha, Goldstein, et al. Back to basics : State power in a contemporary world [J]. International Relations Theory, 2013, 72 (21).

[189] FSB-IMF-BIS. Macroprudential policy tools and frameworks: Update to G20 finance ministers and Central Bank Governors [R]. February 14, 2011.

[190] Garrett Hardin. The tragedy of the commons [J]. Science, 1968

(162).

[191] Germain R D. Global financial governance and the problem of inclusion [J]. Global Governance, 2001, 7 (4).

[192] Gillespie R B W I. Public goods and public welfareby John G. Head [J]. The Canadian Journal of Economics, 1977, 10 (2).

[193] Giovannini A. Exorbitant privilege: The rise and fall of the dollar and the future of the international monetary system by barry eichengreen [J]. Quantitative Finance, 2011, 11 (2).

[194] Goldstein M. Strengthening the international financial architecture: Where do we stand? [J]. Asean Economic Bulletin, 2000, 17 (2).

[195] Gregory Chin. Asian infrastructure investment bank: Governance innovation and prospect [J]. Global Governance, 2016 (22).

[196] Grieco J, Snidal P D . The relative-gains problem for international cooperation [J]. The American Political Science Review, 1993, 87 (3).

[197] Helleiner E, Kirshner J. The future of the dollar [M]. Cornell University Press, 2009.

[198] Helen M . The assumption of anarchy in international relations theory: A critique [J]. Review of International Studies, 1991, 17 (1).

[199] Jane Perlez. U. S. Opposing China's answer to World Bank [N]. The New York Times, 2014-10-10.

[200] Kaul I, Grunberg I, Stern M A. Defining global public goods [J]. Global Public Goods International Cooperation in Century, 1999, 30 (3).

[201] Kawai M, Petri P A, Sisliciamarra E . Asia in global governance: A case for decentralized institutions [R]. Adbi Working Papers, 2010.

[202] Kelleher, David S. Toward a new international financial architecture: A practical post-Asia agenda [J]. International Review of Public Administration, 1999, 4 (1).

[203] Keohane R O, Nye J S . Power and interdependence. World politics in transition [A] // Power and interdependence : world politics in

transition [M]. Little, Brown, 1977.

[204] Kindleberger C P. Dominance and leadership in the international economy: Exploitation, public goods, and free rides international studies quarterly oxford academic [J]. International Studies Quarterly, 1981, 25 (2).

[205] Kirshner, Jonathan. Same as it ever was? Continuity and change in the international monetary system [J]. Review of International Political Economy, 2014, 21 (5).

[206] Knoedler J. Creating modern capitalism: How entrepreneurs, companies, and countries triumphed in three industrial revolutions [J]. Journal of Economic Issues, 2011, 32 (4).

[207] Krasner S D. International regimes, Beijing [M]. Peking University Press, 2005.

[208] Langley P. Politicizing global financial governance: What's "new" about the "New International Financial Architecture"? [J]. Global Networks, 2010, 4 (1).

[209] Lipson, Charles. International cooperation in economic and security affairs [J]. World Politics, 1984, 37 (1).

[210] Lissner R F, Rapp - Hooper M. The Day after trump: American strategy for a new international order [J]. Washington Quarterly, 2018, 41 (1).

[211] Mastanduno M . System maker and privilege taker: U. S. power and the international political economy [J]. World Politics, 2009 (61) .

[212] Mohan R, Kapur M. Emerging powers and global governance: Whither the IMF? [J]. Muneesh Kapur, 2015, 10 (3) .

[213] Norrlof, Carla. Dollar hegemony: A power analysis [J]. Review of International Political Economy, 2014, 21 (5).

[214] North D C . The rise of the western world [J]. 1998.

[215] North D C, Eicher C K, Staatz J M. Economic performance through time [J]. American Economic Review, 1994, 84 (3).

[216] North D . Understanding the process of economic change [J]. 2010,

19 (2) .

[217] Office of Management and Budget. A new foundation for American Greatness [Z]. May 2017.

[218] Oliver Stuenkel. The financial crisis, Contested legitimacy, and the Genesis of Intra - BRICS Cooperation [J]. Global Governance, 2013 (19).

[219] Olson M, Zeckhauser R . An economic theory of alliances [J]. The Review of Economics and Statistics, 1966, 48 (3).

[220] Olson, Mancur. Increasing the incentives for international cooperation [J]. International Organization, 1971, 25 (4).

[221] Overholt W H, Ma G, Law C K. 5. Waxing and waning of the chinese stock and banking markets [A] // Renminbi Rising: A New Global Monetary System Emerges. 2015.

[222] Pollutants P A. World development report 1994: Infrastructure for development [J]. Executive summary Washington D, 1994, 29 (100).

[223] Portes R . Governance of the international monetary system [J]. Review of International Political Economy, 2012 (5) .

[224] Porter T. Beyond the international monetary fund: The broader institutional arrangements in global financial governance [J]. Ssrn Electronic Journal, 2007 (29) .

[225] Randall W. The scope of IMF conditionality [J]. International Organization, 2008, 62 (4).

[226] R Cox. Globalization, multilateralism and democracy, approaches to world order [M]. Cambridge University Press, 1996.

[227] Russett B M, Sullivan J D. Collective goods and international organization [J]. International Organization, 1971, 25 (4): 845.

[228] Samuelson, Paul A. The pure theory of public expenditure [J]. The Review of Economics and Statistics, 1954, 36 (4).

[229] Sandler, Todd. The theory and structures ofinternational political e-

conomy [M]. Westview Press, 1980.

[230] Sandler, Todd. Global challenges: An approach to environmental, political, and economic problems [M]. Cambridge University Press, 1997.

[231] Scott A Beaulier and Joshua C Hall. Collective consumption externalities and charitable giving [J]. New Perspectives on Political Economy, 2008 (4).

[232] Schelling T C. An essay on bargaining [J]. American Economic Review, 1956, 46 (3): 281-306.

[233] Sekine E. Aims and prospects of the Asian infrastructure investment bank proposed by China [J]. Social Science Electronic Publishing, 2015, 21 (17).

[234] Seo S N. Economics of global warming as a global public good: Private incentives and smart adaptations [J]. Regional Science Policy & Practice, 2013, 5 (1).

[235] Simon H A . A behavioral model of rational choice [J]. The Quarterly Journal of Economics, 1955, 69 (1).

[236] Sohn I. Asian financial cooperation: The problem of legitimacy in global financial governance [J]. Global Governance, 2005, 11 (4).

[237] Stiglitz J E. Knowledge as a global public good [A] // Global Public Goods [M]. 1999.

[238] Stone R W, London S T R. Choosing how to cooperate: A repeated public-goods model of international relations [J]. International Studies Quarterly, 2008, 52 (2).

[239] Stuckler D, Basu S. The international monetary fund's effects on global health: Before and after the 2008 financial crisis [J]. International Journal of Health Services, 2009, 39 (4).

[240] Subramanian A. Eclipse: Living in the shadow of China's economic dominance [J]. Peterson Institute Press: All Books, 2011, 127 (4).

[241] Taylor Alan M. The future of international liquidity and the role of

China [R]. NBER Working Paper 1877, February, 2013.

[242] Walter A. Governing finance: East Asia's adoption of international standards [M]. Cornell University Press, 2008.

[243] Walter A. Emerging countries and basel Ⅲ: Why is engagement still low? [J]. Global Financial Governance Confronts the Rising Powers, 2016, 12 (5).

[244] Waltz K N. Globalization and governance [J]. Ps Political Science & Politics, 1999, 32 (4).

[245] Weiss M A. The global financial crisis: The role of the International Monetary Fund (IMF) [C]. 2009.

[246] Winters M S. Power and governance in a partially globalized world (book review) [J]. Journal of International Affairs, 2003 (9).

[247] Wonhyuk Lim and William P Mako. AIIB business strategy decisions: What it can do differently to make a difference [R]. KDI School working paper 15-04, 2015.

[248] Wouters J, Odermatt J. Comparing the "Four Pillars" of global economic governance: A critical analysis of the institutional design of the FSB, IMF, World Bank, and WTO [J]. Journal of International Economic Law, 2014, 17 (1).

[249] Yasuyuki Funabashi. A futile boycott of China's bank will not push Xi out of his back yard [N]. Financial Times, 2014-12-06.

[250] Zammit. A development at risk. Rethinking UN - business partnerships [M]. The South Centre and UNRISD, Geneva. , 2003.

重要术语索引

后　记

本书是在我博士论文的基础上修改完成的。感谢中国社会科学院大学，步入大学成为我人生重要的转折点，在这里我完成了博士研究生阶段的学习，结识了新的老师、同学和朋友。感谢我的恩师赵江林教授，当初我怀着崇拜之情报考了赵老师的博士研究生，如今在赵老师的指导下，我的学术水平有了很大的提高，每次与老师的交流都让我受益匪浅。感谢我的父母、公婆，感谢我的丈夫，他们无私的帮助和鼓励，让我能够安心学习，顺利完成学业和此书的撰写。

2020年新冠肺炎疫情暴发，在疫情的冲击下，全世界正面临百年未遇之大变局，对全球金融的稳定造成了严重影响，加之世界经济衰退，全球金融治理更加艰难。如何在后疫情时代完善全球金融治理体系，以及中国如何参与这一体系的建构，促进中国及世界经济的复苏，成为全球关注的焦点问题。在这一背景下，本书的出版力求为疫情下的全球金融治理问题提供有效的建议和可行的方案。

路　杨

2020年8月